도시·부동산·건설

프로젝트계획 투자 파이낸싱

원제무 지음

博 英 社

책머리에

"계획가나 디벨로퍼가 도시나 부동산 프로젝트를 구상하고 추진하고자 하는데 구체적인 실천방법을 몰라 헤맨다면 어떻게 해야 할까?" 그들의 고민은 대개 몇 가지로 모아진다. "어떤 프로젝트가 적당한가?" "어떤 프로세스를 거쳐서 프로젝트를 진행해야 할까?" "돈은 어디서 끌어올까?" "사업성은 있을까?" 등이다. 이 책은 이런 질문들에 착안하여 나름대로 알기 쉽게 정리해 본 것이다.

도시와 부동산에 대한 이런 방법 저런 기법들을 한 책으로 엮어서 정리해 보고자 계획했던 것은 벌써 오래전부터였다. 그동안 지긋이 앉아서 정리하지는 못하고, 도시프로젝트론, 도시부동산프로젝트 파이낸싱, SOC정책 및 투자론 등의 강의노트로 강의 자료를 만들어 놓은 것이 고작이었다. 그래도 이런 강의들이 모아져 저자의 생각을 키우고 시야를 넓히는 데 커다란 도움을 준 것만은 사실이다. 이 책의 제목이 여러 분야를 아우르면서 포괄적으로 붙여졌으나 위의 강의제목의 어떤 것으로 대체해도 좋을 것이다.

저자의 본래 관심사는 도시이다. 그러나 도시를 공부한다 함은 필연 도시프로젝트를 연구하게 되고, 도시프로젝트를 생각하다 보면 당연히 부동산 프로젝트를 떠올리지 않을 수 없게 된다. 아울러 도시프로젝트에 초점을 맞추다 보면 건설 및 SOC프로젝트와도 연결됨을 알게 되었다. 도시프로젝트의 계획과정과 타당성을 살피다 보면 부동산 프로젝트의 계획과정과 타당성과 맞물리게 된다. 또 한편 SOC 등의 건설프로젝트에서도 도시 및 부동산과 거의 같은 과정과 방법이 필요함을 알게 되었다. 국토와 도시에서 일어나는 모든 프로젝트들이 민간의 입장에서 보면 사업의 수익성이 중요한 기준이 되고, 공공의 관점에서 보면 경제성이 준거가 되기 때문이다. 그리고 프로젝트에 관련된 사업성, 경제성, 프로젝트 파이낸싱 등의 방법론들은 모든 프로젝트가 거의 동일한 방법론적 틀을 가지고 있다는 것이다.

이 책의 제목에서 보다시피 저자의 시각은 도시프로젝트부터 출발한다. 왜냐하면 이제 대부분의 사람들이 도시에 사는 시대에 접어들었기 때문이다. 이것은 우리나라 반만년 역사에 획을 긋는 일이다. 도시에 사람들이 모여 살다보니 지난 반세기는 정부나 건설업체나 사람들을 위한 일터, 쉼터와 기반시설(SOC) 등을 만들기에만 급급할 수밖에 없었다. 그래서 그동안의 공공과 민간의 프로젝트들이 도시를 중심으로 이루어져 온 것이다. 우리 도시에 주택, 사무실, 상업시설, 도로 등을 건설하기 위해 도시계획가, 건설사, 디벨로퍼 등이 주축이 되어 도시를 만들어 온 것은 주지의 사실이다.

이 책의 서두에서는 도시, 부동산, 건설프로젝트의 계획과정을 살펴보고 있다. 개발주체는 프로젝트의 계획과정을 제대로 꿰뚫고 있어야 한다. 계획가나 디벨로퍼 등은 프로젝트를 어디서부터 시작을 해서 어떤 절차를 거쳐 마무리하는가에 대한 구체적인 관점을 가지고 있어야 한다. 이런 관점에서 여기서는 프로젝트의 유형별, 단계별 고려해야 할 요소를 열거함으로써 개발주체가 무엇을 준비하고 수행해야 하는지에 대한 아이디어와 지식을 제공해 준다.

두 번째 맥락은 프로젝트 파이낸싱으로 부르고 있는 프로젝트 금융을 다루고 있다. 프로젝트는 파이낸싱 없이는 사업시행 자체가 불가능하다. 파이낸싱의 종류도 무척 다양해지고 있는 것이 요즘의 추세이다. 파이낸싱 방법도 자기자본, 차입금, 채권, 증권, 신탁, 펀드 등 이루 말할 수 없을 정도로 많다. 이 책에서는 우선 프로젝트 파이낸싱의 종류와 개념을 이해하면서 어느 경우에 어떤 파이낸싱이 적합한지를 생각해 본다. 그리고 파이낸싱 방법별로 구조와 참여자를 살펴보면서 SPC (특별목적회사) 등 참여자들의 역할과 참여자들 간의 관계 등 전반적인 파이낸싱의 틀을 이해한다.

세 번째에서는 프로젝트의 수익성을 분석하는 방법을 제시하고 있다. 수익성은 민간프로젝트의 사업성을 가늠할 수 있는 가장 중요한 판단기준이기 때문에 재무분석의 다양한 기법들을 예를 들어 폭넓게 소개하고자 하였다. 경제성은 SOC프로젝트와 같은 공공사업의 경제성분석에서 요구되는 기법으로서 국책사업이나 지방자치단체의 공공사업을 추진할 때 기본적으로 챙겨야 할 사항이다.

네 번째에서는 요즘 활발하게 추진되고 있는 민간자본사업에 대한 개념, 제도, 이슈, 기법 등을 살펴본다. 민간투자사업은 도로, 철도, 수로, 항만, 환경시설 등 국토상의 SOC프로젝트뿐만 아니라 도시의 도서관, 학교, 예술관 등 주요 도시시설에까지 그 대상이 폭넓게 늘어나고 있다. 투자기법도 BTO(건설-기부채납-운영), BTL(건설-기부채납-임대) 등 다양하게 펼쳐지고 있다. 여기서는 이런 민간투자방식의 패러다임을 해석하고 실습하는 데 도움을 주고자 한다.

다섯 번째에서는 프로젝트의 수익성을 가늠하는 잣대가 되는 수요와 상권분석에 대해 논하고 있다. 도시부동산 프로젝트에서는 사업성공의 열쇠는 얼마만큼의 이용자가 사업지에 오느냐에 있다. 그래서 수요예측과 상권분석이야말로 프로젝트를 판단할 수 있는 중요한 기준이 된다. 최근 이용률이 애당초 예상했던 수준의 절반 이하로 떨어져 이로 인해 아까운 국민 세금만 먹고 있다는 신공항철도와 신공항고속도로 등의 SOC사업이 사회적 지탄의 대상으로 떠오르고 있다. 이러한 문제의 배경에는 공공성이 강한 SOC사업에 대한 수요를 제대로 추정하지 못한데서 기인하는 것이다. 그래서 여기서는 수요를 제대로 추정하는 방법을 비롯하여 수요와 상권분석 방법에는 어떤 것들이 있고, 이 같은 기법들은 어떤 이론적 근거와 배경을 가지고 있는지를 알아본다.

마지막에는 독자들의 이해를 돕기 위해 사례를 들어 프로젝트의 주제설정, 개발컨셉트, 계획과정, 마케팅, 파이낸싱 방법, 파이낸싱 참여자, 자산관리자 등에 대한 구체적인 사례를 들어 설명하고 있다. 이러한 사례는 계획가나 디벨로퍼 등 개발주체의 현실감각을 높이기 위해 제공된 것이다.

이 책은 도시 및 부동산 프로젝트분야가 이제 한층 더 넓은 발전을 위해서는 그동안의 미시적이고 단편적인 접근에서 탈피하여 새로운 지향을 찾아야 할 것이라는 관점에서 쓰여졌다고 할 수 있겠다. 이제는 『한 분야를 넘어서는 것』이 도리어 모든 관련분야의 장래 발전에 긴요하다는 주장이다. 따라서 이 책은 도시, 부동산, SOC 각 분야의 프로젝트론이기 이전에 개발과 건설 분야의 프로젝트 이론과 실무서라고 해도 좋다.

이 책은 다소 무거운 내용을 담고 있는 가벼운 글, 요약 식 글, 알기 쉬운 글로 보는 것이 좋을 것이다. 누구나 쉽게 접할 수 있는, 닫힌 글이 아니라 열린 글이라면 저자의 뜻에는 더 맞는다.

중랑천변에서
2008년 여름에
원 제 무

차 례

제1부 프로젝트 과정

제 2 부 프로젝트 파이낸싱과 프로젝트 자금

제 3 부 화폐가치 · 재무분석 · 경제성분석

제 4 부 SOC 민간투자사업

제5부 수요·상권·도시경제 분석

제6부 프로젝트 사례분석

제 1 부

프로젝트 과정

I 도시 · 부동산 · SOC 관련시설의 유형

1. 도시·부동산 시설의 유형

1.1 도시·부동산 시설의 기능적 분류

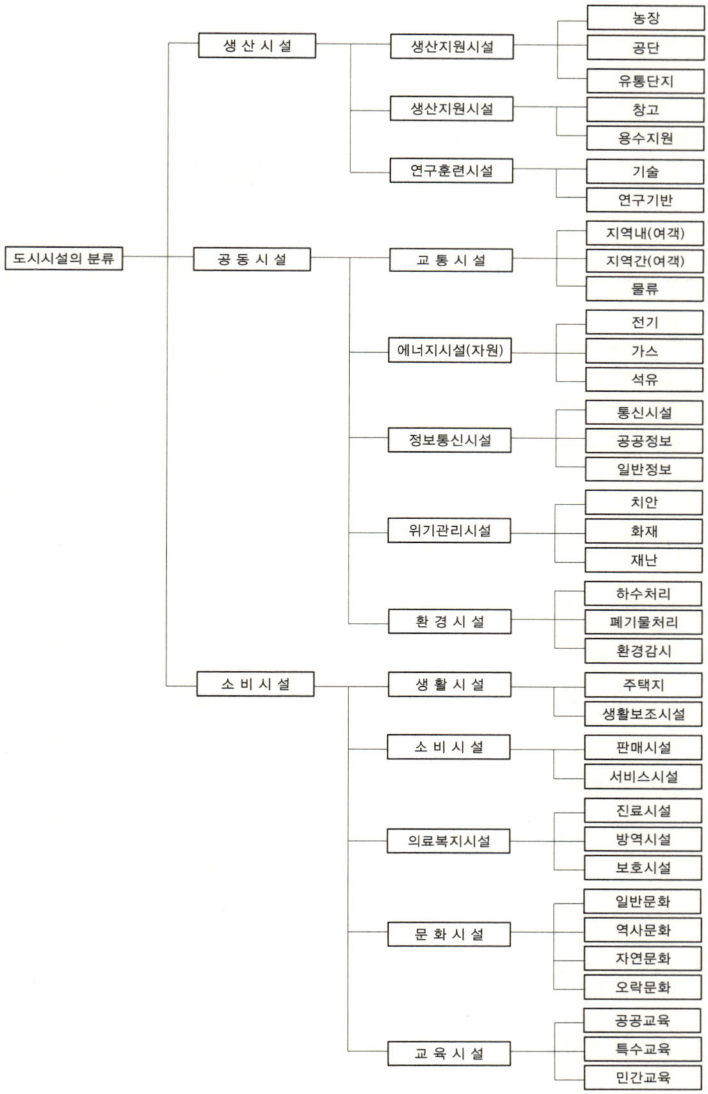

1.2 도시계획법에 의한 공공시설과 광역시설

1) 도시계획법에 의한 공공 및 광역시설

공공시설		광역시설	
주차장	저수지	도로	유원지
철도	방풍설비	철도	운동장
운하	방수설비	수도	
공항	사방설비	전기	
광장	방조설비	유통	
녹지	유수지시설	하수도	
공공용지	하수도	공동묘지	
수도	공동묘지	보건위생시설	
공동구	화장장	공항	
운동장		광장	
하천		공원	

2) 법적 도시계획 시설의 종류

대분류	중분류
1. 교통운수시설	도로
	주차장
	자동차정류장
	자동차 및 중기 검사시설
	철도
	궤도
	삭도
	운하
	항만
	공항
	자동차 및 중기 운전학원
2. 도시공간시설	광장
	공원
	녹지
	유원지
	관망탑
	공공공지
	청소년시설

대분류	중분류
3. 유통 및 공급시설	시장
	유통업무시설
	수도
	공동구
	전기공급시설
	가스공급시설
	열공급설비
	유류저장 및 송유설비
	방송통신설비
4. 공공문화복지시설	운동장
	공용의 청사
	학교
	도서관
	연구시설
	문화시설
	사회복지시설
	공공직업훈련시설

대분류	중분류
5. 도시방재시설	하천
	저수지
	방풍설비
	방수설비
	방화설비
	사방설비
	방조설비
	유수지시설
6. 보건위생시설	하수도
	도살장
	공동묘지
	화장장
	장례식장
	폐기물처리시설
	수질오염방지시설
	종합의료시설
	폐차장

3) 용도지역별 분류

용도지역		지정목적
1. 주거지역	전용주거지역	저층 중심의 양호한 거주환경의 보호
	일반주거지역	일상의 주거기능의 보호
	준주거지역	주거기능을 주로 하되 상업적 기능의 보완
2. 상업지역	중심상업지역	도심 · 부도심의 업무 및 상업기능의 확충
	일반상업지역	일반적인 상업 및 업무기능의 담당
	근린상업지역	근린지역에서 일용품 및 서비스의 공급
3. 공업지역	전용공업지역	주로 중화학공업 · 공해성 공업의 수용
	일반공업지역	환경을 저해하지 아니하는 공업의 배치
	준공업지역	경공업 기타 공업을 수용하되 주거기능의 보완
4. 녹지지역	보전녹지지역	도시의 자연환경 · 경관 · 수림 및 녹지의 보전
	생산녹지지역	주로 농업적 생산을 위하여 개발의 유보
	자연녹지지역	녹지공간의 보전을 해하지 아니하는 범위 안에서의 제한적 개발이 불가피할 때

4) 토지 · 건축물 과세대장을 이용한 토지이용 분류

구분	대분류	중분류	소분류
건물이용		주거용도	단독주택
			공동주택
			다세대주택
			주거계
	공업계	공업용도	공장
			사무실
			연구시설
			기숙사
			창 · 차고
			위험물저장소
			공업계
	상업계	업무용도	사무실
		판매용도	점포
			시장
			슈퍼
		숙박업용도	여인숙
			여관·호텔
		요식업용도	식품위생
			무도유흥
		서비스용도	예식장
			병의원
			체육시설
			유기장
			환경위생
			교육시설
			극장
		운송창고용도	운송부대시설
			상업 창·차고
			일반 창·차고
			상업계

구분	대분류	중분류	소분류
건물이용	공공계	공공업무	공공업무
		문화용도	문화시설
			복지시설
			체육시설
			종교시설
		학교용도	학교
			종합병원
			공공계
	기타계	기타용도	농가주택
			농업생산시설
			기타
			기타계
			상이용계
비건물이용	공한지		나대지
	시설용지		도로
			철도
			공원
			수도용지
			시설계
	녹지용지		농경지
			임야
			하천
			녹지계
	기타		기타
			비건물계

1.3 도시·부동산 시설의 특징별 분류

분 류 기 준	시 설 분 류	
서비스의 기본성	기본적 시설	도로, 상수도
	쾌적시설	공원, 도서관
서비스제공 의무성	의무적 시설	소방서, 경찰서
	선택적 시설	운동장, 유원지
물리적 배치구조	점형 시설	우체국, 도서관
	선형 시설	상하수도, 전기
	면형 시설	자연공원
서비스 집·분산체계	시설위치에 제공	학교, 병원
	수요지에 서비스 전달	쓰레기 수거
	구역단위 서비스	하수종말처리장
시설이용 배제가능성	배제 가능	철도, 병원, 학교
	배제 불가능	도로, 하천, 제방
주변지역에 대한 부의 영향	혐오시설	공동묘지, 분뇨처리장
	비혐오시설	병원, 공원, 학교

2. 부동산 시설

2.1 부동산 시설

대분류	소분류
주거	단독주택
	다세대주택
	원룸주택
근린생활	소매점
	전문점
	대형할인판매점
업무	개인사무소
	중규모사무소
	대규모사무소
외식	음식점
	고급음식점
	대형음식점
숙박	여관
	호텔
	회원제호텔
	콘도
	서비스드레지던스
서비스	미용실
	화장실
	정보서비스센터
	금융서비스센터
영화	영화관
	멀티시네마관
	복합문화예술관
리조트	골프리조트
	대형테마리조트
	복합리조트

대분류	소분류
예술관	콘서트홀
	뮤지컬홀
	연극홀
스포츠	골프연습장
	헬스클럽
	복합휴양시설
쇼핑	백화점
	쇼핑가
	쇼핑센터
	복합쇼핑컴플렉스
학교	각종학교
	학원
	외국어전문학원
	외국고등학교·대학
복지	노인복지시설
	유아·청소년복지시설
	커뮤니티센터
	실버타운
의료	병원
	전문병원
	대학병원
	건강검진센터
공업	작업소, 공장
	공업·산업단지
	첨단공업·산업단지
터미널	여객터미널
	화물터미널
	복합터미널

2.2 토지의 이용목적에 의한 분류

종 류	의 미
대 지	건축물이 있거나 택지로 이용될 토지
택 지	주택이 있거나 주택용도로 활용할 토지
나 지	지상물이 없는 토지로 저지와 생지로 구분
부 지	건축물의 바닥이 되는 토지
필 지	지번 단위의 토지
획 지	일정한 계획에 의해 구분된 토지
공 지	건폐율을 제외한 토지
소 지	원천적 생산용으로 활용되는 토지
선하지	전선의 밑에 있는 토지
맹 지	도로가 없는 토지
포락지	무너져 내린 토지
법 지	경계면의 토지
빈 지	바다와 육지 사이의 토지
후보지	택지, 농지, 임지가 각각 다른 용도로 전환되고 있는 토지
이행지	1차 용도지역 구분 후 그 속에서 다시 세분되어 전환되고 있는 토지

2.3 토지의 지목에 의한 분류

1) 도시형 지목

대	-영구적 건축물 중 주거·사무실·점포와 박물관·극장·미술관 등 문화시설과 이에 접속된 정원 및 부속시설물의 부지 -도시계획법 등 관계법령에 의한 택지조성공사가 준공된 토지
공장용지	-제조업을 하고 있는 공장시설물의 부지 -공업배치 및 공장설립에 관한 법률 등 관계 법령에 의한 공장부지 조성공사가 준공된 토지
학교용지	-학교의 교사와 이에 접속된 체육장 등 부속시설물의 부지
유원지	-일반 공중의 위락·휴양 등에 적합한 시설물을 종합적으로 갖춘 수영장·유선장·낚시터·어린이놀이터·동물원·식물원·민속촌·경마장 등의 토지와 이에 접속된 부속시설물의 부지는 '유원지'로 함
주차장용지	-자동차 등의 주차에 필요한 독립적인 시설을 갖춘 부지와 주차전용 건축물 및 이에 접속된 부속시설물의 부지는 '주차장'으로 함
창고용지	-물건 등을 보관 또는 저장하기 위해 독립적으로 설치된 보관시설물의 부지와 이에 접속된 부속시설물의 부지는 '창고용지'로 함

2) 생산형 지목

전	물을 상시 사용하지 않고 곡물, 원예작물, 약초, 뽕나무, 닥나무, 묘목, 관상수 등의 식물을 주로 재배하는 토지
답	물을 상시 이용하여 미곡, 연, 미나리, 택사 등의 식물을 주로 재배하는 토지
과수원	사과·배·밤·호도·귤 등 과수류를 집단적으로 재배하는 토지와 이에 접속된 저장고 등 부속시설물의 부지는 '과수원'으로 한다. 다만, 주거용 건축물의 부지는 '대'로 함
목장용지	축산업 및 낙농업을 하기 위해 초지를 조성한 토지. 다만, 주거용 건축물의 부지는 '대'로 함
임야	산림 및 원야를 이루고 있는 수림지·죽림지·암석지·자갈땅·모래땅·습지·황무지 등의 토지는 '임야'로 함
양어장	육상에 인공으로 조성된 수산생물의 번식 또는 양식을 위한 시설을 갖춘 부지와 이에 접속된 부속시설물의 부지는 '양어장'으로 함

3) 수자원 관련 지목

광천지	지하의 온수, 약수, 석유류 등이 용출되는 용출구 및 그 유지를 위한 부지
염 전	바닷물을 끌어 들여 소금을 채취하기 위하여 조성된 토지와 이에 접속된 제염장 등 부속시설물의 부지는 '염전'으로 함.
하 천	자연의 유수가 있거나 있을 것으로 예상되는 토지
제 방	방수제, 방조제, 방파제 등으로 조수, 자연유수, 모래, 바람 등을 막기 위해 설치된 둑의 부지는 제방
구 거	용수 또는 배수를 위해 일정한 형태를 갖춘 인공적인 수로·둑
유 지	일정지역내에 물이 고이거나 상시적으로 물을 저장하고 있는 댐, 저수지, 소류지, 호수, 양어장, 연못 등의 토지
수도용지	물을 정수하여 공급하기 위한 취수, 저수, 도수, 정수 및 송배수 시설의 부지

3. SOC(사회간접자본)시설의 유형

3.1 SOC시설의 구분

구분	내용
자원에너지 시설	발전소, 댐, 정류장, 전력, 가스
교통통신 시설	도로, 철도, 공항, 항만 등의 교통시설망, 정보통신시설
국토보전 시설	치산, 치수시설, 해안보전시설
농림어업 기반시설	농업기반시설, 임업기반시설, 어업기반시설
생활환경 시설	상하수도, 폐기물처리시설, 공원 등 환경위생시설, 보건의료시설, 사회복지시설, 교육시설, 요양시설, 문화시설 등

3.2 SOC시설의 내용

유 형	주요시설	내 용
산업기반	생활기반시설	농림수산관계시설, 공업단지, 유통단지, 공업용수도
	인재육성시설	직업교육/훈련시설, 전문학교, 고등교육시설
	생산연구지원시설	기초연구시설, 응용연구개발시설, 국제교류시설
산업/생활 공통시설	교통시설	도로, 철도, 항만
	고속교통시설	고속도로, 시간선, 공항
	에너지시설	상수도, 전력, 가스
	시가지정비	재개발빌딩, 대형주차장, 역전광장
	정보통신시설	유비쿼터스시설, IT관련시설
	행정/사법시설	청사, 재판소
생활기반	거주환경정비	택지조성, 구획정리, 주택, 하수도, 폐기물처리시설
	소비편의시설	쇼핑센터, 백화점, 대형슈퍼
	교육시설	육아교육시설, 학교교육시설, 보환교육시설
	의료/복지시설	병원, 재활시설
	문화/여가시설	문화활동시설, 지적정보시설, 방송시설
	스포츠/위락시설	도시공원, 옥내스포츠시설, 동물원, 식물원 등

3.3 SOC시설의 유형별 구분

교통시설	도로, 철도, 항만, 공항, 주차장, 자동차정류장, 궤도, 삭도, 운하, 자동차 및 건설기계검사시설, 자동차 및 건설기계운전학원
공간시설	광장, 공원, 녹지, 유원지, 공공공지, 공공청사, 주택
유통·공급 시설	유통업무설비, 수도, 전기·가스공급설비, 방송·통신시설, 공동구, 시장, 유류저장 및 송유설비, 열공급설비
공공·문화 체육시설	학교, 운동장, 공공청사, 문화시설, 도서관, 연구시설, 사회복지시설, 공공직업훈련시설, 청소년수련시설, 체육시설(신설)
방재시설	하천, 유수지, 저수지, 방화·방풍·방수·사방·방조설비
보건위생 시설	화장장, 공동묘지, 도축장, 장례식장, 폐차장, 종합의료시설, 납골시설(신설)
환경기초 시설	하수도, 폐기물처리시설, 수질오염방지시설, 폐차장

이야깃거리

1. 도시시설과 부동산시설을 분리시켜 볼 수 있을까? 그렇다면 도시시설과 부동산시설이 다른 점을 목적, 특징, 사업주체, 운영주체 측면에서 논해 보자.

2. 왜 굳이 도시계획법에서는 법적도시계획시설을 설정해 놓고 있는가?

3. 도시계획시설의 신설 및 위치(배치) 변경을 하려면 어떤 절차를 거쳐야 하나?

4. 도시계획 도로와 공원(공공)을 중복 설치할 수 있을까? 있다면 현행 도시계획법에서는 어떤 절차를 요구하는가?

5. 요즘 지자체나 도시계획법에서는 경전철(Light Rail Transit) 노선을 건설하려고 하고 있다. 경전철은 도시계획시설에 해당되나? 그렇다면 경전철을 도시계획시설로 설정하고자 할 때 거쳐야 하는 과정을 논해 보자.

6. 어느 세계적인 개발회사가 대규모 관광 · 레저단지를 계획한다고 하자. 이 경우 계획가(planner) 또는 시행자(developer)가 해당부지에 대해 조사해야 할 사항은 무엇인가?

7. 전원 주택단지를 건설한다고 할 때 해당 부지의 토지측면에서 점검할 사항은 무엇인가?

8. 실버타운(노인복지요양시설) 해당부지가 용도지역상 자연녹지 지역이라고 하자. 자연녹지 지역에 실버타운 건립이 가능한지를 검토해 보자.

9. 지구단위 계획구역 내에서 약 1,000평 부지에 복합용도개발을 하려고 한다. 이때 지구단위구역 내에서 설치할 수 있는 용도(허용용도, 권장용도 등)는 어떤 것들인가?

10. 여객터미널(버스터미널 등)의 일부를 용도변경하여 입체도시계획으로 건설하고자 한다. 현행 법 · 제도상 가능한지를 검토하고, 어떤 시설과 용도를 설치할 수 있는지 분석해 보자. 아울러 입체도시계획에 의해 건설된 복합용도개발 사례를 조사해 보자.

11. SOC 시설은 왜 필요한지 고민해 보자.

12. SOC 시설과 도시시설에는 중복되는 시설도 많다. SOC 시설과 도시시설간의 차이점이 있다면 어떤 것이 있나?

13. SOC 시설투자에 있어 민간자본의 투자를 활성화하기 위한 법과 제도는 어떤 것들이 있는가?

14. SOC 시설관련 투자펀드에는 어떤 펀드들이 있는가에 대해 검토해 보자.

Ⅱ 도시 · 부동산 프로젝트 계획과정

1. 도시·부동산 프로젝트 계획과정

1.1 계획과정의 개요

도시,부동산 프로젝트 계획과정	도시프로젝트 계획은 프로젝트의 목표를 설정하고 실현하기 위한 프로젝트의 기본방향을 잡고 수단(대안)을 결정하는 과정

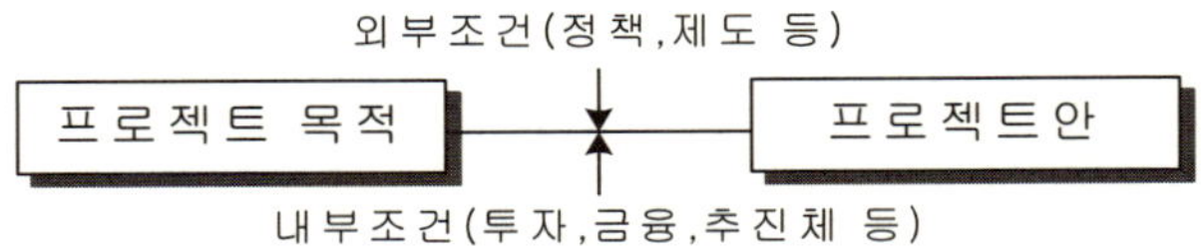

[그림] 도시·부동산 프로젝트 개념

- 일반적으로 도시·부동산 프로젝트는 구상→계획→설계→시공→운영이라는 5단계를 거침

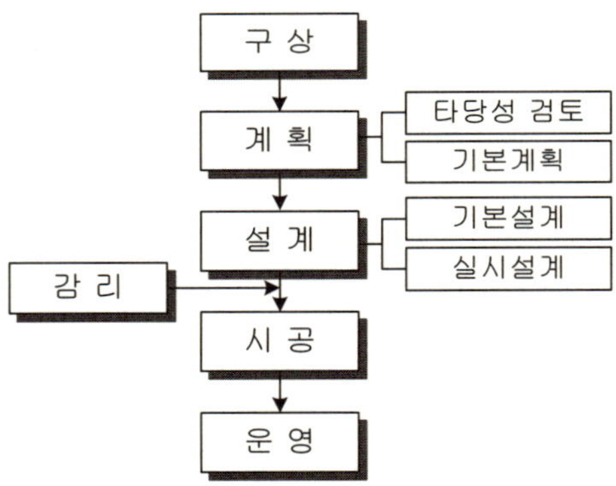

[그림] 도시·부동산 프로젝트 계획과정

- 개발 방향이나 사업계획을 염두에 둔 개략적 과정은 기본구상→사업성분석→기본계획→사업계획의 4단계를 축으로 설정함

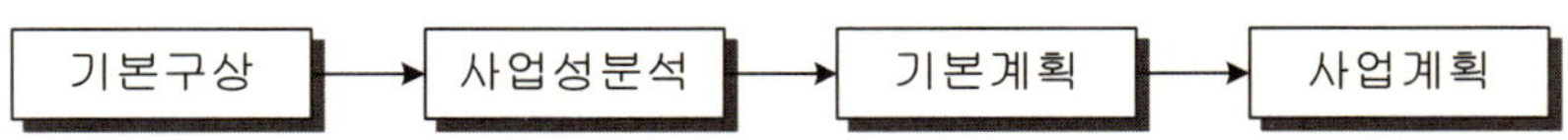

[그림] 사업계획과 함께 본 과정

1.2 도시개발형 및 토지활용형 계획과정

1) 도시개발형 계획과정

현황분석 →	입지선정 →	구상안작성 →	타당성조사
· 사회동향 분석 · 수요동향 분석 · 입지전개 전략 · 시장권에 대한 고려 · 영업력 점검	· 후보지 추출 · 입지조건 조사 · 후보지 비교	· 프로젝트 목표 · 시설구상 · 규모 · 사업량 · 사업 수법 · 운영방침	· 채산성 · 기술적 가능성 · 환경적합성

2) 토지활용형 계획과정

입지조건 분석 →	토지이용의 방향모색 →	구상안작성 →	타당성조사
· 부지조건 분석 · 주변조건 분석 · 광역의 자리매김	· 지역만들기의 시점에서 검토 · 수익성관점에서 검토 · 토지이용 방침	· 프로젝트 목표 · 시설구상 · 규모 · 사업량 · 사업 수법 · 운영방침	· 채산성 · 기술적 가능성 · 환경적합성

1.3 타당성 검토형 계획과정

구성요소	업무내용
개발환경 분석	- 거시적 개발여건분석 : 경제일반환경, 사회문화환경, 정부정책 및 법규변화 - 주변개발 여건분석 : 지리적 환경, 교통환경, 기능환경, 상위계획
입지환경 분석	- 도시공간구조분석 : 지리적 환경, 주변현황, 교통체계, 도시계획 현황 - 입지특성분석 : 입지특성, 지역적 특성, 인구통계적 특성, 기능적 특성
시장 분석	- 경쟁구조분석 : 지역상권분석, 유사사례분석, 가격구조분석 - 수요분석 : 개발의식분석, 시설별 수요조사, 목표대상 선정
토지이용 및 건축	- 시장분석에서 나온 필요 시설이나 규모를 디자인에 반영 - 건축계획 : 법규, 대지분석을 통한 토지이용, 교통, 동선, 배치, 이미지, 평면, 품질계획
수익성 분석	- 운영수지분석 : 대차대조표, 손익계산서, 캐쉬플로우, 부채상환능력 - 투자수익성분석 : 회수기간분석, 순현가, 수익성지수, 내부수익률
개발 시나리오	- 운영조직계획 : 사업집행체계, 완공 전·후 운영관리체계, 운영계획 - 자금운용계획 : 사업수지계획, 자금지출계획, 부채상환계획 - 마케팅계획 : 분양전략, 가격전략, 타켓팅, 포지셔닝

2. 프로젝트 과정과 단계별 고려할 사항은?

2.1 프로젝트 개발 동기

1) 프로젝트 개발 동기

- 프로젝트가 시작되는 요인은 여러 가지가 있을 수 있으나 다음과 같은 5가지 동기에서 출발함

① 토지 : 가용할 만한 토지가 있을 때 개발하는 경우
② 수요 : 프로젝트를 시작할 만한 수요가 존재하는 경우
③ 재원 : 투자재원의 조달이 가능할 경우
④ 재생 : 도시재생이 요구되거나 시설물의 노후화로 재개발, 재건축이 필요할 경우
⑤ 정책, 제도 : 법, 제도, 정책 등에 의해 주도되는 개발 사업의 경우

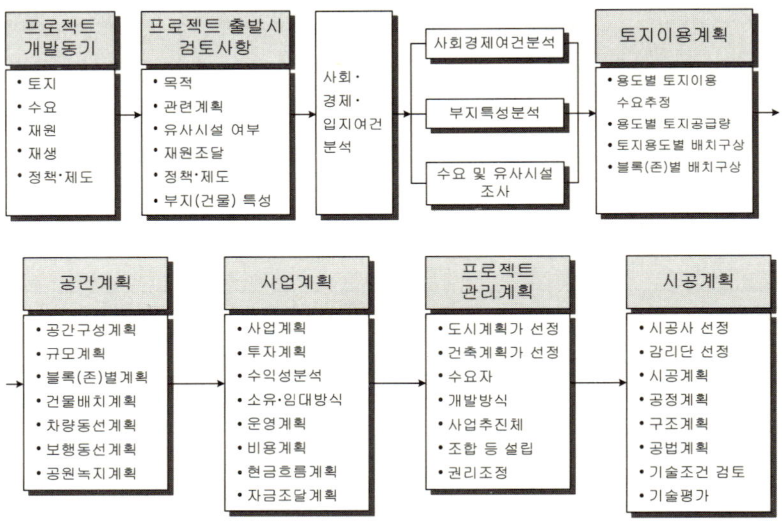

[그림] 프로젝트 과정과 단계별 고려사항

2) 프로젝트 출발 시 검토사항

① 프로젝트 목적
② 관련계획 검토
③ 유사시설 존재여부
④ 재원조달 여부확인
⑤ 관련정책, 제도의 확인
⑥ 해당부지(건물) 특성 검토

2.2 사회·경제·입지 분석

1) 사회·경제 여건분석

① 경제분석(GDP, 1인당소득, 자동차대수 등)
② 인구분석(인구, 계층, 인구예측 등)
③ 사회분석(트랜드, 패러다임, 정책 등)
④ 도시 관련 계획 검토(도시계획, 토지이용계획, 국토 및 지역계획 등)
⑤ 정책·법규 검토(관련정책, 법 등)

2) 부지특성분석

① 해당부지조사
② 주변여건분석
③ 입지조건분석
④ 지반·지질조사
⑤ 주변환경 및 환경영향권 분석
⑥ 주변교통여건분석(도로, 도시철도 등)

2.3 수요 및 유사시설 조사

1) 수요분석

① 수요분석
② 장래수요추정
③ 상권분석

2) 유사시설 조사

① 기존유사시설 검토
② 유사시설과 차별화 전략 검토

2.4 토지이용계획

1) 용도별 토지수요 추정
2) 용도별 토지공급량 설정
3) 토지용도별 배치구상
4) 블록 또는 존별 배치구상

2.5 공간계획

1) 공간구성계획
2) 규모계획
3) 블록 또는 존별 계획
4) 건물 배치계획
5) 차량동선처리계획
6) 보행동선계획
7) 공원·녹지계획

2.6 사업계획

1) 사업계획
2) 투자계획
3) 수익성 분석
4) 소유·임대 방식
5) 운영계획
6) 비용계획
7) 현금흐름계획
8) 자금조달계획

2.7 프로젝트 관리계획

1) 도시계획(설계)가 선정
2) 건축설계자 선정
3) 수요자(테넌트) 위치
4) 개발방식선정
5) 사업 추진체(조직 등) 결정
6) 조합(추진위원회) 등 설립
7) 권리 조정

2.8 시공계획

1) 시공사 선정
2) 감리단 선정
3) 시공계획
4) 공정계획
5) 구조계획
6) 공법계획
7) 기술조건검토
8) 기술평가

3. 도시·부동산 프로젝트 유형별 계획은 어떤 과정을 거치나?

3.1 도시정비사업형

1) 특징

- 안전성, 편리성, 토지의 효율적 이용 측면에서 문제발생시 재개발 등을 통해 정비
- 도시정비사업에는 재개발, 재건축, 도시개발사업 등이 있음
- 재개발에는 철거재개발과 수복재개발 등이 있음

2) 계획과정

- 계획과정은 일반적으로 현황 조사기본구상 기본계획 사업계획의 단계를 거침
- 도시정비사업은 다음과 같은 단계를 거치게 됨

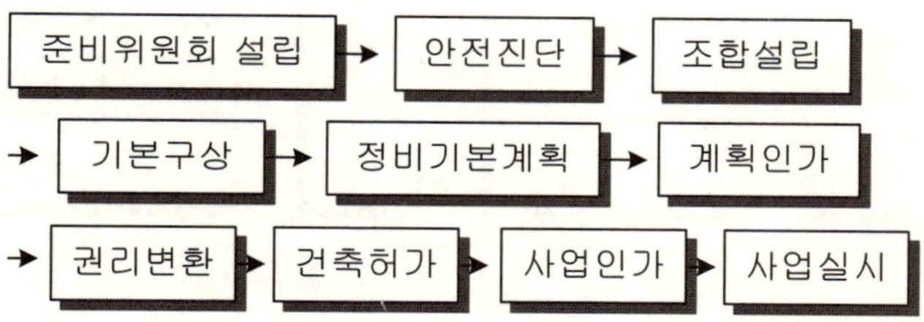

[그림] 도시정비사업 계획과정

3.2 신도시 개발형

1) 계획과정

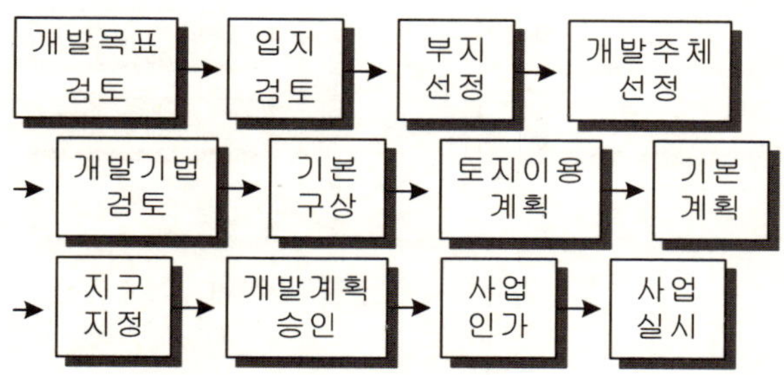

[그림] 신도시 개발형 계획과정

3.3 기존토지활용형

1) 특징

- 개발이 되지 않은 미이용토지나 유휴지 등을 활용
- 해당지구나 지역에 걸맞고, 수요자(이용자)가 존재하여야 함
- 토지의 가치를 높여 수익성 창출

2) 계획과정

- 기존토지활용형은 다음과 같은 단계를 거침

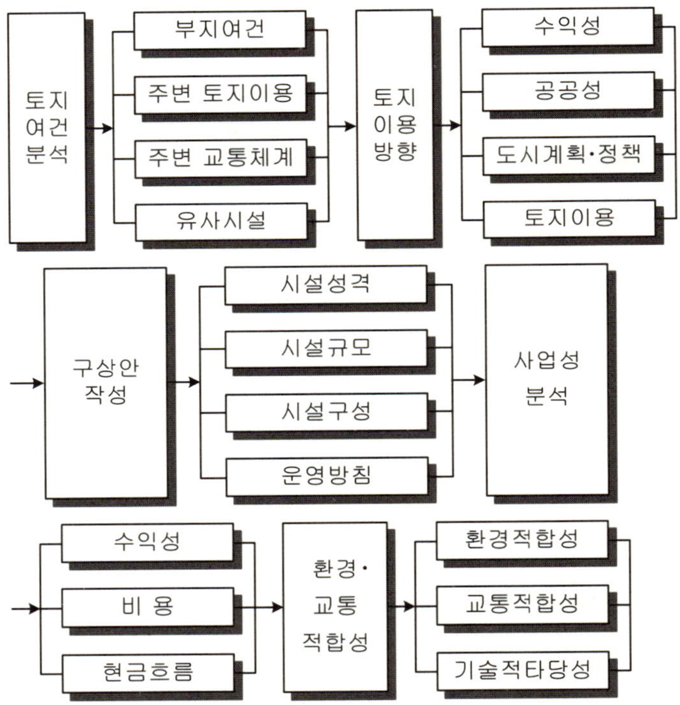

[그림] 기존토지활용형의 계획과정

4. 도시·부동산 프로젝트 단계별 고려사항은?

4.1 상업시설 프로젝트 단계별 고려사항

1) 구상단계

입지조사	시설규모	사업주체 및 수익검토
-시장규모 -상권분석 -유사시설 분석	-개발방향 -수요예측 -규모산정 -구상도 작성	-사업주체 -수익성 검토 -자금계획

2) 계획단계

기본계획	기본설계
-배치계획 -동선계획 -예산계획 -공기·공법 검토 -수요자(테넌트)유치계획 -인허가 신청준비 -기본계획도 검토	-수요자층 분석 -마케팅 전략 -임대구성 -사업계획 -기본설계도 작성 -개발신청도서 작성

3) 실시단계

(1) 실시계획

배치계획	분양 및 테넌트 유치계획	상세설계	기본시공계획
-조닝 -평면배치구상 -건물외관	-브랜드 계획 -관리운영 계획 -마케팅 계획	-상세설계도 작성 -구조설계 -설비설계 -신청도서 작성	-시공계획요서 작성 -비용절감 계획

(2) 분양 및 시공

테넌트 모집	분양
-홍보전략 -계약	-홍보전략 -계약

(3) 공사감리

-구조감리
-외부공사 감리
-인테리어 설계

(4) 시공

-시공회사(하청회사 포함) 선정
-시공도면 작성
-공정관리 계획
-전체공사
-인테리어 공사

4) 운영단계

-이용실태조사 및 검토
-관리운영회사 선정
-관리운영상 수지분석
-비용절감 프로그램
-정기점검

4.2 체류형시설(호텔, 콘도, 리조트타운 등) 프로젝트의 고려사항

1) 도시 및 지역조사

- 도시 및 지역계획 검토
- 교통체계검토 및 조사
- 유사경합시설조사
- 부지특성
- 여행,레져 동향 및 추이조사
- 체류형시설
- 소비패턴
- 수요전망

2) 체류형시설의 성격(특징) 설정

- 브랜드선정
- 표적집단(Target Group)을 고려한 성격 및 규모설정
- 소유 및 경영방식
- 관리 및 경영방식
- 적정등급고려

3) 부지현황조사 및 시설규모

부지현황 및 특성

시추작업
측량
급배수
전기, 가스

주변교통시설조사

통행량
보행
대중교통

법,제도 검토

용적률
사선제한
일조
공개공지
공원, 녹지

인허가

관련부서의 지침
관련부서의 내규
심의위원회의 심의기준
사전협의

4) 시설규모설정

- 적정용량산정
- 적정규모
- 객실규모
- 공공용지규모
- 면적배분

5) 파이낸싱 방향설정

- 파이낸싱금융기관
- 투자자구성
- 총투자액
- 요금설정
- 가동률
- 개업시기

6) 건설방침

성격 설정

- 등급결정
- 임대
- 영역설정
- 동선(차량, 보행, 주차 등)
- 장래계획
- 부문별 면적배분
- 시공방식
- 감리방식
- 거주
- 전체시설규모결정
- 부대시설
- 사인시스템(안내, 유도 등)
- 공사구분
- 부문별 견적작성
- 공기

7) 수익성 분석

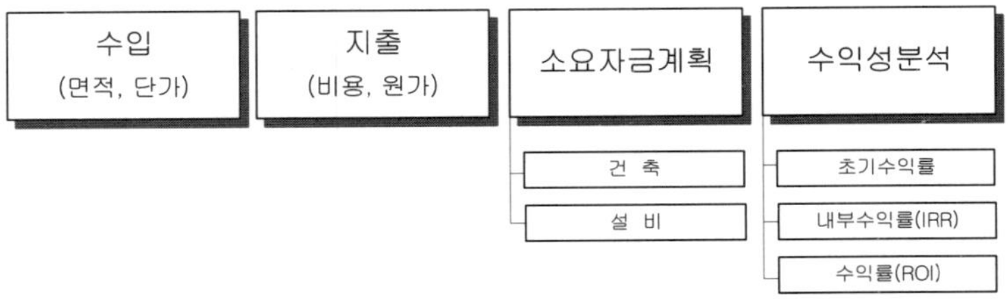

8) 계획

- 관리운영
- 마케팅
- 회계 · 경리계획
- 조직업무
- 채용 · 교육계획
- 임대계획
- 직영계획
- 건축기본계획
- 인테리어계획
- 부대시설배치계획
- 개업비용계획
- 실행예산계획

9) 설계

- 건축설계도(평면, 입면, 단면)
- 인테리어설계
- 조경설계
- 동선설계
- 계약
- 착공

10) 건설

- 시공
- 감리
- 설계변경

11) 오프닝 준비

- 인원배치
- 예비교육 및 훈련
- 점검

12) 오프닝

- 오프닝행사
- 운영개시

5. 복합단지 프로젝트의 고려사항은?

5.1 복합단지(Mixed Use)의 마케팅 전략은?

1) 차별화방법

(1) 테마(테마성, 수준)
(2) 브랜드 가치
(3) 장소성
(4) 입지(교통편리성, 상업기능집약)
(5) 공간(규모, 용도별, 면적, 배치구성)
(6) 브랜드 상품 존재여부
(7) 가격(고급지향, 대중지향, 주변지역지향)
(8) 고객서비스
(9) 접근성

2) 마케팅을 고려한 복합단지의 마스터플랜(기본계획) 수립 시 고려사항

(1) 현황조사 및 분석

구분	내용
관련계획 검토	관련계획 및 도면 도시계획관련법규 지자체의 조례
주변 조사	입지분석 입지주변 환경검토 시장여건분석 소유권 등 권리관계검토 소비패턴
주변여건 분석	상권분석 수요분석(과거, 현재, 미래) 교통량조사 (승용차, 대중교통) 유사기능의 경쟁단지검토 광역 인프라 검토 토지이용여건 분석

(2) 프로젝트 파이낸싱

파이낸싱	브랜드 이미지
금융계획 수익분석 특수 목적회사(SPC) 설립 전략적 투자가 모집,선정 재무적 투자가 모집,선정 투자계획 자금흐름계획 적정 수익성 선정	단지의 테마결정 업종, 형태 결정 브랜드 가치전략 시장성 분석 이미지 구축 방안

(3) 마스터플랜(기본계획)

상업시설 브랜드 구축	마스터플랜(기본계획도)
블록 또는 존 구분계획 용도별 규모 용도별 공간배치 동선계획 용도별, 상품별 브랜드화 브랜드 및 사인시스템 색채계획 공공 디자인 계획 공간별, 브랜드별 디자인 계획	평면계획 배치계획 입면, 단면계획 상세계획 공원, 녹지계획 교통처리계획 보행동선계획

Ⅲ 도시 · 부동산 프로젝트 마케팅

1. 고객유치 어떻게 할까?

1.1 수요와 공급 접근방법

구분	내용
수요개념	고객유치 대상지의 욕구, 생활, 패턴, 라이프스타일, 소득, 연령, 성별 등을 나타낸 개념
공급개념	- 잠재적 고객에게 새로운 라이프스타일이나 트랜드를 선보이면서 유도하는 개념 - 브랜드나 이미지 등으로 표현하는 고객유치를 위한 공급적 측면의 수단 - 고객에게 □그곳에 가고 싶다□ □그곳에 가면 내가 원하는 것이 있다□라는 동기 부여가 되는 키워드 등을 의미

1.2 고객유치를 위한 검토사항

(1) 고객유치 목적
- 왜 고객을 유치하는가?
- 무엇을 위해 고객을 유치하는가?
  (분양, 테넌트 입점, 판매 등)

(2) 고객유치 대상
- 누구를 대상(Target Group)으로 할 것인가?
  (테넌트, 투자가, 성별, 소득계층, 연령)

(3) 고객유치용도 시설
- 어느 용도에 고객을 모을 것인가?
  (상업, 업무, 주거 등)
- 어느 시설에 고객을 모을 것인가?
  (테마시설, 리조트, 공원, 상가, 휴식공간 등)

(4) 고객유치 규모 및 기간
- 어느 정도 고객을 모을 것인가?
  (명/평, 업체별 면적, 명/월)
- 어느 기간에 모을 것인가?

(5) 고객유치를 위한 비용
- 고객유치를 위해 얼마나 비용을 투자할 것인가?
  (예산범위, 인력(Man power), 아웃소싱 등)

1.3 복합단지에 사용되는 테마 또는 마케팅 키워드

(1) 글로벌화

- 동북아 허브
- 서해안 중심
- 환태평양 중심
- 수도권 남부의 핵심

(2) 도시 및 커뮤니티

① 복합기능

- 24시간 도시
- 도시속의 타운(New Town in Town)
- 단지가 하나의 도시
- 전원도시속의 단지
- 인간중심타운
- 네트로폴리스(Netropolis)

② 커뮤니티

- 환경·인간이 조화되는 복합 커뮤니티
- 유비쿼터스 커뮤니티
- 환경공생 복합단지

③ 성장 및 발전

- 지구(커뮤니티 등)발전을 유도하는 미니타운
- 미래를 약속하는 단지

(3) 인간

① 인간과 자연의 조화

- 환경·인간의 공생도시
- 생태타운
- U-Eco City
- 자연속의 복합단지
- 녹지축·보행축의 타운

② 인간중심

- 인간을 먼저 생각하는 단지
- 휴먼스케일의 디자인
- 물이 있는 곳
- 편안한 곳
- 안전한 장소
- 휴먼프라자

(4) 장소성

- 상징성이 있는 곳
- 랜드마크의 공간
- 예기치 못한 것과 만나는 곳
- 새로운 커뮤니티
- 도시재생의 공간
- 현재와 미래가 만나는 곳

(5) 트랜드

- 새로운 트랜드
- 글로벌 트랜드
- 과거·현재·미래의 공간
- 시대·공간을 넘어서
- 미래 패러다임의 복합몰

2. 복합단지 고객유치기능과 관련시설

2.1 복합단지의 고객유치를 위한 체크리스트

① 테마가 시기적절하고 고객의 감각을 반영하는가?
② 고객의 다양한 욕구를 수용할 수 있는 기능이 복합화, 융합화되어 있는가?
③ 장소성이 충분히 부각되어 있는가?
④ 랜드마크적인 시설, 이벤트 공간이 존재하는가?
⑤ 유사시설과 경쟁관계에 있지 않는가?
⑥ 단지의 인식도가 높은가?
⑦ 교통접근성은 어떤가?
⑧ 단지가 지역 또는 커뮤니티의 중심기능을 하는가?
⑨ 테마나 컨셉이 참신하고 미래지향적인가?
⑩ 단지가 문화적 요소는 충분히 포함하고 있는가?
⑪ 단지의 공간, 매장마다 기획·연출이 뛰어나게 되어 있는가?
⑫ 시공회사의 브랜드는 어떤가?
⑬ 테넌트, 일차회사 등은 브랜드 가치가 있는 회사들인가?

2.2 고객유치기능과 관련시설

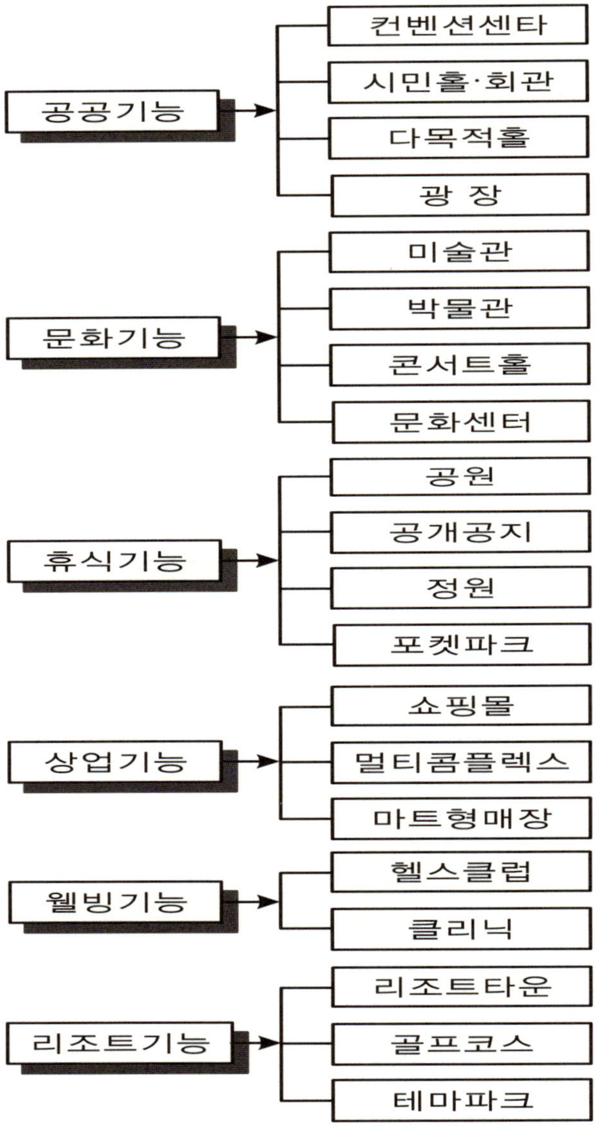

2.3 복합단지에 대한 고객의 이미지

- 상업시설 등에 대한 이미지는 고객(이용객)들이 평가하게 됨. 고객들이 느끼는 이미지를 열거해 보면 아래와 같음

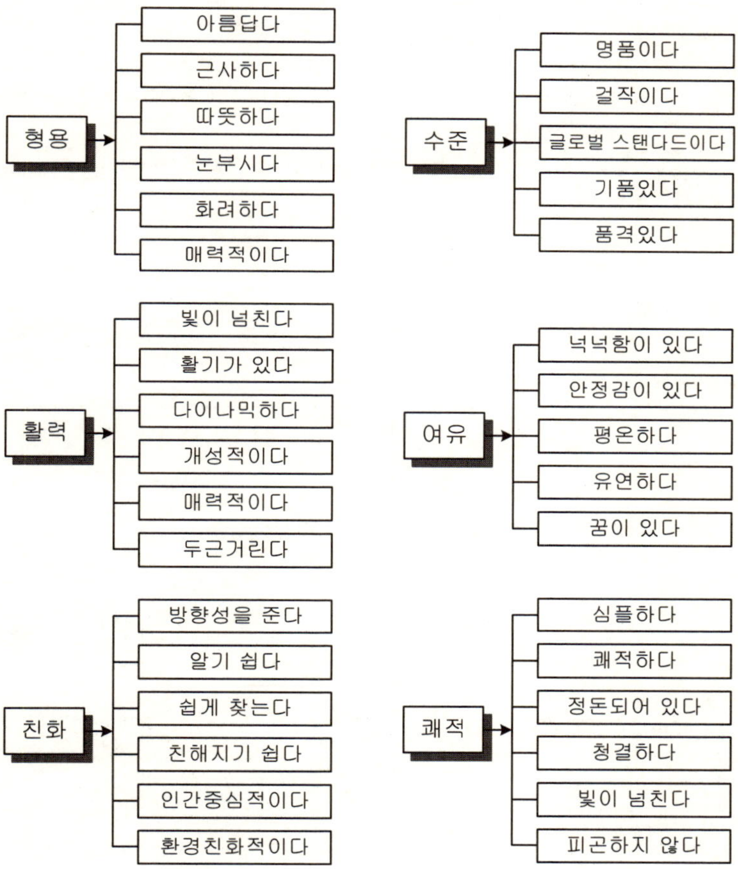

Ⅳ 도시 · 부동산 프로젝트의 참여자 및 역할

1. 도시·부동산 프로젝트의 참여자

1.1 단체별 프로젝트의 참여자

구 분	내 용
시민단체(NGO)	사회단체, 복지단체, 환경단체, 주택단체, 교통단체, 학교교육단체, 자원봉사단체
연구 및 컨설팅	도시·지역연구회, 도시전문가, 디벨로퍼, 부동산전문가, 도시관련용역회사
상공단체	은행, 금융회사, 신탁회사, 연기금사, 보험회사
공공단체	주공, 토공, 중앙정부, 지자체
커뮤니티	도시계획가, 원주민, 커뮤니티조직, 조합, 토지소유자, 빌딩소유자
개발·건설단체	디벨로퍼, 건설사, 시공사

1.2 도시·부동산 사업별 참여자

(1) 민간 개발 사업형 : 민간 기업이 자신의 사업을 추진, 도시개발, 토지이용 계획에 대한 장래수요예측, 사업의 차별화 강조

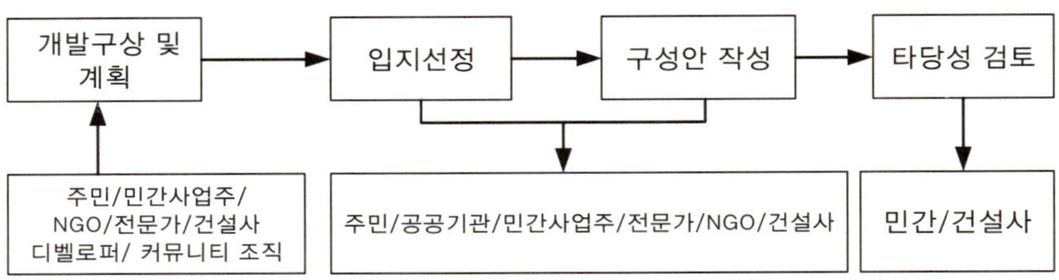

(2) 공공시설형 : 공공단체가 행정상의 요구에 대응하여 도심활성화를 위해 민간능력의 도입, 공공성을 강조

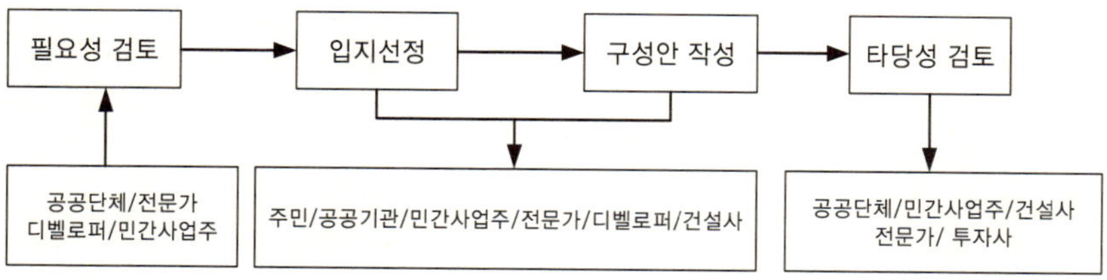

(3) 토지활용형 : 도심의 미 이용지나 이전 적지의 개발 및 정비

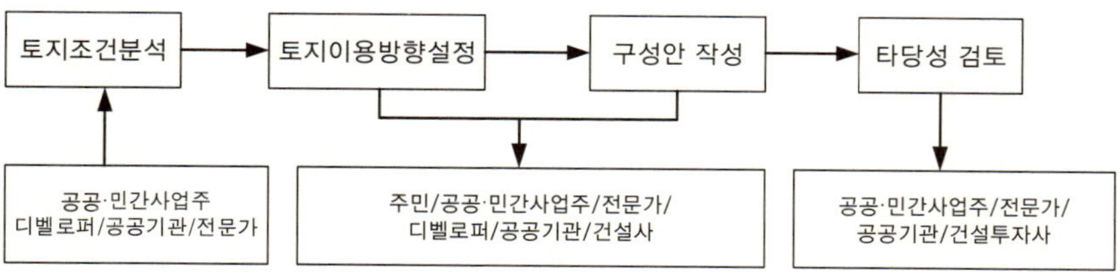

(4) 재개발형 : 도심재정비구역에 도심활성화 차원에서 재개발

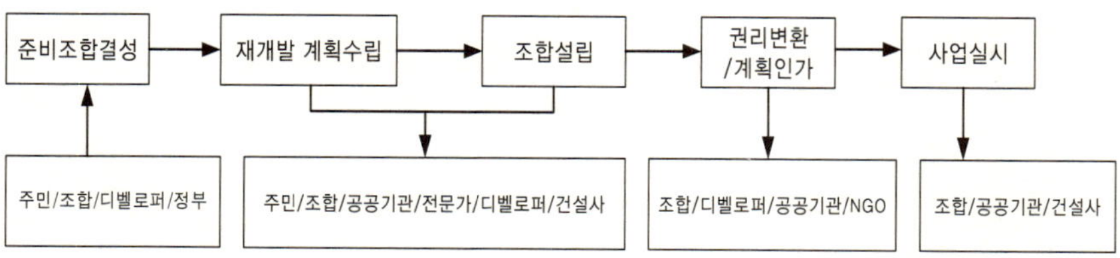

(5) 뉴타운형 : 광역인프라구축 도시환경의 질 향상 위해 뉴타운 개발

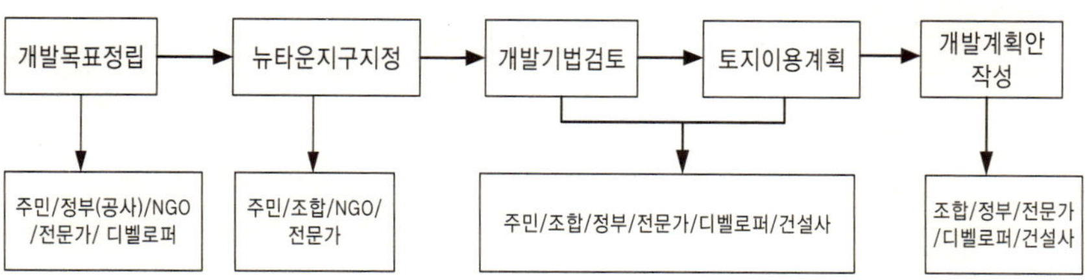

2. 도시계획가(전문가)의 역할

2.1 도시계획가(전문가)가 주로 담당하는 일

구 분	내 용
현황 및 입지분석	자연적 현황, 사회경제적 현황, 수요자 관련사항, 교통체계
지역현황 분석	도시공간구조, 도시발전계획, 배우지 현황
계획 및 법규검토	국토계획 등 상위계획 검토, 행위제한 및 인가와 허가 여부
상권분석 및 수요의 추정	경쟁환경 분석, 소비자 행태분석, 상권수요예측, 시장분석 및 고객분석
개발 개념의 설정	사업 아이디어, 시설 구상, 관련시설 유치가능성 여부
개발 기본 구상	토지이용계획, 건축계획, 업종구성 결정
사업타당성 분석	수익 및 비용추정, 손익분기점 분석, 민감도 분석
결론 및 제안	사업의 정책 및 전략 분석, 마케팅 전략, 사업요소 결정

2.2 도시개발사업에서 도시계획가(전문가)의 역할

여건 및 수요 분석	- 현재의 여건과 수요가 사업수행에 적합한가? - 향후의 수요는 사업수행에 어떤 영향을 미칠 것인가?
법적 제도적 분석	- 상위계획 미 관련계획은 어떤가? - 법적, 제도적 규제 및 제한조치는 없는가? - 법적, 제도적 규제 및 제한조치의 향후 변동가능성이 있는가?
물리적 기술적 분석	- 토지이용계획은 어떤가? - 입지선정은 가능하며 부지여건은 적절한가? - 사업추진상의 기술적인 문제는 없는가?
수요 분석	- 수요는 충분히 있는가? - 수요층은 어느 계층인가?
재무성 분석	- 적절한 수익흐름이 기대되는가? - 비용지출과 자금회수 그리고 자금조달이 가능한가?
사업주체 분석	- 사업주체는 누구인가? - 관·민파트너십이 가능한가? - 민간이 주도할 수 있는가?
실행가능성 분석	- 사업 주체가 사업실행 능력을 갖추고 있는가? - 사업추진 시기는 적절한가? - 사업여건의 변동가능성은 없는가?

3. 디벨로퍼의 역할

3.1 디벨로퍼의 임무는 무엇인가?

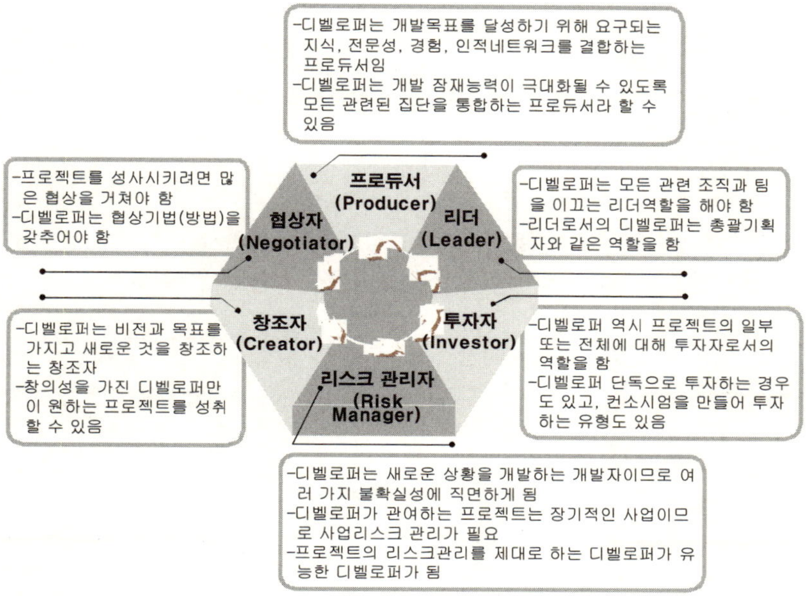

- 하창식(2005)은 디벨로퍼를 새로운 트렌드를 예측하는 선두주자로서 인간 삶의 질 향상을 위한 'Total Design 전문가'가 되어야 한다고 함

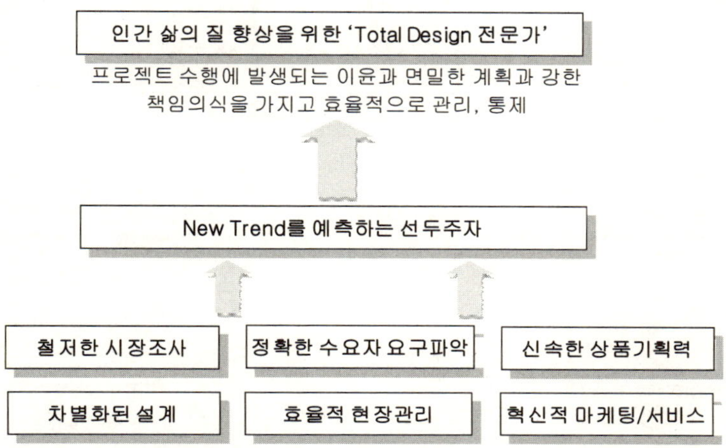

[그림] New Trend를 선도하는 리더로서의, Total Design 전문가로서의 디벨로퍼

자료: 하창식, 정상의 디벨로퍼 CEO, 한양대 도시대학원 도시개발 최고위과정 2기 강의자료

3.2 사회가 요구하는 디벨로퍼의 상(像)

① 새로운 도시 및 부동산 트렌드를 예측하는 전망자
② 새로운 가치를 만들어 가는 가치 창조자
③ 디자인 감각을 갖춘 디자이너
④ 도시의 공공디자인을 향상시키는 도시 설계자
⑤ 다양한 트렌드와 도시 문화를 읽고 연출하는 문화 연출가

3.3 디벨로퍼의 협력파트너

- 디벨로퍼의 역할은 다양한 프로젝트의 주체와 관련자들에 의해 부여됨
- 여러 이해집단과의 관계 속에서 디벨로퍼가 하는 일이 설정됨

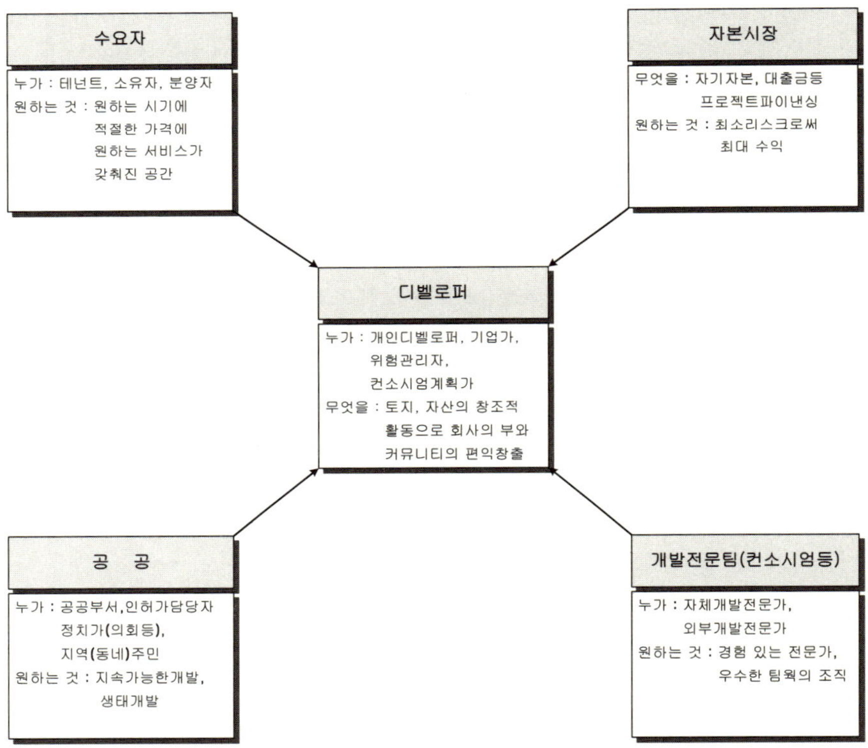

[그림] 디벨로퍼가 프로젝트 추진과정에서 고려해야 할 대상

3.4 디벨로퍼와 파트너를 연결해 주는 사람들

- 디벨로퍼와 수요자, 자본시장, 공공개발전문팀을 연결해 주는 연결고리는 다음 그림과 같은 전문가들임

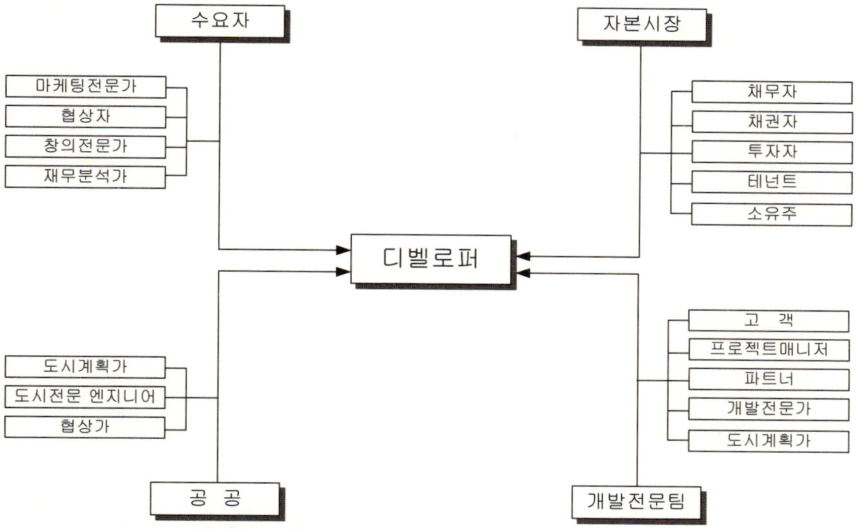

[그림] 디벨로퍼와 파트너를 연결해 주는 사람들

3.5 디벨로퍼와 관계되는 집단

- 디벨로퍼와 관계되는 집단을 열거해 보면 10개의 집단(또는 전문가 그룹)으로 구성됨

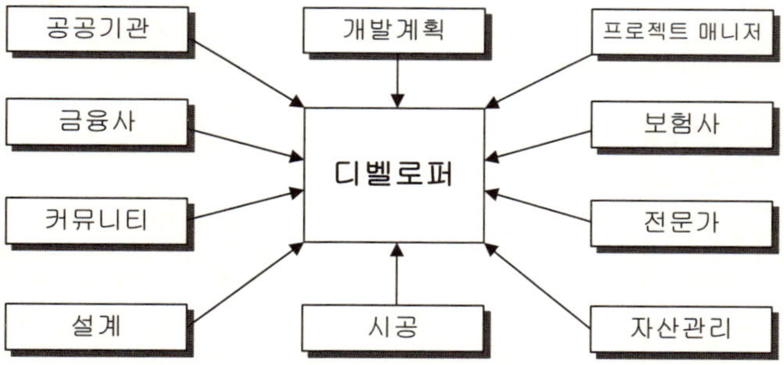

[그림] 디벨로퍼와 관계되는 전문가 집단

3.6 개발프로젝트 참여자와 금융방식

1) 프로젝트 참여자

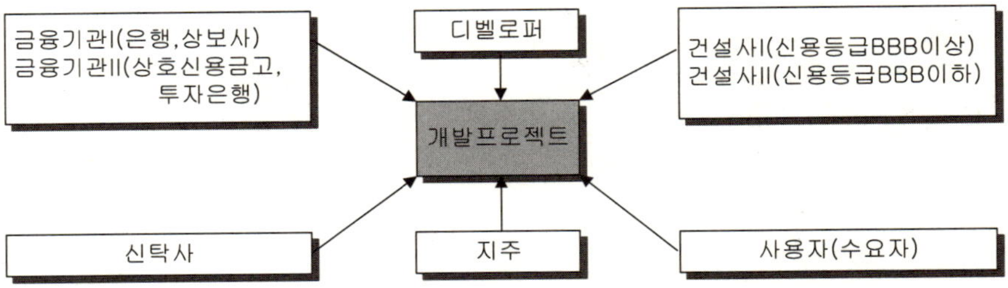

2) 금융방식

(1) 전통적 금융참여자

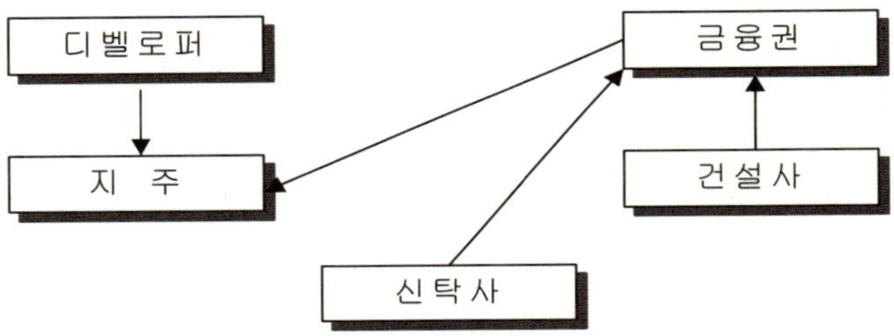

(2) 전통적 금융방식

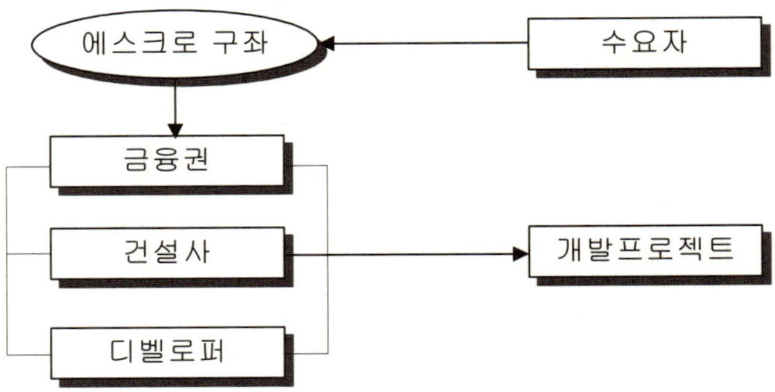

(3) 새로운 금융방식(Project Financing)

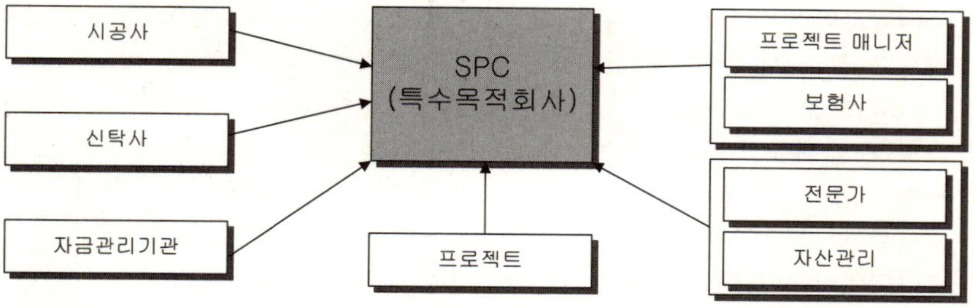

3.7 디벨로퍼 입장의 프로젝트 계획

1) 디벨로퍼 입장의 프로젝트 계획과정

- 디벨로퍼 측면에서 프로젝트를 추진하는 과정은 일반적으로 아이디어 발의, 현황 및 수요조사, 설계, 시공, 관리라는 5단계를 거침

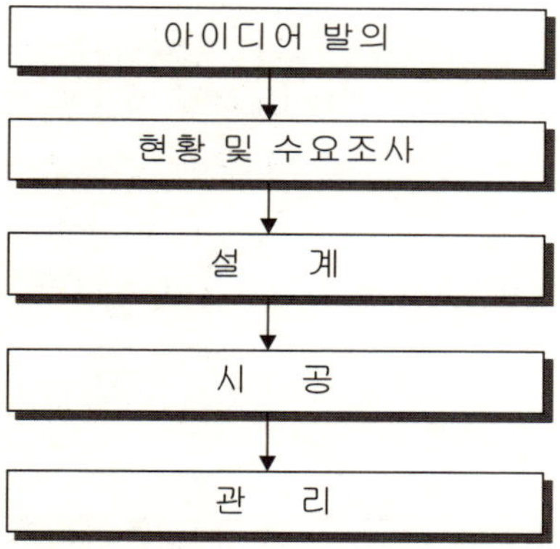

[그림] 디벨로퍼 입장의 프로젝트 계획과정

(1) 아이디어 발의
- 디벨로퍼가 프로젝트를 위한 아이디어를 발의하여 목표를 설정하는 단계
- 프로젝트에서 가장 중요한 것은 개념 만들기임
- 테마 또는 개념이 프로젝트의 성사를 가늠하는 중요한 잣대가 됨

(2) 현황 및 수요조사
- 입지와 부지의 주변조건 조사
- 사회 경제적 특성과 개략적 수요분석이 이루어짐
- 아이디어가 제대로 실현될 수 있는지에 대한 가능성 검토

(3) 설계
- 아이디어와 목표를 구체적으로 건물에 반영하기 위한 단계
- 사업주에게 설계안을 전달하면서 건축의 설계 및 시공을 준비하는 단계

(4) 시공
- 설계작업 완료 후 디벨로퍼나 사업주가 추구하는 목표가 충분히 반영되었다고 판단되면 시공사를 선정하게 됨
- 시공과정에는 설계, 감리단이 한 팀이 되어 원래의 목표대로 건물이 시공되는지를 감리

(5) 관리
- 시공이 끝나면 건물의 관리에 들어가게 되며 자산관리회사 등을 통해 이루어짐

이야깃거리

1. 구상 · 계획 · 설계 · 시공 · 운영의 5단계를 거치는 도시 · 부동산 프로젝트의 예를 들고, 어떻게 5단계가 접목되는지를 논해 보자.

2. 계획단계에서 타당성 검토와 기본계획을 거치는데 여기서 타당성 검토는 무엇을 하는 과정인가?

3. 구상과 기본계획은 무엇이 어떻게 다른지를 설명해 보자.

4. 감리란 무엇을 하는 단계인가?

5. 기본계획에서 어떤 작업을 거치게 되면 실시설계단계로 넘어가는 것일까?

6. 기본설계와 실시설계는 무엇이 다른지 생각해 보자.

7. 타당성 검토형 계획과정에서 수익성 분석은 어느 수준(정도)까지 하는가?

8. 도시 · 부동산 프로젝트의 개발동기 측면에서 볼 때 도시의 워터프론트 복합용도개발(예컨대 서울 용산 철도공사부지의 국제업무단지 프로젝트 등)은 어떤 동기에서 출발했을까?

9. 프로젝트 단계별 고려사항에서 수요 및 유사시설조사는 왜 필요한가?

10. 토지이용계획이 요구되는 도시 · 부동산프로젝트에는 어떤 것들이 있는지 논해 보자.

11. 어느 도심 재개발구역을 도시정비사업에 의해 추진하고자 한다. 어떤 계획과정을 거쳐야 하나?

12. 뉴타운 사업의 계획과정을 논해 보자.

13. 뉴타운 사업 추진상 그동안 드러난 문제점은 무엇인가?

14. 균형정비촉진지구로 지정되면 어떤 계획과정을 거치는지 다른 도시정비사업 지구(재개발 또는 재건축)와 어떤 측면에서 차별화가 되는지 고민해 보자.

15. 기존 토지 활용형의 프로젝트는 어떤 것들이 있는가?

16. 체류형시설 프로젝트의 고려사항 중에 도시개발 프로젝트와는 별도로 고려해야 할 사항이 있는지 살펴보자.

17. 민간개발형 부동산 프로젝트에서 디벨로퍼의 역할이 무엇인지 논해 보자.

18. 대규모 복합용도개발 프로젝트에서 도시계획가와 디벨로퍼의 역할은 각각 무엇이고, 어떤 측면에서 차별화가 되나?

19. 개발사업이 프로젝트 파이낸싱을 할 경우 디벨로퍼가 하는 일은 어떤 것들이 있을까?

20. SPC(특수목적회사)는 어느 경우에 설립하며, 설립목적은 무엇인지 생각해 보자.

제 2 부

프로젝트 파이낸싱과 프로젝트 자금

I 프로젝트 파이낸싱

1. 글로벌 금융시장의 트랜드

1.1 세계화와 신자유주의의 영향은?

1) 세계화와 금융위기

- 신자유주의는 1980년대 이후 세계경제를 지배하는 패러다임
- 지나친 세계화는 금융위기를 불러옴
- 금융자유화로 세계가 하나의 네트워크가 됨
- 금융기업의 고도화, 복잡화로 세계금융시장이 통제 불능한 상태가 됨

2) 글로벌경제 패러다임의 변화

(1) 무역수지 흑자국으로 집중

- 미국은 사상 최대의 무역수지 적자를 안고 있음
- 중국은 사상 최대의 무역수지 흑자로 돌아섬
- 세계의 외환 보유고는 무역, 경상수지 흑자를 내는 나라로 집중되고 있음

(2) 고령화에 의한 금융부문의 영향

- 고령화가 금융부문에서 단기성 저축보다는 중장기성 투자로 몰고 감
- 고령화가 세계 금융의 주도권을 종전의 은행에서 펀드로 유도하고 있음

(3) 금융혁신의 확산

- 지난 20년간 자산 유동화가 급격히 확산되어 오고 있음
- 유동화 이슈는 전문가의 자산운용수준을 넘어 대중화된 금융 혁신의 결과로 나타나고 있음

(4) 금융시장에서의 리스크가 증폭

- 금융시장의 리스크를 크게 만드는 요인은 파생상품에 있음
- 옵션이나 선물 등 파생상품은 지렛대 효과가 큼
- 서브프라임 모기지에 따른 유동화 과정에서 파생상품의 연관성으로 충격이 가중됨
- 모기지의 대출담보가치가 변하면 그 파생상품도 덩달아 변함
- 글로벌 유동성 확대가 단기적으로 세계 주택시장, 주식시장, 자본시장의 가격을 올릴 것으로 예상됨

(5) 펀드 자본주의

- 유동성이 많아지고 고령화되면 저축의 형태가 은행으로부터 투자의 형태로 변함
- 저축에서 투자로 전환되는 과정에서 기관투자가 적극적으로 펀드투자시장을 형성하게 됨
- 연기금, 국민연금(2007년 기준 : 200조원)이 펀드시장에 가세

3) 금융이 왜 뜨는가?

- 경제라는 신체에 금융은 심장과도 같은 역할을 함
- 경제가 성장하면 서비스 산업, 3차 산업의 비중이 커지게 됨
- 제조업을 보완하면서 균형 있는 경제성장을 하려면 서비스 부문 중 금융부문을 더 키워가야 함
- 금융시장과 금융산업의 성장이 경제성장을 촉진

4) 어떤 금융상품이 장래의 금융시장을 지배할까?

- '고수익 고위험'을 추구하는 새로운 투자자산이 장래 금융시장에서 인기가 있을 것임
- 대체투자(Alternative Investment) 상품이 금융시장을 지배
- 대체투자 상품에는 Private Equity Fund, Hedge Funds, 파생상품(Credit Derivation) 등이 등장
- 부동산에도 파생상품이 장래에 각광을 받게 됨

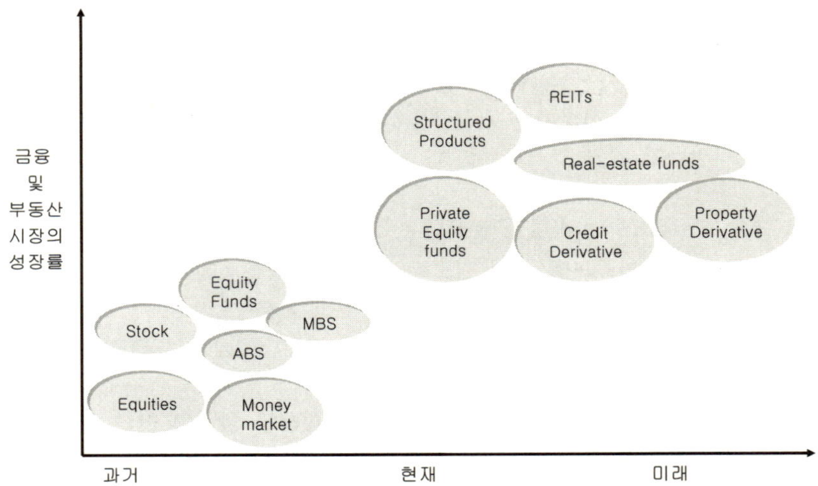

[그림] 글로벌 부동산시장의 투자 상품의 트렌드

1.2 글로벌 금융시장 왜 불안한가?

1) 저금리 기조

(1) 저금리 기조로 인한 자산가치 증가

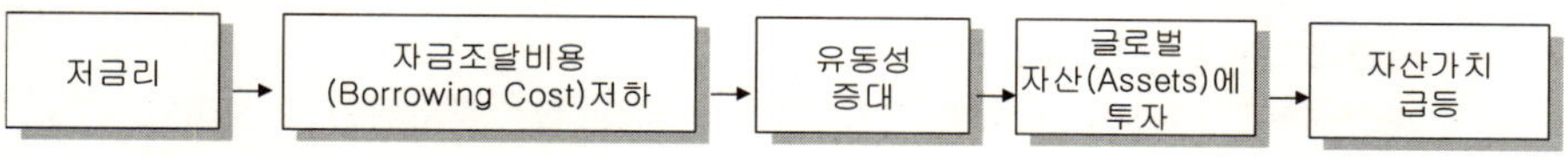

(2) 새로운 투자상품 등장

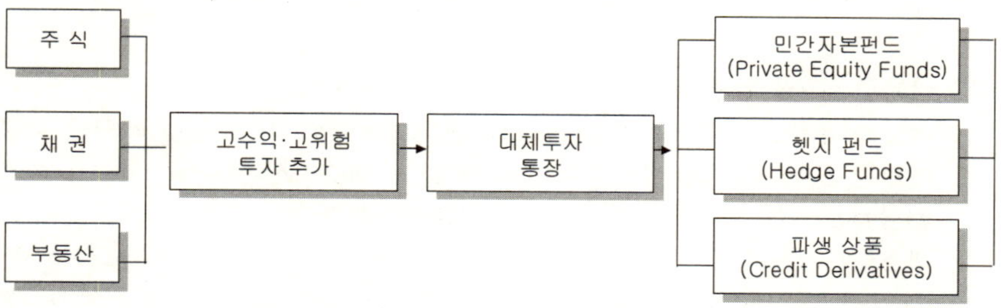

2) 금융시장 불안

(1) 높은 레버리지 활용으로 금융시장 불안 초래

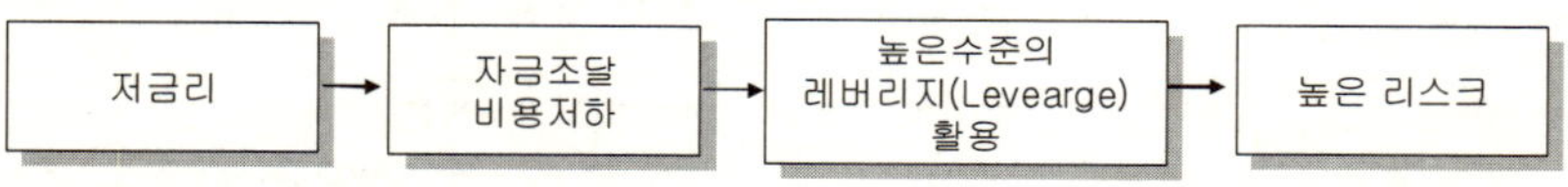

(2) 금융기관의 느슨한 금융운영

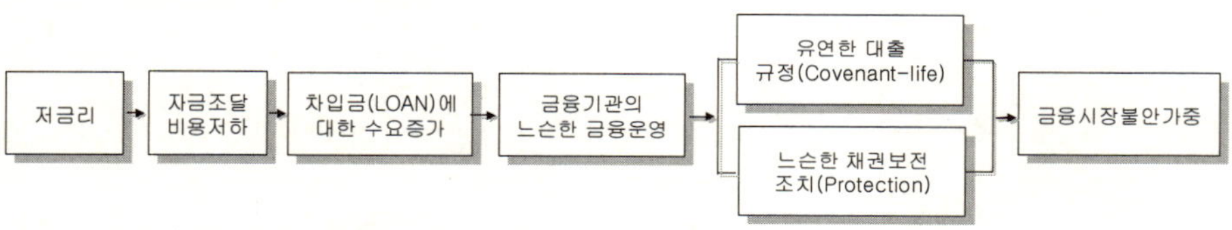

(3) 개인 파산과 신용등급하락으로 금융위기 발생

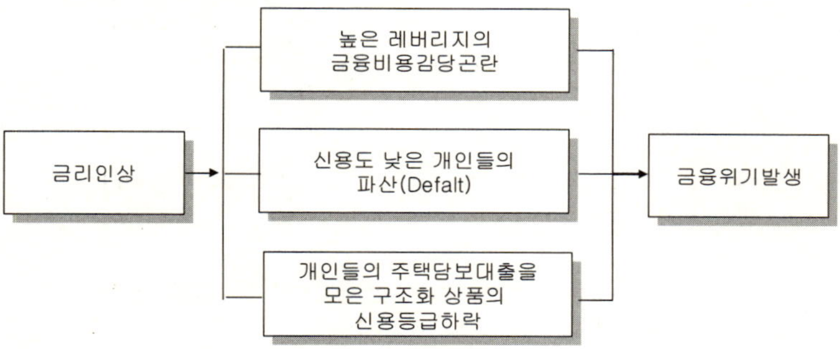

3) 파생상품의 등장

(1) 파생상품의 등장배경

- 파생상품은 세계의 금융기관들에 의해 만들어져 여러 국가에 투자되고 있음
- 파생상품은 파생상품에 재투자하는 2차, 3차 파생상품이 나와 있어서 매우 복잡다기한 양상을 보임
- 파생상품은 주식채권 외환거래과정에서 발생하는 투자위험을 줄이기 위해 주가지수 선물 옵션, 선물환, 크레디트 디폴스 스왑(CDS : 기업이 부도나면 대신 갚아주는 보증상품) 등의 형태로 등장하고 있음

(2) 금융파생상품의 개발·판매 과정

- 미국의 주택보유자가 주택을 담보로 은행으로부터 주택 구입 자금을 대출
- 미국 은행은 대출금 상환을 기다리지 않고 대출자산(담보)을 토대로 주택저당채권(MBS)을 발행해 기관 투자자에게 매각
- 채권투자기관은 MBS를 토대로 부채담보부증권(CDO)을 다시 시장에 팜
- CDO를 매입한 투자은행·펀드들은 2차 CDO를 발행하여 다수 투자자들에게 분할 매각
- 채권 발행인들은 2~3차 유동화 과정에서 투기등급채권을 투자적격 등급으로 격상시키려고 기초자산에 우량회사채 등을 적절히 혼합

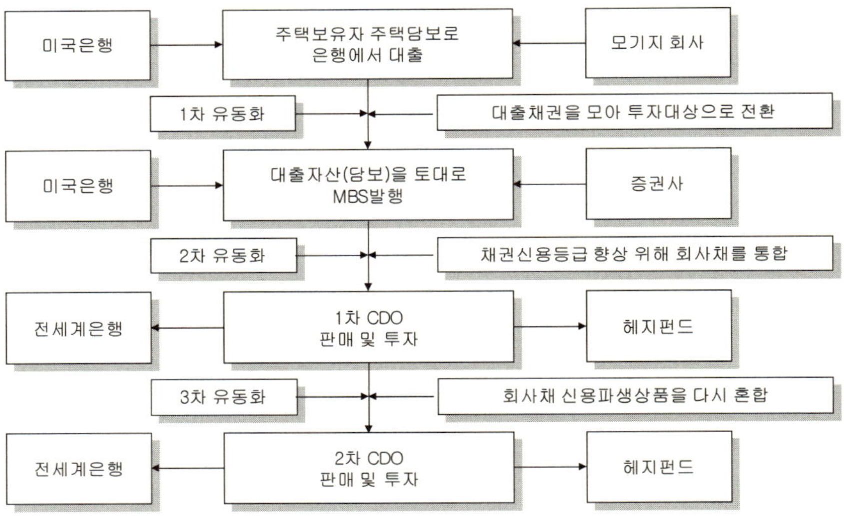

[그림] 서브프라임 모기지 관련 금융파생상품 개발·판매 과정

2. 프로젝트 파이낸싱

2.1 Project Financing 개념

1) PF의 역사

- 대상 프로젝트에서 발생하는 미래의 현금흐름(cash flow)을 차입원리금의 주요상환재원으로 함
- 프로젝트 자체의 자산 및 관련 이해관계자들의 유사보증(quasi-guarantee) 등을 담보로 하여 소요자금을 전달하는 일체의 금융 방식

1800년대	•1856년 수에즈 운하 개발 사업이 최초의 프로젝트 금융으로 알려지고 있으나 이전에도 이와 유사한 형태의 금융이 이루어져 왔음 ex) 13세기 유럽 : 은광 개발에 관한 계약에 의거한 차입금에 대한 상환을 은으로 하게 하도록 함
1930년대	•본격적인 프로젝트 금융은 미국 텍사스 주를 중심으로 한 석유개발 사업과 관련하여 매장된 석유를 담보로 하고 예상석유 판매금을 상환 재원으로 한 금융자원에서 비롯됨

2) PF의 개념

광의의 프로젝트 파이넨싱	협의의 프로젝트 파이낸싱
건설기간 및 투자자본회수 기간이 장기화되고 사업의 성공가능성에 대한 불확실성이 높아진 대형 투자사업에 대한 장기적 금융을 조달하는 것을 포괄적으로 지칭함	사업주로부터 법적 경제적으로 독립된 프로젝트에 대해 프로젝트에 귀속된 자산과 계약상의 권리를 담보하고 프로젝트의 추진과정에서 창출되는 미래 현금 흐름을 부채 상환의 기본 재원으로 자금을 조달하는 금융 기법

2.2 Project Financing의 특징

구분	내용
지원개발 프로젝트	• 석유, 가스, 석탄, 철광, 금, 아연, 구리, 우라늄 광개발 • 매장량 및 수송, 사회간접자본 시설의 구비여부
설치, 건설 프로젝트	• 가스관, 송유관 설비, 터널, 고속도로 교량, 통신시설 • 공사완성 위험 및 완공 후 이용자 확보가 중요 포인트
플랜트 프로젝트	• 발전소, 정련공장, 정유공장, LND처리공장, 반도체 공장 • 원재료 및 생산제품의 처리공정이 중요 포인트
서비스산업	• 대형관광호텔, 디즈니랜드 등 대형 위락시설 개발
소유권이 제한되는 금융	• 차주가 부담할 대출원리금 상환 부담이 프로젝트의 자산가치와 예상 현금 수입의 범위 내로 한정하는 비소구 금융(Non – recourse) • 차주 또는 사업주가 부담할 대출원리금 상환 부담의 한계가 프로젝트의 자산가치와 예상 현금수입, 그리고 일정한 범위의 추가 부담으로 제한하는 제한적 소구 금융[limited Recourse]
프로젝트의 미래현금 흐름[수익]이 주된 담보	• 해당 프로젝트 설비 등 관련 자산과 프로젝트의 미래현금 흐름의 수입이 주요한 담보가 됨 • 프로젝트의 실패(또는 파산)로 현금흐름이 부족할 때에는 다른 채권 회수방법이 있음 • 현금 흐름 관리를 위해 프로젝트의 결제관리계좌(Escrow Account)를 개설하여 자금의 입출금을 투명하게 관리함으로써 채권금융기관은 대출금 상환재원을, 그리고 시공사는 공사대금을 보호받게 되어 참여자들이 보호됨
프로젝트 위험을 배분	• 프로젝트에서 발생이 예상되는 제반 위험에 대하여 프로젝트 회사와 이해 당사자 간의 합의 및 계약에 의해 적절하게 위험을 배분함
사업참여자 간의 위험부담	• 프로젝트 금융은 프로젝트의 이해 관계자들 간의 적절한 위험 부담에 대한 합의를 토대로 이루어짐
대차대조표와 금융	• 프로젝트 금융에 있어서 실질적인 차주는 프로젝트를 추진하는 사업주이지만, 프로젝트 회사[사업시행자, Project Company 또는 SPC : Special Purpose Company]라는 형식적인 차주 회사를 설립하여 법률상으로는 프로젝트 회사가 차입의 주체가 됨 • 프로젝트 회사의 차입금은 프로젝트 사업주와 분리되어 사업주의 대차대조표에 부외채무로 표시되거나 또는 표시되지 않아 대차대조표 외 금융[Off-Balance Sheet Financing]이 가능하게 됨
대주단의 구성	• 시설이 대부분 대규모이고, 프로젝트의 건설 및 운영에 소요되는 자금 또한 대규모로 프로젝트에 내재한 위험이 큼 • 금융기관을 중심으로 복수의 자금 공여자들이 대주단을 구성하여 대출함

복잡한 파이넨싱 절차 및 높은 금융비율	• 채권금융기관 등은 금융구조를 짜고 대주단을 구성하는 등 설계자금이 투자될 때까지 상당한 시간과 비용이 수반됨 • 일반적인 대출에 비하여 추진 절차가 복잡하고, 다양한 계약으로 인한 방대한 양의 계약서를 수반함 • 발생 가능한 위험의 부담이 큰 까닭에 상대적으로 까다로운 검증과 높은 차입이자율 및 수수료 등 기업금융 방식에 비하여 일반적으로 높은 금융비용을 수반함
프로젝트 이해관계자로부터의 직·간접 보증 필요	• 대주단은 프로젝트의 위험을 분산 또는 감소시키고 대출원리금의 상환을 확실히 하기 위하여 프로젝트 사업주, 원료 공급자, 프로젝트 생산물의 구매자, 관련 공공기관 등 프로젝트 이해관계자로부터 직간접의 보증 및 보장 등을 요구하게 됨

프로젝트 파이낸싱과 기업금융 비교

구 분	프로젝트파이낸싱	기업금융
차주	• 특수목적회사(SPV)	• 사업주 자산
사업성분석 대상	• 예상현금흐름/프로젝트자산	• 사업주의 과거 및 미래의 통합 재무제표
현금흐름/자산	• 분리	• 통합
사업주에 대한 소구권	• 비소구 또는 제한적 소구	• 완전소구
담보	• 프로젝트 자산, 주요계약, 자금관리계정	• 차주 신용도, 물적담보 또는 보증
회계처리	• 사업주의 재무제표와 분리	• 사업주의 재무제표에 반영
현금흐름 재량권	• 약정에 의한 통제	• 차주가 재량권 보유
부채 비율	• 높음	• 상대적으로 낮음
대주의 통제	• 엄격함	• 상대적으로 엄격하지 않음
Structuring	• 장기적, 높은 비용, 복잡함	• 단기적, 낮은 비용, 단순함
위험배분	• 참여자에게 배분 • 프로젝트 자체에 위험부담	• 시행사의 포트폴리오에 분산 • 보험 및 기타방법으로 분산
비용	• 고가의 계약, 거래비용	• 신속융자
관련기관(agency)	• 비교적 저렴한 비용	• 투자자가 현금흐름에서 지불
경영인센티브	• 프로젝트 실적에 따라 경영 인센티브 가능	• 프로젝트별 경영 인센티브 곤란
조직	• 특별목적회사측은 유한회사	• 보편적인 회사
파산	• 시행사의 파산과 절연 • 원금회복이 어려움	• 기업 중의 전체 재산으로 복구 가능

2.3 프로젝트 파이낸싱의 구조, 참여자 및 특징

1) 프로젝트 파이낸싱의 구조와 참여자

- 프로젝트 파이낸싱은 사업주, 건설사, 운영자, 금융제공자 등으로 구성

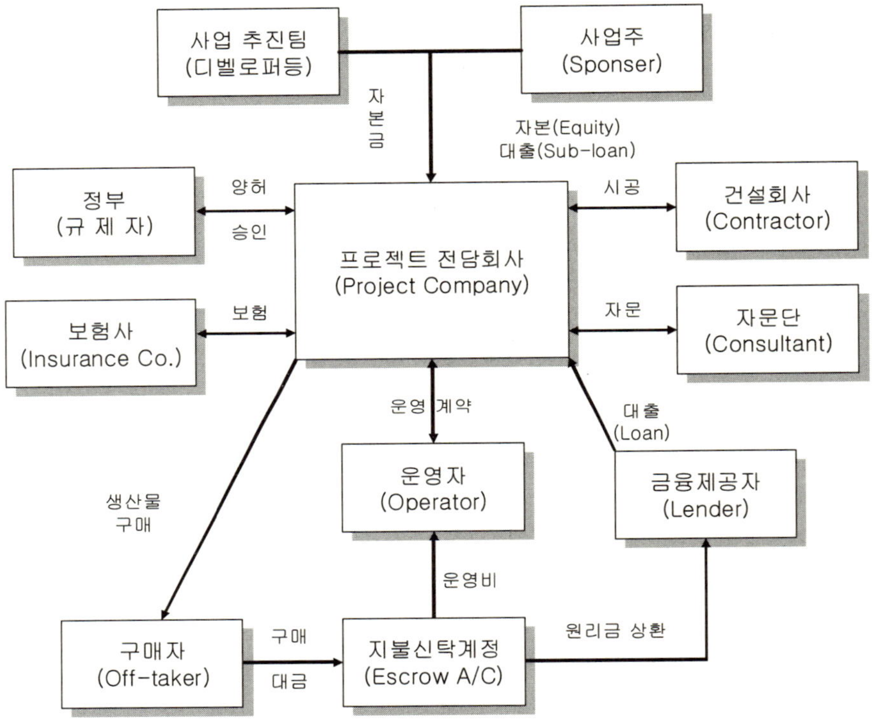

[그림] 프로젝트 파이낸싱의 구조와 참여자

(1) 사업추진팀 (디벨로퍼 등)

사업추진 (디벨로퍼 등)	•프로젝트의 기획, 개발업무, 금융 등을 총괄적으로 계획하여 추진 •사업국과 금융제공자와 긴밀한 협의를 통해 프로젝트의 시작부터 완료 시까지 역할을 담당

(2) 사업주

사업주	•사업주는 사업추진팀과 함께 프로젝트의 타당성, 금융 등을 검토하여 프로젝트 추진 여부를 결정하는 당사자 •사업주는 1개 회사인 경우와 여러 사업주가 합쳐진 컨소시엄 형태도 있음 •프로젝트 파이낸싱의 사업에는 컨소시엄 형태의 사업주가 대부분

(3) 금융제공자

금융제공자	•금융제공자는 프로젝트에 소요되는 자금을 제공하는 기관으로 은행, 신탁회사, 보험회사 등이 있음 •프로젝트 파이낸싱에는 투자 위험이 상존하므로 여러 개 금융기관이 신디케이션을 만들어 참여

(4) 구매자

구매자	•프로젝트 파이낸싱에 의해 생산되는 전력, 유연탄, 인프라 등의 생산물과 서비스를 구매하는 당사자를 의미

(5) 프로젝트의 전담회사

프로젝트의 전담회사	•프로젝트를 수행하기 위해 사업주체(모기업)와는 별도로 설립된 회사 •사업주체와는 분리된 회사이므로 프로젝트를 위한 자산관리를 담당

2) 프로젝트 파이낸싱의 주체별 장·단점

(1) 금융제공자(Leader)의 입장

금융제공자 입장의 장점

- **높은 수익성**
  - □기업금융에 비해 위험은 높으나, 높은 금리와 수수료의 혜택을 누림
- **위험대비 장치**
  - □비소구방식으로 추진되므로 참여자들이 위험을 줄이기 위한 온갖 노력과 장치를 강구함
  - □사업주 신용에 문제가 생겼을 때에는 사업주와 프로젝트 현금을 분리시켜 사업주의 재무상태가 프로젝트의 영향을 받지 않게 함

(2) 사업주(Sponser)의 입장

사업주 입장의 장점

- **위험대피장치**
  - □비소구·제한적 소구로 인해 프로젝트 실패 시 사업주 재무구조에 영향을 미치지 않음
- **위험분산이 유리한 구조**
  - □신용도가 보증된 여러 사업주가 참여함으로써 금융상의 위험부담을 줄일 수 있는 구조가 되어 있음
- **부외 금융으로 회계상 이점**
  - □프로젝트 파이낸싱으로 조달한 차입금은 부외 금융으로 처리하므로 사업주의 대차대조표상 부채로 잡히지 않는 이점이 있음

(3) 공공(Public)의 입장

공공 입장의 장점

- **재경사업 대체효과**
  - □정부가 예산부족으로 추진하기 힘든 공공성이 강한 SOC사업등에 민간 자본을 유치하여 공공서비스를 민간이 대신 제공해 줌
- **민간자본투자 기회제공**
  - □공공성이 강한 SOC사업에 사업주와 금융기관을 유치함으로써 민간자본의 투자기회를 확대시킴
- **민간의 창의성·전문성 수용**
  - □공공이 참여할 때보다 민간의 높은 창의성과 전문성을 SOC사업 등에 접목시킬 수 있음

2.4 프로젝트 파이낸싱의 절차

① 프로젝트에 대한 니즈를 파악하여 과연 프로젝트가 실행가능성이 있는지 초기단계에서 검토. 프로젝트의 주변 여건 및 환경, 관련제도, 투자자, 금융제공자 등에 대해서 살펴봄

② 프로젝트를 개략적으로 구상하는 단계로서 프로젝트의 개략적인 밑그림을 그리게 됨

③ 예비타당성검토는 과연 이 프로젝트가 수익성이 있는가에 대한 분석을 하는 단계

④ 프로젝트 계획에는 프로젝트의 마스터 플랜(토지이용계획, 건축계획, 동선계획 등)과 사업계획(수요·상관분석, 테넌트, 현금흐름, 수익성 등)이 포함

⑤ 문서는 사업설명서와 사업취지서 등 사업의향서(MOU) 등으로 구성

⑥ 금융조달 단계에서는 자금조달협의, 조건협의, 계약내용, 자금조달 작성 등의 과정을 거치게 됨

⑦ 인수단이 구성되면 대출승인→대출계약→자금인출과정을 거쳐 프로젝트가 시작됨

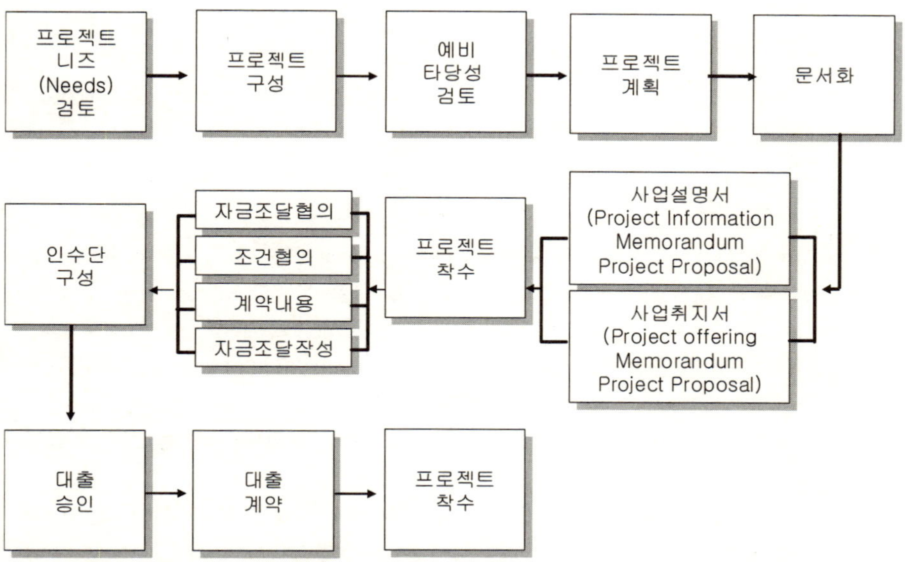

[그림] 프로젝트 파이낸싱의 절차

2.5 자금조달기법

- 프로젝트 파이낸싱에서는 프로젝트 시행과정에서 일어날 수 있는 위험을 사업주, 채권자 등에게 어떻게 분산시키느냐가 가장 핵심적인 사항이 됨
- 자기자본과 타인자본이율이라든가 대출, 후순위 차입 등 사채의 몫을 어느 정도 할당해야 하는가도 중요한 결정 사항
- 일반적으로 자금조달기법에는 아래 그림과 같은 방식이 있음

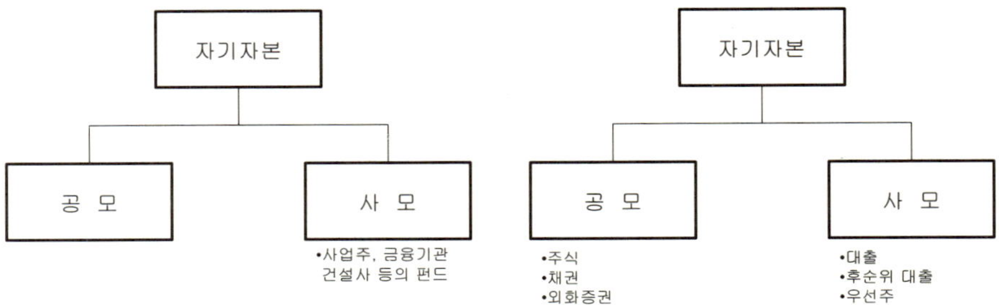

[그림] 프로젝트의 자금조달 방식

2.6 프로젝트 파이낸싱의 자금조달원칙

- 프로젝트 파이낸싱에서 이용되는 자금조달원칙은 자본유치, 후순위채무, 선순위채무의 3가지로 구분

1) 지분투자유치

- 지분투자자는 투자회수의 우선순위에서 가장 낮은 순위의 위험자본(risk)으로 볼 수 있지만 프로젝트의 수익이 높을 경우 상당한 배당을 받을 수 있음
- 주식회사의 지분투자는 보증주 혹은 우선주 형태로 참여
- 자본 투자에 참여하는 금융 제공자(leader)는 프로젝트의 현금흐름에서 부채가 상환되는 기대 속에서 대출하게 됨
- 일반적으로 대출비율이 높을수록 현금흐름의 상환부담이 높아져 위험도에 노출될 수 있음
- 또한 금융제공자는 제3자의 보증이 전제된다면 높은 부채비용도 안고 대출하게 되므로 우리나라에서는 대주단이 대형건설사의 제3자 보증을 중요시 여김

2) 후순위채무

(1) 후순위채무의 포지셔닝과 장점

- 후순위채무는 지분투자와 선순위채무 사이에 끼어 있는 자금조달방식
- 이를 고정금리(변동이자도 가능)의 장기무담보채권이라고 부름

[그림] 후순위채무의 포지셔닝

- 후순위채무에 대한 금융제공자들은 투자금융사(Investment Banking), 위험자본투자회사, 보험사 등 금융사의 위험관련 또는 포트폴리오 기획·운영담당자들이 되며, 후순위채무는 여러 가지 장점을 지니기도 함

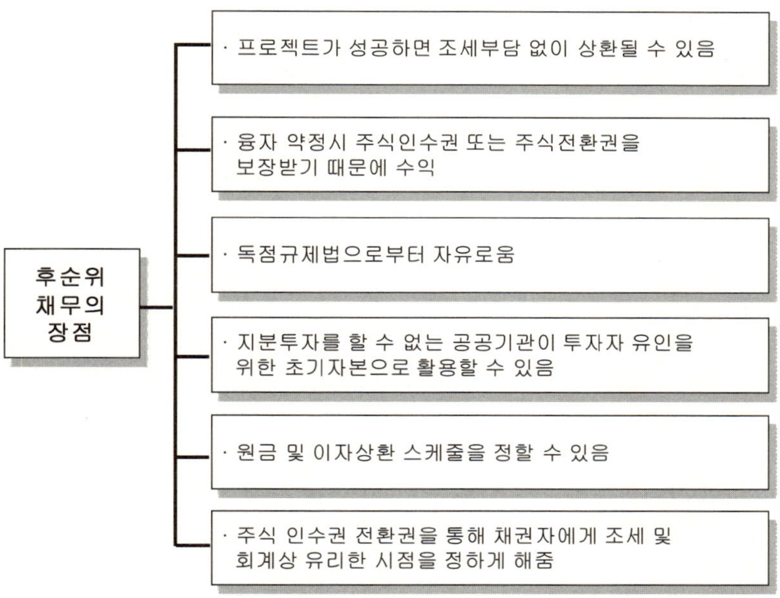

(2) 후순위채무에서 자본참여권의 유형

- 신용등급이 높지 않은 프로젝트의 대주들은 후순위채무에 높은 이자를 지불하게 되며 이에 대한 일종의 보상으로 자본참여권과 같은 인센티브를 선택할 수 있음
- 인센티브에는 전환사채, 주식인수권부채무, 최초발행주식 인수옵션, 추가이자 등이 있음

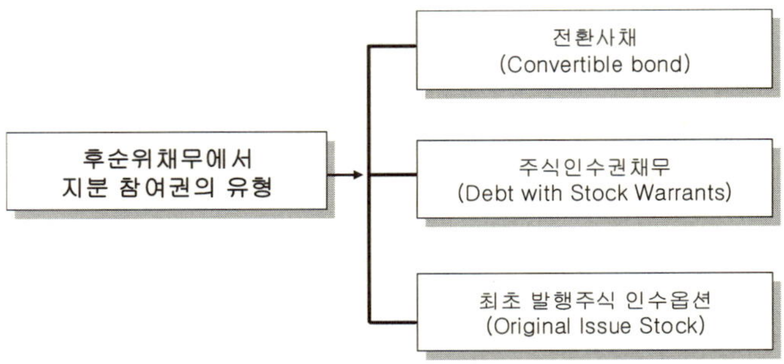

[그림] 후순위채무에서 지불참여권의 유형

① 전환사채

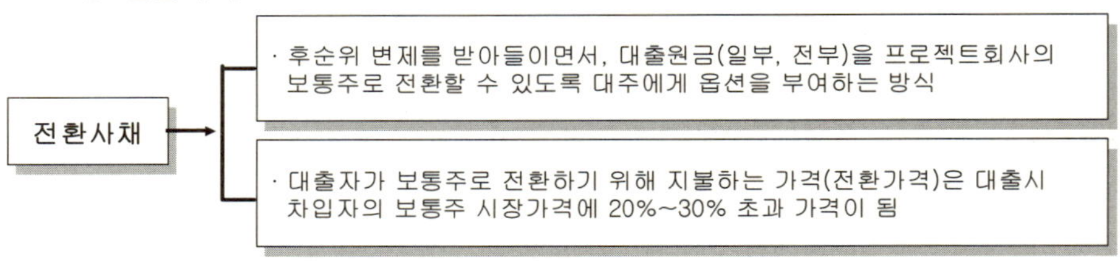

② 주식인수권채무

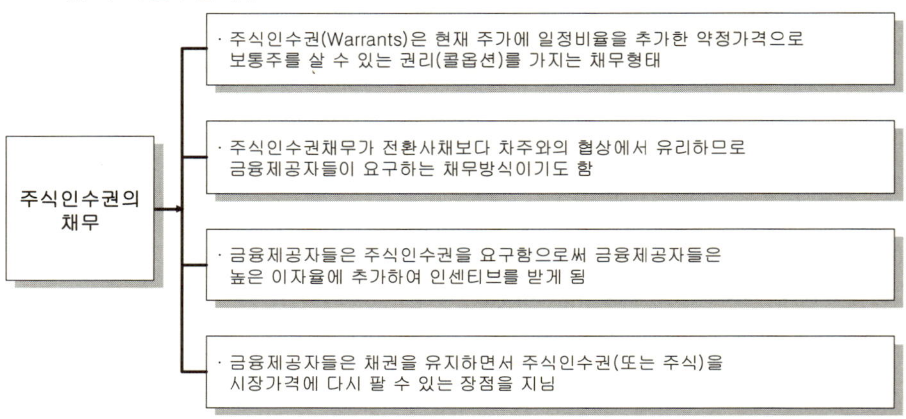

③ 최초발행주식 인수옵션

- **최초발행 주식옵션**
  - · 최초의 대출시 대출자에게 보통주를 싼 가격에 구입하도록 하는 방식
  - · 프로젝트 성공시에 주가가 오름에 따른 성공 인센티브를 제공하기 위한 주식 옵션

3) 선순위채무

- 프로젝트 파이낸싱에서 대부분의 금융권 차입금은 선순위채무이며, 대주의 채권보호를 위해 선순위채권에는 담보와 무담보 채권으로 구분해 볼 수 있음
- 그 특징은 다음과 같음

- **선순위채무**
  - • 채무자의 주요자산에 대해 선취특권(물권)이 취해진 채권
  - • 담보특약에 의해 보호되고 있는 채권임. 채무불이행시에 주요자산에 대한 저당권 실행이 가능함
  - • 무담보인 상태에서 다른 채권이 그 조건에 후순위를 약정하는 조건을 순응하면 선순위 권리를 유지함

- **선순위 채무의 담보**
  - • 담보차입(Seared Loans)

    금융권에서는 담보가치에 의해 대출을 주게 됨
    문제 발생시 담보는 자산, 계약상의 권리 등 다양함
  - • 무담보차입(Unseared Loans)

    무담보 대출 약정시에는 채권, 임차,
    대출을 제한하는 내용이 포함됨
  - • 선순위채권 보장을 위한 담보장치

    별도의 신탁기관(토지신탁등)을 설정하여 필요시
    우선적으로 선순위 채권자에게 지급하는 장치임
  - • 선순위채권 보장을 위한 담보의 종류

    담보의 종류는 토지, 부동산, 분양금,
    임대료, 원료, 서비스 특허 등이 있음

Ⅱ 프로젝트 파이낸싱의 유형

1. 은행을 통한 프로젝트 파이낸싱

1.1 은행대출형

1) 개요

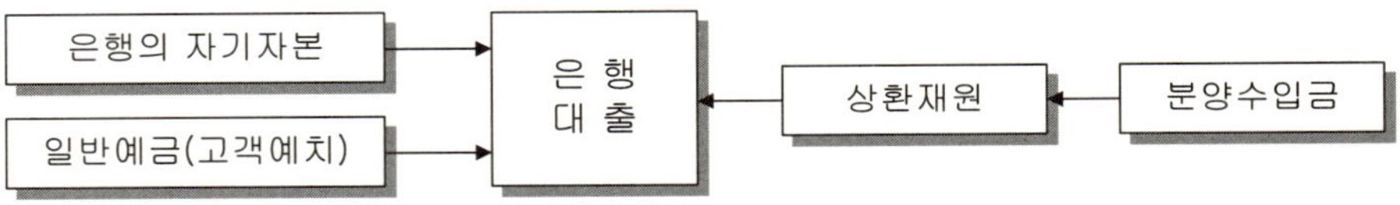

2) 은행대출형 구조

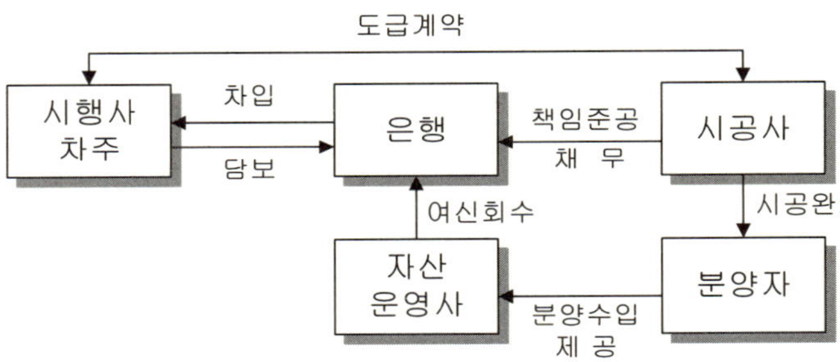

1.2 금전신탁형

1) 개요

2) 금전신탁형 구조

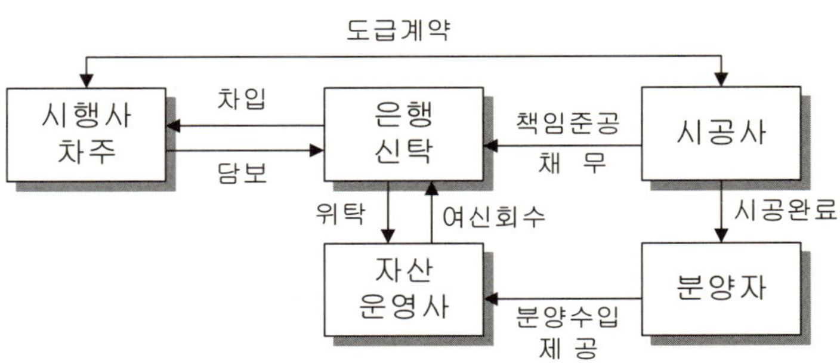

1.3 도시정비사업형

1) 개요

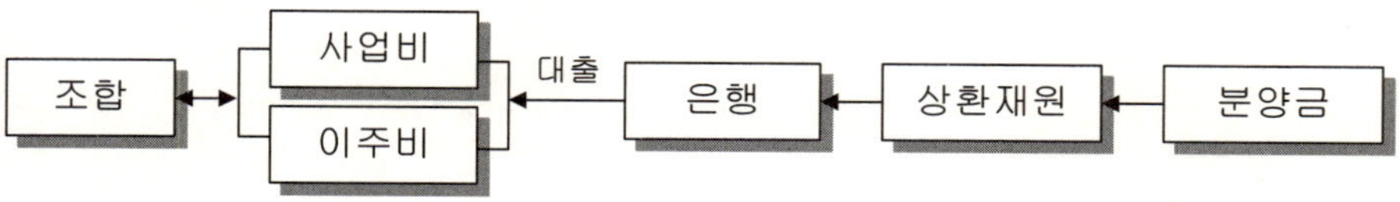

2) 도시정비사업형 구조

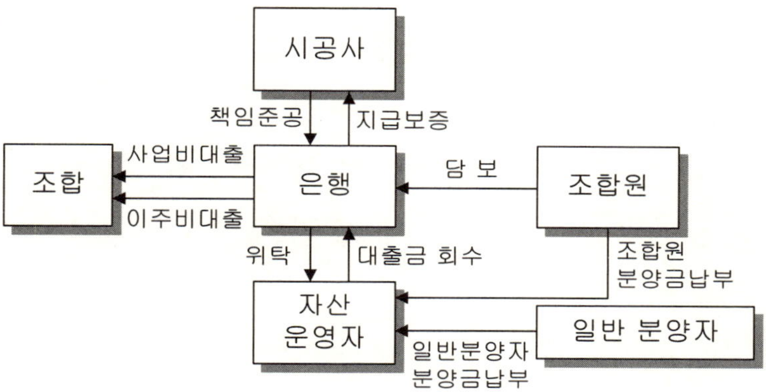

2. 증권을 통한 프로젝트 파이낸싱

2.1 자산증권

1) 프로젝트 증권화의 장 · 단점

장 점	단 점
고수익 안전성 레버리지 효과 절세가능 인플레에 효과적 대응	낮은 유동성 관리·운영에 고비용 지출 감가의 위험성 상충 정부규제 시세의 잦은 순환 복잡한 법규·제도

2) 프로젝트 증권화 구조

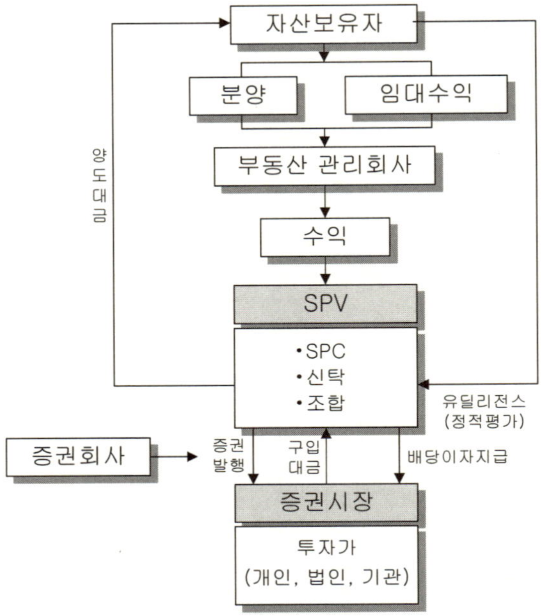

[그림] 프로젝트 증권화 구조

2.2 자산유동화 증권

1) 자산유동화 개요

- 자산유동화는 자산을 담보로 채권(자산담보부 채권: ABS)을 발행하여 자금을 조달하는 제도
- 자산보유자가 유동화 전문회사(SPC)에 매각한 현금흐름을 토대로 자산유동화 증권(ABS)을 발행
- 기업이 보유자산을 활용하여 기업의 신용도와는 관계없이 자금조달이 가능하므로 기업의 구조도 개선되고 소요자금도 조달할 수 있음
- 유동화 대상사업은 아파트 분양대금채권, 임대주택의 임대료채권, 부동산 처분대금 등 현금흐름확보가 가능한 것

2) 자산유동화 발행절차

① 자산을 가지고 있는 자산보유자가 대출채권을 유동화전문회사에 매각
- 기업이나 금융기관이 직접 증권을 발행하지 않고 유동화중개기관을 설립해 자산을 양수, 양도하는 구조를 취함
- 이는 기업이나 금융기관의 파산 위험으로부터 투자자들을 보호하기 위한 목적임

② 유동화전문회사는 자산보유자로부터 양도받은 자산을 가지고 일정한 현금흐름을 갖는 자산풀(pooling)을 구성

③ 유동화전문회사는 자산유동화증권 발행과정에서 신용평가회사로부터 신용등급을 받음
- 필요한 경우 신용보강회사로부터 신용보강(credit enhancement)을 얻어 목표 신용등급까지 자산유동화증권의 신용등급을 상향시킴

④ 유동화전문회사는 유동화증권 발행주선을 할 대표주관회사를 선정하여 유동화증권을 투자자에게 매각하고 납입대금을 자산보유자에게 지급

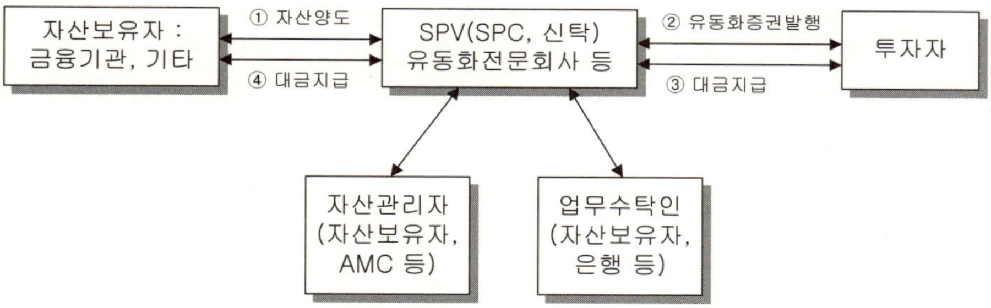

[그림] 자산유동화 발행절차

3) 자산유동화 과정

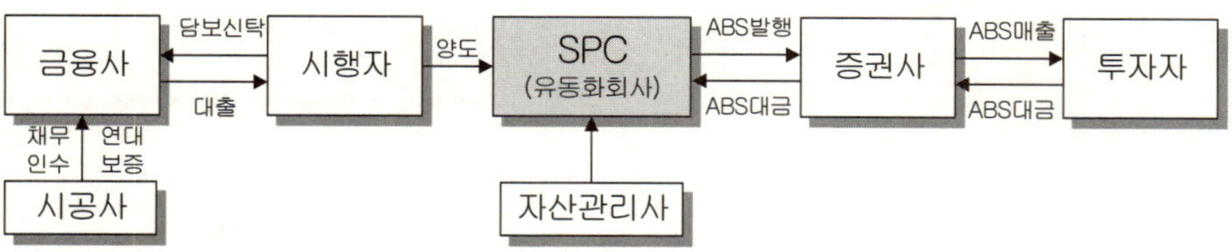

[그림] 자산유동화 과정

2.3 부동산 증권

1) 부동산 증권화

- 부동산 증권화에는 부채형과 자본형이 있음
- 부채형은 CMBS(상업용 모기지담보증권)라 불림
- 자본형은 REITs(부동산투자신탁)가 대표적인 상품임

2) 신탁형 부동산투자신탁

(1) 개요

- 은행의 신탁계정을 통해 투자자로부터 자금을 모집
- 이를 토대로 임대업체 또는 시공사에 대출형식으로 자금을 빌려줌
- 발행한 이익을 투자자에게 다시 돌려주는 계약형 모기지
- 은행은 투자자금을 모아 별도위탁계좌(Escrow Count)에 위탁
- 이 자금을 토지매입자금이나 공사비에 대출해주는 프로젝트 파이낸싱 방식으로 투자자금을 운용
- 투자가에게 돌려주는 부동산투자신탁의 수익률은 PF방식으로 대출한 자금의 대출이자와 여유자금 운용수익으로 결정

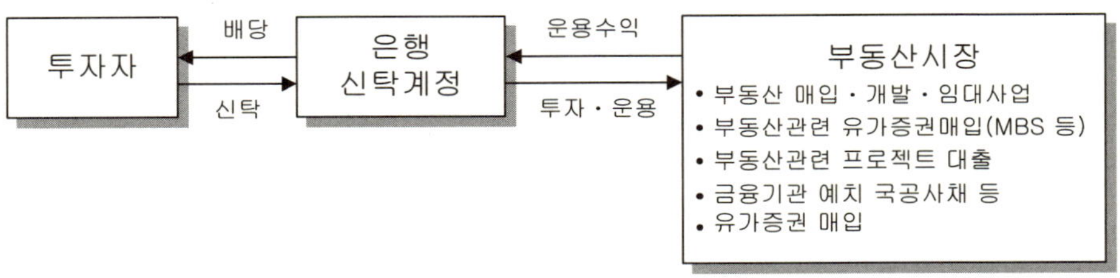

[그림] 신탁계정의 부동산투자신탁 기본 구조

(2) REITs의 방식

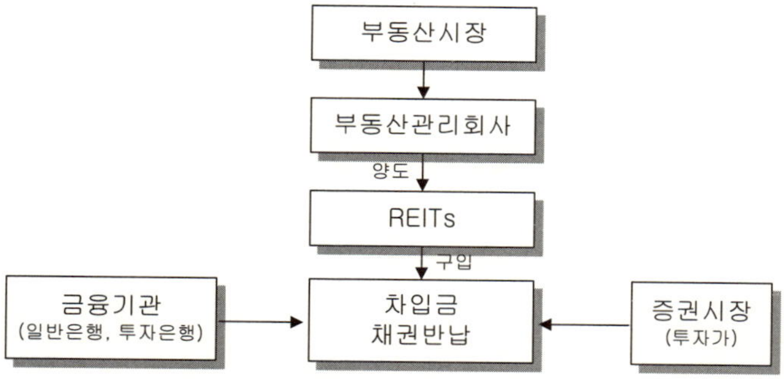

[그림] REITs의 방식

(3) 부동산투자회사(일반-REITs)

- 부동산투자회사법에 따라 REITs 설립
- 다수의 투자자로부터 자금조달
- 이 자금으로 부동산을 매입·관리·운영하여 발생한 수익을 투자자에게 배분

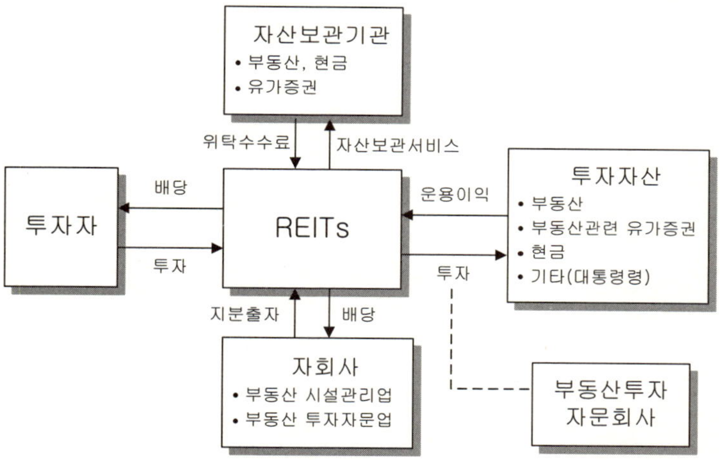

[그림] 회사형 부동산투자신탁의 기본 구조

(4) 기업구조조정 부동산 투자회사(CR-REITs)

- 구조조정 부동산펀드를 설립하여 부동산을 매입
- 관리·운영 등의 자산관리업무를 전문기관에 위탁
- 일반 REITs와는 달리 실체가 없는 서류상 회사(Paper Company)로서 운영에 유연성이 있음
- 자산관리를 외부 전문기관에 위탁함으로써 전문성 보장

3. 부동산신탁을 통한 프로젝트 파이낸싱

3.1 부동산신탁

1) 개요

- 부동산신탁은 부동산을 수탁받아 이를 운용한 후 수익을 배당하는 은행의 금전신탁과 같은 개념
- 부동산 상품으로는 담보신탁, 관리신탁, 처분신탁, 토지신탁이 있음

2) 부동산신탁의 종류

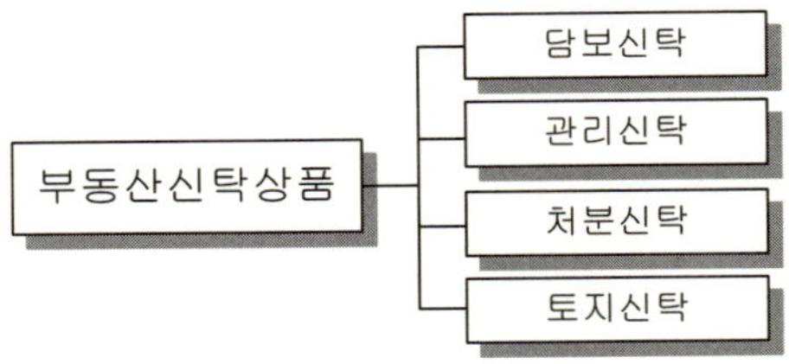

3.2 토지신탁

1) 토지신탁의 특징

- 토지소유자가 전문성이 미흡하고 자금이 부족할 때 토지소유자가 토지를 부동산 신탁회사에 위탁
- 신탁회사는 토지소유자가 원하는 개발방식에 따라 토지를 가장 효율적으로 이용할 수 있는 계획을 작성
- 신탁회사는 개발에 필요한 소요자금 조달지원, 공사발주, 분양(임대), 관리·운영을 대신함
- 토지신탁에는 분양형 토지신탁과 임대형 토지신탁의 2가지가 있음

2) 토지신탁 구조

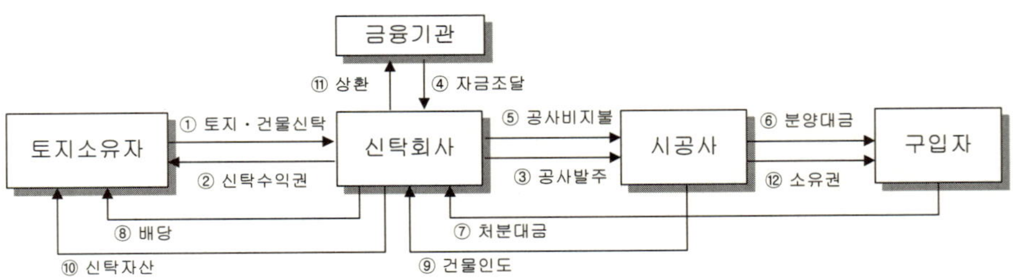

[그림] 토지신탁구조

4. 부동산펀드를 통한 프로젝트 파이낸싱

4.1 부동산펀드의 절차

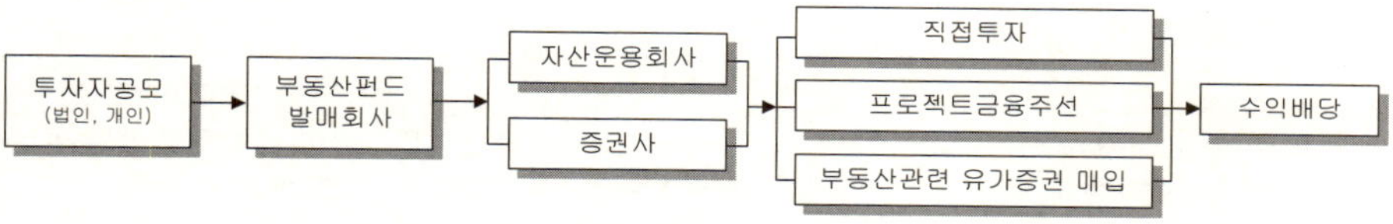

[그림] 부동산투자자 공모에서 수익배당까지의 과정

4.2 부동산펀드의 투자상품화

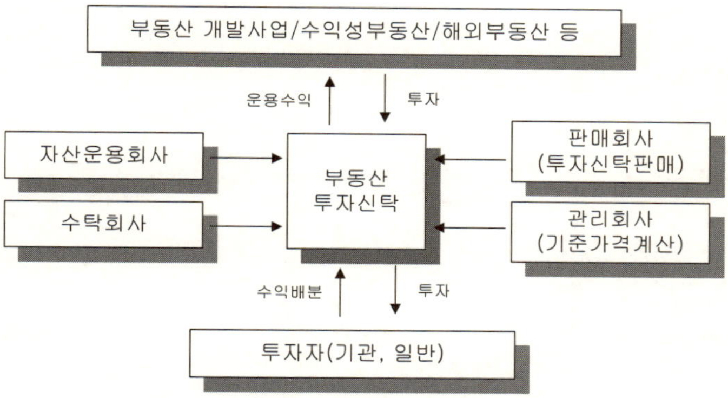

[그림] 부동산펀드 투자상품화

4.3 부동산펀드의 종류

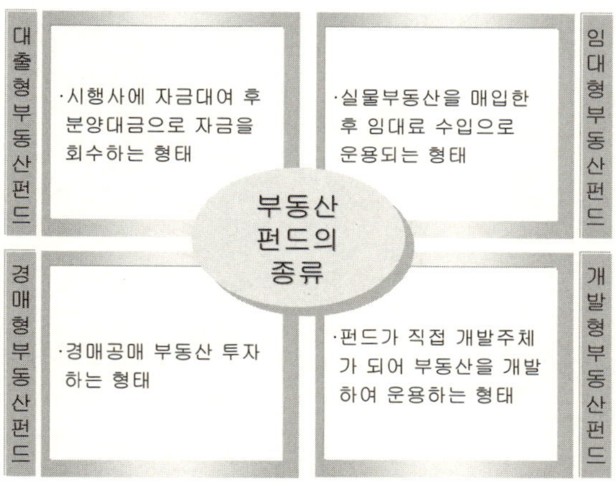

4.4 부동산펀드의 구조

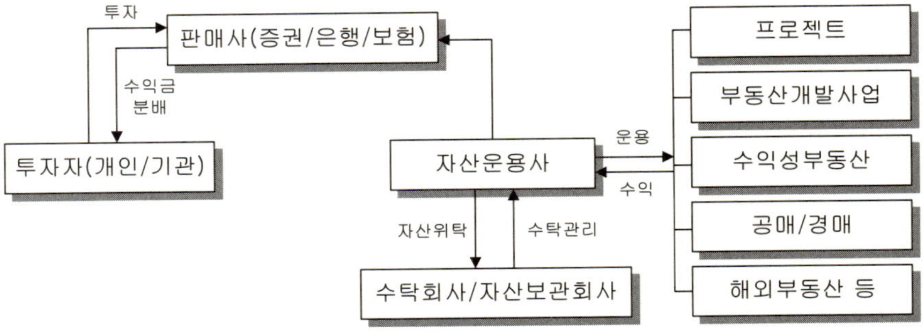

[그림] 부동산펀드의 구조

4.5 대출형펀드의 구조

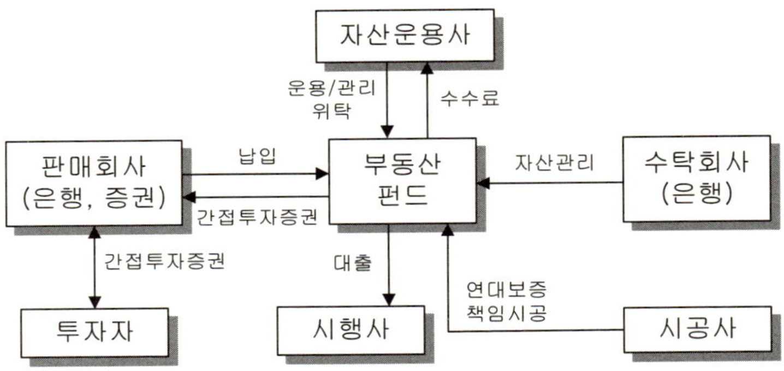

[그림] 대출형펀드의 구조

5. 프로젝트 파이낸싱의 사례

5.1 Woolim e-BIZ. Center

- 서울시 구로동 소재의 서울디지털산업단지내 아파트형공장 건립 분양사업
- 사업자 및 Sponsor는 우림건설(주), 시공사는 우림산업개발(주), 프로젝트 파이낸싱 취급은행은 우리은행임

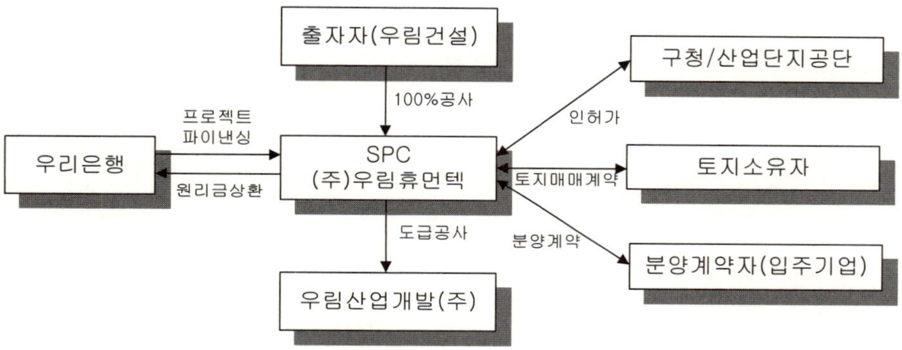

5.2 대구시 장기동 아파트분양사업

- 대구광역시 달서구 장기동에 836세대의 아파트를 건립하여 분양하는 사업
- 시공사 및 사업자는 영남건설(주)임

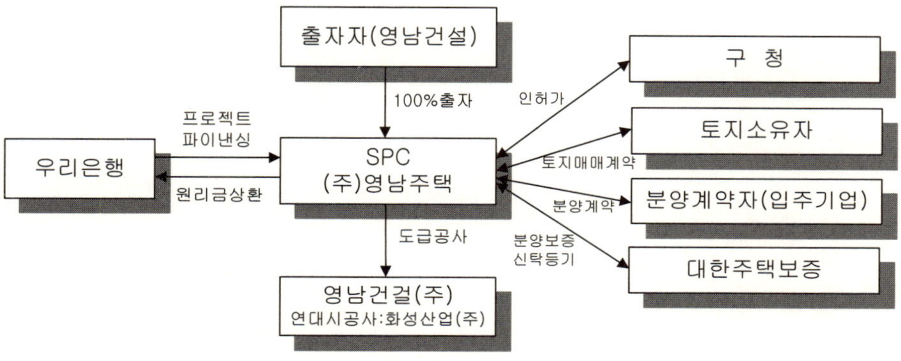

이야깃거리

1. 근래 글로벌 금융시장에서 리스크가 증대되는 주요 요인에는 어떠한 것들이 있는가?

2. 글로벌 금융시장에서 파생상품이란 무엇이며, 개발 · 판매는 어떠한 과정으로 진행되는지 생각해 보자.

3. 프로젝트 파이낸싱의 절차에 대하여 알아보자.

4. 프로젝트 파이낸싱에서 비소구 금융과 제한적소구 금융에 대하여 논해 보자.

5. 프로젝트 파이낸싱과 기업금융은 어떠한 차이가 있는가?

6. SPV란 무엇인가?

7. 프로젝트 파이낸싱의 구조에서 각각의 참여자들의 역할은 무엇인지 생각해 보자.

8. SPC의 역할은 무엇인지 생각해 보자.

9. 프로젝트 파이낸싱으로 사업을 진행할 경우 공공의 입장에서는 어떠한 장점이 있는지 생각해 보자.

10. 프로젝트 파이낸싱의 자금조달 원칙중 후순위 채무의 장점은 무엇인가?

11. 선순위채무와 후순위채무의 특징을 논해 보자.

12. 증권을 통해 프로젝트 파이낸싱을 할 경우 프로젝트 증권화는 어떤 장 · 단점을 가지는지 생각해 보자.

13. 프로젝트 파이낸싱에서 이용되는 3가지 자금조달에는 무엇이 있고, 각각 어떠한 장 · 단점들이 있는지 이야기해 보자.

14. 어느 개발회사에서 프로젝트 수행시 자산담보부채권(ABS)을 발행하여 자금을 조달하고자 하였을 때, 채권발행의 절차는 어떻게 되는지 그림을 그려서 이야기해 보자.

15. 후순위 채무에서 지분참여권의 유형과 특징을 알아보자.

16. 부동산펀드를 통해 프로젝트 파이낸싱을 할 경우 어떤 종류의 부동산펀드로 각각 어떠한 방식을 통하여 자금을 조달하는가?

17. 전환사채란 무엇인가?

18. 부동산 신탁에는 어떤 종류가 있으며 신탁별 특징을 논해 보자.

19. 일반 REITs와 CR-REITs의 차이는 무엇인가?

Ⅲ 프로젝트의 자금조달 방식

1. 금융권 자금

1.1 은행 [고유계정, 신탁계정]

구분	내용
고유계정	•재원: 은행 자본금, 잉여금 + 고객의 예수금 •운용대상: 아파트, 주상복합, 주거용 오피스텔 개발사업 •운용방법: 부동산 개발사업 P/F, Bridge Loan, ABS채권 인수 •특징: 수수료율과 금리가 낮은 대신 안정성 높은 개발사업 위주로 운용
신탁계정	•재원: 신탁고객의 수탁자산(금전 및 실물자산 등) •운용대상: 주거용 부동산 및 상가, 오피스텔, 오피스 등 수익형 부동산 개발사업 •운용방법: 신탁대출, ABS채권 인수, 부동산관련 유가증권(MBS 등) 매입 •운용과목: 부동산투자신탁, 특정금전신탁 •특징: 약간의 리스크를 부담하는 개발사업에 투자

※ 고유계정 부동산관련 금융 : 부동산담보대출, 수분양자앞 중도금대출, 국민주택기금대출, 빌딩담보대출, 리츠사 편입자산관련 대출, 개발이익 조기 환수용 대출채권 매각, 리츠주식 인수, MBS채권 인수 등

1.2 제2금융권

구분	내용
보험사	•재원: 자본금 및 잉여금, 보험가입고객의 보험료 •운용대상: 주거용 부동산 및 상가, 오피스텔, 오피스 등 수익형 부동산 개발사업 •운용방법: 대출, ABS채권 인수, 부동산관련 유가증권(MBS 등) 매입 등 •특징: 약간의 리스크를 부담하는 개발사업에 투자하며, 장기운용과 수익성 우선시 •주요회사: 생명보험회사(삼성생명, 교보생명, 동양생명, 금호생명 등) 손해보험회사(삼성화재, LG화재, 동양화재, 동부화재 등)
상호저축은행 캐피탈	•재원: 자본금 및 잉여금, 고객의 예수금 •운용대상: 주거용 부동산 및 상가, 오피스텔, 오피스 등 수익형 부동산 개발사업 •운용방법: 토지매입잔금대출(2순위 저당대출 포함), 계약금 대출 •특징: 상당한 리스크를 부담하는 개발사업에 투자하며, 단기운용과 수익성 우선 •주요회사: 한국상호저축은행, 동부상호저축은행, 푸른상호저축은행, 텔슨상호저축은행 제일상호저축은행, 진흥상호저축은행, 현대기업금융, 신한캐피탈 등
증권사 (부동산 펀드 관련 제외)	•재원: 종합금융과 합병한 증권사의 자본금 및 잉여금 •특징: 직접금융시장의 경험을 바탕으로 개발사업에 투자하며, 단기운용과 수익성 우선 •주요회사: LG투자증권, 동양종합금융증권

2. 부동산간접투자방식

2.1 부동산간접투자방식의 유형

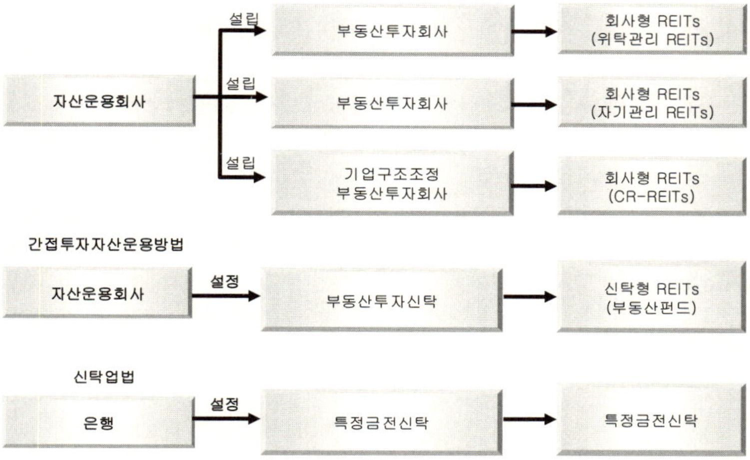

2.2 자산유동화

1) ABS의 기본구조

- 은행이나 기업 등이 보유하고 있는 ABS의 기초가 되는 자산을 특별목적회사(SPC : Special Purpose Company)에 양도 혹은 신탁
- 특별목적회사는 이 자산을 담보로 하여 ABS를 발행하고 발행한 증권을 일반 투자자에게 매각하여 그 매각대금을 자산보유자에게 지급하는 구조

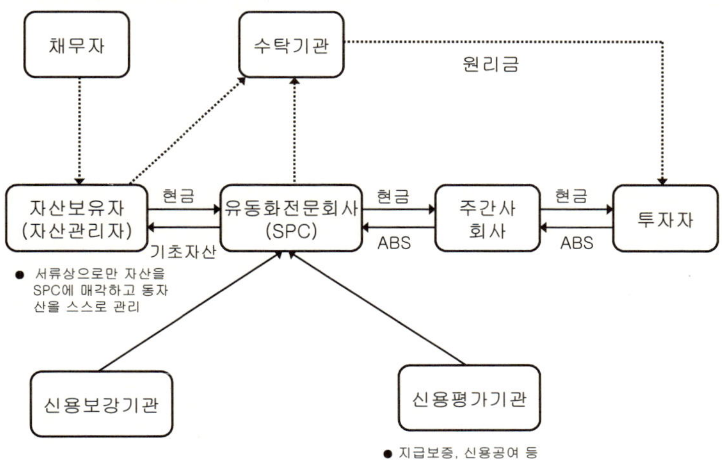

2) 자산유동화증권의 종류

(1) CBO(Collateralized Bond Obligation)

CBO	회사채 등의 채권을 기초로 유동화된 자산유동화증권

- 신규발행채권을 기초로 하는 발생시장 CBO(Primary CBO)와 이미 발행되어 유통되고 있는 채권을 기초로 발행되는 유동시장 CBO(Secondary CBO)로 나눠짐

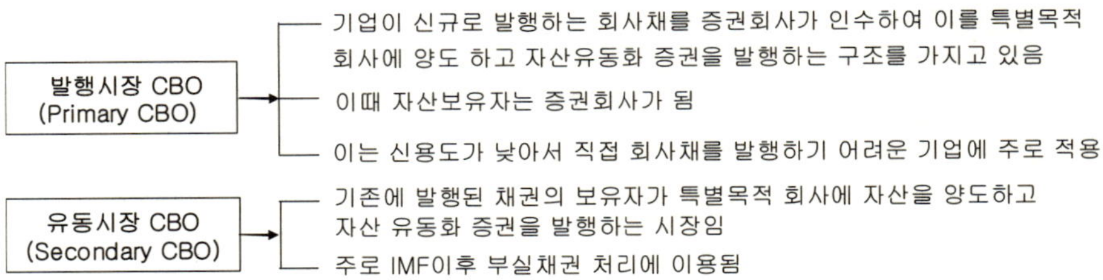

(2) CLO(Collateralized Loan Obligation)

CLO	은행 등의 대출채권을 기초자산으로 발행되는 자산유동화증권

- 신규대출채권을 기초로 하는 발행시장 CLO(Primary CLO)와 기존 대출채권을 유동화하는 유동시장 CLO(Secondary CLO)로 나눠짐

(3) CARD(Certificates of Amortizing Revolving Debits)

CARD	신용카드 매출채권을 기초로 발행된 자산유동화증권

(4) ABCP(Asset Backed Commercial Paper)

ABCP	기업어음(CP)의 행태로 발행되는 자산유동화증권

- 장, 단기 금리차에 의한 자금조달비용을 절감할 수 있고 자산유동화증권의 경제성을 높일 수 있음

3) 자산유동화증권의 장/단점

장 점	단 점
· 자금조달비용의 절감 및 재무구조 개선 · 기업/금융기관의 구조조정기능 원활화 · 계약절차 간소 및 투자자층의 확대	· 자산유동화증권 유통시장의 부재 · 부동산 자산 유동화의 어려움

2.3 주택저당채권 유동화(MBS)

1) 모기지(Mortgage)와 1,2차 저당시장

- Mortgage를 우리는 '주택담보대출' 또는 '주택저당대출'이라는 말로 사용
- 주택저당시장이란 우리가 금융기관(시중은행이나 상호저축은행 등)에 가서 주택을 구입하기 위하여 필요한 자금을 대출받을 경우 대출금액에 알맞은 적정한 자산가치의 부동산물(주택)을 금융기관에 담보로 맡기고 필요한 자금을 차입해야 함
- 금융기관과 차입자 사이에는 채권, 채무관계가 성립하는데 이를 1차 저당이라 하며 1차 저당시장이라고도 함
- 차입자는 그 대가로 주택저당대출을 받고 금융기관은 주택저당채권을 갖게 됨
- 여기에서 금융기관이 갖게 되는 저당채권을 유동화하여 금융상품으로 판매하면 이를 매입한 다른 일반 투자자와 금융기관 사이에는 2차 저당시장이 형성됨
- 1차 저당시장의 채권을 기초로 유동화하는 것을 우리는 흔히 주택저당증권(MBS : Mortgage Backed Securities)이라고 말함

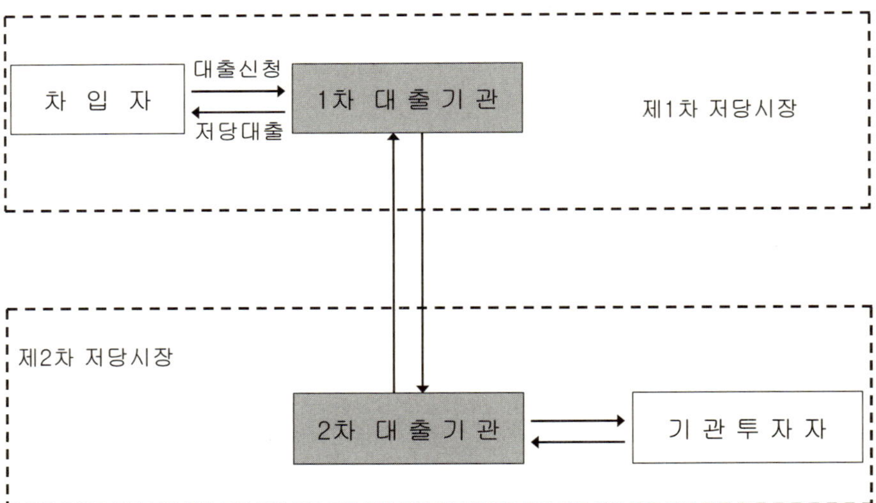

[그림] 1차 저당시장과 2차 저당시장의 구조

2) 2차 저당채권의 유동화 구조

- 1차 저당시장에서 생기는 금융기관의 주택저당채권을 유동화(주택저당증권으로 발행)함
- 유동화하여 발행된 주택저당증권을 투자자에게 판매하면 금융기관에는 다시 현금이 유입되게 됨
- 이렇게 유입된 현금을 새로운 차입자에게 대출해 주는 형태로서 2차 저당에서 유입된 자금은 저당권을 유동화하여 유입된 것이므로 무주택 서민들에게 장기, 저리로 대출하는 형태
- 이 방법에는 아래 2가지 방법이 있음

(1) MBS(Mortgage Backed Securities)

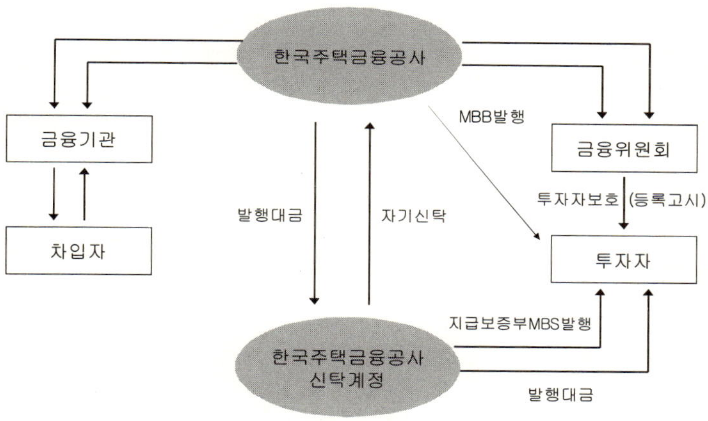

[그림] MBS의 발행구조

(2) MBS 유동화거래 구조

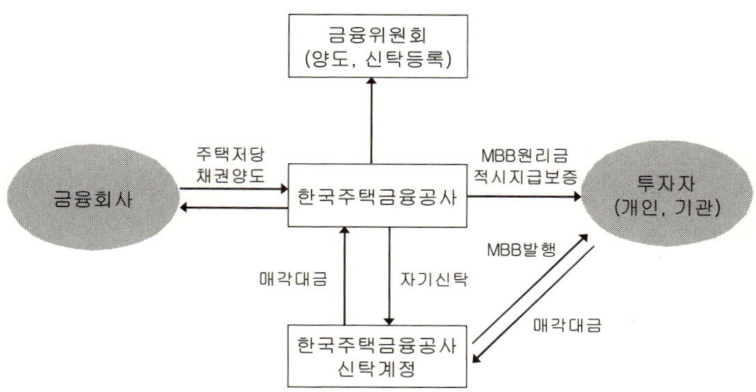

[그림] MBS의 유동화 거래구조

(3) 주택저당채권 담보부채권(MBB : Mortgage Backed Bond)

- 한국주택금융공사는 양도 받은 주택저당채권을 담보로 채권(MBB)을 발행
- 이는 자기신탁을 통해 발행한 증권인 MBS와는 다름
- MBB의 소지자는 주택저당채권으로부터 제3자에게 우선하여 변제받을 권리를 가짐
- 부족분이 있을 경우에는 유동화 담보자산이 아닌 일반자산으로부터 변제받을 수 있음

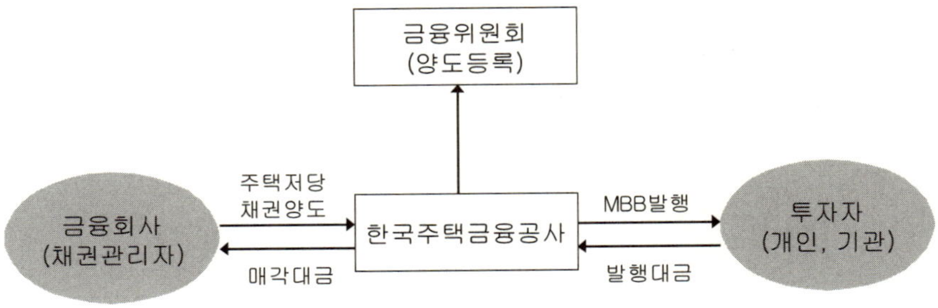

[그림] MBB의 유동화 거래구조

3) 주택저당증권(MBS)의 효과와 단점

(1) 주택저당증권(MBS)의 효과

- 주택구입자 : 낮은 금리와 장기대출이 가능
- 금융기관
  - 한국주택금융공사에 양도하여 현금화함으로써 자산의 고정화에 따른 위험을 회피할 수 있음
  - 특히 단기로 조달한 자금을 장기로 대출하는 경우에 생기는 금리위험과 유동성 위험을 회피할 수 있음
- 금융상품 투자
  - MBS는 채무불이행위험이 낮은 주택저당대출을 담보로 발행되기 때문에 안정성이 매우 높음
  - 국채금리에 일정 이자율을 가산하여 발행하므로 국채보다 수익성이 높은 장점을 가지고 있음
  - 주택저당증권(MBS)과 주택저당채권담보부채권(MBB)은 증권거래소에 상장되므로 환금성이 높음
  - 특히 중, 장기, 만기 구조로 발행하기 때문에 연기금에 유리

- 일반경제 : 주택저당증권(MBS)은 금융기관의 자금력을 확대하고 유동성을 크게 하기 때문에 주택대출뿐만 아니라 국가경제 전체의 안정과 국민의 재산형성에 기여

(2) 주택저당증권(MBS)의 단점

- 역금리 현상 : 만약 주택자금 공급규모에 비해 대출수요가 적을 경우에는 조달금리보다 대출금리가 낮은 역금리 현상이 발생할 수 있음
- 유동화 기술의 한계 : 현재까지 우리나라에서 발행된 주택저당증권(MBS)은 대부분 국민주택기금에 의한 주택저당대출채권을 담보로 유동화한 것임. 이들 대출채권은 어느 정도 표준화가 잘 되어 있지만, 기타 저당대출채권은 다양한 금리 및 만기구조로 인하여 표준화가 쉽지 않음

〈표〉 은행대출과 주택금융공사 모기지론 대비표

<table>
<tr><th colspan="2">구분</th><th>은행대출</th><th>모기지론</th></tr>
<tr><td colspan="2" rowspan="2">대출기간</td><td rowspan="2">단기(주로3년이하)</td><td>(거치기간 1년 포함)</td></tr>
<tr><td>10년, 15년, 20년</td></tr>
<tr><td colspan="2">금리</td><td>변동금리</td><td>고정금리</td></tr>
<tr><td colspan="2">최대대출비율</td><td>집값의 40%수준</td><td>집값의 70%수준</td></tr>
<tr><td colspan="2">상환방법</td><td>만기일시상환</td><td>매월균등분할상환</td></tr>
<tr><td colspan="2">상환부담</td><td>만기에 상환부담 집중</td><td>장기간 분할상환</td></tr>
<tr><td rowspan="2">금리 변동시</td><td>상승시</td><td>이자부담 가중</td><td>추가 이자부담 없음</td></tr>
<tr><td>하락시</td><td>대환 가능</td><td>대환 가능</td></tr>
<tr><td colspan="2">소득공제</td><td>대부분의 경우(3년단기) 없음</td><td>만기 15년 이상시 가능</td></tr>
</table>

자료 : 한국주택금융공사, 2005

2.4 부동산투자회사(REITs)

1) REITs의 개념

REITs	주식발행을 통해 다수의 투자자로부터 모은 자금을 부동산 투자 운용하여 얻은 수익(부동산 임대소득, 개발이익, 매매차익 등)을 투자자에게 배당하려는 목적을 가진 주식회사 (2001년 4월 7일에 건설교통부에서 국민들의 부동산 투자기회를 제공하고 부동산시장의 활성화를 위해 부동산 투자회사법을 도입)

2) REITs의 종류

(1) 자산종류에 따른 분류

- REITs의 기본적인 분류로서 지분형 REITs, 저당대출형 REITs, 혼합형 REITs로 나누어짐. 우리나라에서는 지분형 REITs가 도입

지분형 REITs(Equity REITs)

□지분형 REITs는 투자자로부터 자금을 모아 부동산에 대한 소유권을 매입하고 운영한 후 수익을 투자자에게 배당하는 형태의 REITs

저당 대출형 REITs(Mortgage REITs)

□저당 대출형 REITs는 부동산 자산은 소유하지 않고 기초 부동산 자산에 의해 담보되는 저당채권(Mortgage)을 소유하게 됨

□저당 대출형 REITs의 수입원은 이자와 대출채권 할인매입시의 할인 폭 등임

혼합형 REITs(Hybid REITs)

□지분형 REITs와 저당 대출형 REITs의 장점을 결합한 복잡한 형태의 REITs

(2) 구조조정 관련성에 대한 분류

- CR-REITs(Corporate Restructuring REITs)
- 일반리츠

3) REITs의 효과

- 부동산 시장 선진화 유도
- 기업 구조조정 지원
- 새로운 부동산 투자기회 제공
  - -간접투자시장 창출
  - -포트폴리오 구성
  - -건설경기의 활성화

4) 일반 REITs와 CR-REITs

(1) 일반 REITs의 기본구조

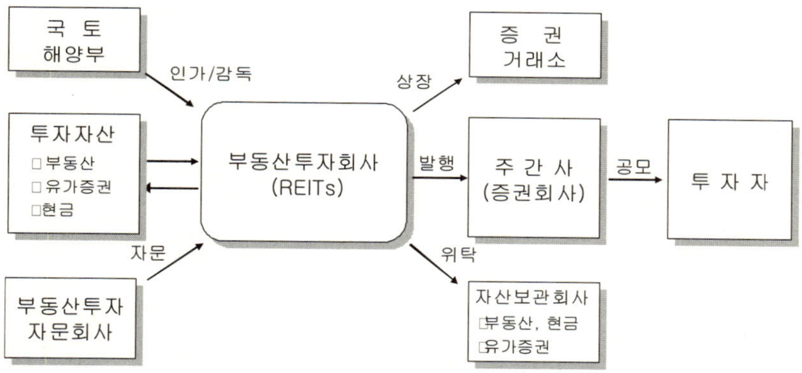

(2) CR-REITs의 기본구조

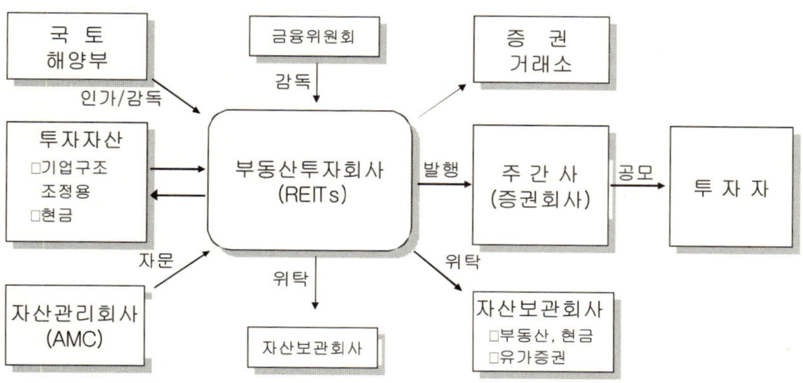

REITs 도입의 기대효과

구 분	제 도 도 입 전	제 도 도 입 후
정부정책	- 정부의 직접개입 - 정부의 재정부담 가중 - 부동산 조세의 탈세방지 곤란	- 시장의 자율기능 제고, 간접개입 - 정부의 재정부담 완화 - 투명화를 통한 탈세방지 가능
일반국민	- 소액으로 부동산투자 불가능 (자본이득 편중) - 전세중심, 월세시장 미형성, 임대, 주택 공급부족 - 단편적인 부동산서비스 제공	- 소액으로도 우량 부동산투자 가능 (자본이득 분산) - 월세중심의 임대주택 공급확대 - 주거생활 안정 - 종합적인 부동산서비스 제공
건설업계 기 업	- 개발자금을 제2금융권, 사채 등을 통해 조달 - 구조조정용 부동산 처분 곤란 - 단기임대중심 - 부동산 직접 소유	- 개발자금을 자본시장에서 직접 조달 - 새로운 자산관리시장 형성 - 현물출자로 부동산처분 용이 - 중장기 임대시장 형성 - 기업 소요부동산 매각
부 동 산 업 계	- 거래사례, 원가에 의한 감정평가 - 대기업 산하의 소규모 시설관리 - 불투명한 시설관리 - 부동산컨설팅업계의 낙후, 소형화 - 건설업체가 모든 부동산개발 수행	- 수익을 기초로 한 감정평가 - 다양한 대규모 자산관리업체 등장 - 투명하고 효율적인 자산관리 - 부동산투자 자문회사를 통한 대형화 - 선진화 - 부동산 개발/관리의 분업화, 전문화
부 동 산 시 장	- 불투명(특히 임대시장) - 아파트 중심의 임대시장 형성 - 외자유입 저조 - 부동산가격의 급등락	- 각종 정보공시를 통한 투명화 - 다양한 임대시장 (임대, 오피스, 호텔, 창고, 산업시설 등) - 수익률을 토대로 장기적 안정
자본시장	- 안정적이고 장기적 투자상품 부족 - 투자 포트폴리오 구성 어려움	- 안정적이고 장기적인 투자상품 제공 - 다양한 투자 포트폴리오 가능

출처 : 국토해양부 홈페이지 자료실, 2007

우리나라의 REITs

구 분	REITs	CR-REITs	
		기 존	개 정
근 거 법	부동산투자회사법	기업구조조정 부동산투자회사법	부동산투자회사법
회사형태	실체회사	페이퍼컴퍼니	좌측과 같음
업 무	부동산 매입, 개발, 관리, 처분	좌측과 같음	좌측과 같음
자금모집	주식발행	좌측과 같음	좌측과 같음
주식분산	1인당 10% 제한	없음	좌측과 같음
자산구성	총자산의 70%이상 부동산, 90%이상 부동산+ 부동산관련유가증권+현금	총자산의 70%이상 부동산 -기업구조조정용, 금융기관 부채상환용 등	좌측과 같음
자산운용	내부운용, 외부위탁	외부위탁	좌측과 같음
개발사업	주식상장 후 자본의 30%까지	자본금 50%까지	자본금의 30%까지
세제혜택	취득, 등록세 1/2감면 보유-종합토지세 분리과세 -법인세 면제혜택 없음 거래-특별부가세 1/2감면 -법인세 면제혜택 없음	취득-취·등록세 전액면제 보유-종합토지세분리과세 -법인세 면제 거래-특별부가세 1/2 감면-법인세 면제	좌측과 같음
차 입	원칙적으로 금지	자본의 50%까지 허용	원칙적으로 금지
수탁기관	부동산투자자문회사 -자본금 10억원, 전문인력 3인, 국토해양부 등록	부동산투자자문회사 -자본금 30억원, 전문인력 5인, 금감위 등록	자산관리회사 -자본금 70억원, 전문인력 5인이상, 국토해양부 인가
배 당	90%이상 배당	주주에게 배당	좌측과 같음
존속기간	영속회사	한시회사	정관에 규정
감 독	국토해양부 인가 국토해양부 인가+금감위 감독	금감위 등록, 금감위 감독	국토해양부 인가 국토해양부+금감위 감독

3. 채권에 의한 부동산 프로젝트 금융

3.1 채권의 특성

1) 채권의 발행, 자격, 거래

채권 원금은 물론 일정한 이자를 지급받을 권리가 주어져 있는 유가증권

- 일정기간 후에 얼마의 이익을 얻을 수 있는가 하는 수익성, 원금과 이자를 확실하게 받을 수 있는가 하는 안정성, 중도에 돈이 필요할 때 현금화 가능여부인 유동성이 골고루 갖추어져 있는 특성을 가지고 있음

구분	내용
채권의 발행	•채권은 발행할 수 있는 기관과 회사가 법률로써 정해짐 •일반적으로 정부공공기관과 특수 법인과 상법상의 주식회사만이 발행할 수 있음
발행 자격	•발행자격이 있더라도 정부는 국회의 동의를 받아야 함 •회사가 공모할 경우에는 금융감독원에 등록한 후 유가증권 신고서를 미리 제출해야 하는 등의 절차를 거쳐야 함
채권의 거래	•채권은 어음, 차용증서와 달리 증권거래법이 정하는 바에 의하여 증권회사를 통하여 유가증권시장에서 자유롭게 거래할 수 있음

2) 채권의 특성

- 채권은 만기일까지 보유하여 확정된 이자와 원금을 받을 수도 있고 만기 일전에 증권회사 등을 통해 언제든지 팔아 현금화할 수도 있음
- 당일 결제방식으로 거래되기 때문에 주식3일 결제와는 달리 매도 당일에 현금화가 가능
- 채권수익률 변동에 따른 가격 변동폭이 작은 단기채권과 발행자의 신용도가 높아 안정성이 보장된 채권의 경우에는 여타채권과 비교할 때 유동성이 높음

3.2 채권의 종류

1) 채권의 유형

구분	내용
국채	·재정정책의 일환으로 발행하는 채권으로, 정부가 원리금 지급보증 예) 국채관리기금채권,국민주택채권, 외국환평형기금채권 등
지방채	·지방공공기관인 특별시, 도,시,군 등이 발행하는 채권 예) 지역개발채권, 도시철도채권, 상수도공채 등
특수채	·특별한 법률에 의해서 설립된 기관이 특별법에 의하여 발행하는 채권 예) 토지개발채, 전력공사채, 부산교통채권 등
금융채	·특별법에 의하여 설립된 금융기관이 발행하는 채권 예) 산업금융채, 중소기업금융채, 기타 은행채 및 카드채 등
회사채	·회사법상의 주식회사가 발행하는 채권으로 지불 의무증서 예) 보증사채, 무보증사채, CB, ABS 등

2) 이표채, 할인채, 복리채

구분	내용
이표채	· 채권의 권면에 이표가 붙어 있어 이자지급일에 일정이자를 지급받는 채권 예) 국채, 회사채, 금융채 중 일부
할인채	· 액면금액에서 상환기일까지의 이자를 공제한 금액으로 매출하는 채권 예) 통화안정증권, 외국환평형기금채권, 금융채 중 일부
복리채	· 이자가 단위기간 수 만큼 복리로 재투자되어 만기에 원금과 이자가 지급되는 채권 예) 국민주택채권, 지역개발공채, 금융채 중 일부

3) 보증채, 담보부채, 무보증채

구분	내용
보증채	정부 또는 금융기관이 원리금 지급을 보증하는 채권
담보부채	채권에 물상담보권이 붙어 있는 채권
무보증채	발행자의 신용도에 의해 발행되어 유통되는 채권

4) 상환채권

만기일시 상환채권	→ 만기에 원금 전액을 일시에 상환하는 채권
액면분할 상환채권	→ 일정 거치기간 경과 후 원금을 일정하게 분할하여 상환하는 채권

3.3 자산담보부채권

1) 채권과 자산유동화의 관계

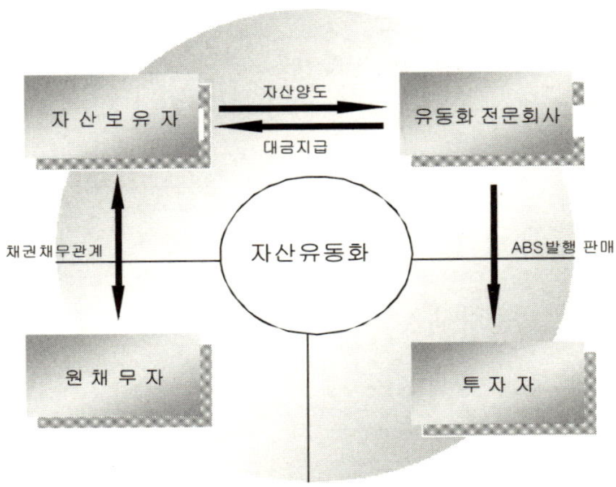

2) 자산담보부채권의 종류

구분	내용
자산유동화증권 (Asset Backed Security)	•유동화의 대상이 되는 각종 채권 및 부동산 · 유가증권 등의 자산에서 발행하는 집합화된 현금흐름을 기초로 원리금을 상환하는 증서임 •채권발행자의 자기신용이나 금융기관의 지급보증을 기초로 원리금의 지급이 이루어지는 전통적인 채권과는 다름 •자산유동화 증권은 원리금의 지급이 유동화 대상자산에서 발생되는 현금흐름을 기초로 하여 발행된다는 점이 특징임
모기지채권 (Mortgage)	•자금대차관계에 있어서 차주(借主)의 채무변제를 담보하기 위하여 부동산에 설정하는 저당권을 의미함 •미국시장에서는 금융기관이 건축업자 등에 대하여 보유하고 있는 저당권을 유가증권화하기 위하여 발행·유통되는 증서로 통용됨 •모기지는 부동산 담보대출 금융기관이 부동산 대출기간의 장기화에 따른 유동성 제약을 완화하고 동시에 신규자금 수요에 대처하기 위하여 저당권을 유가증권화하여 매각함으로써 이루어
담보부채권 (Collateralized Bond Obligation)	•은행, 증권, 보험 및 투신사 등이 보유한 채권, 즉 고수익, 고위험(BB~B) 채권 등을 모아서 (pooling) 이를 유동화 전문회사(SPV)에 양도함 •유동화 전문회사는 양도 받은 고수익, 고위험 채권을 담보로 하여 다양한 종류의 선순위채권과 후순위채권을 발행함. 이를 일반인들에게 판매함으로써 은행 등 기관투자가의 보유자산을 유동화시키는 것을 의미함

3) 자산담보부채권의 비교

구 분	담보부사채	ABS	MBS	CBO
근 거 법	담보부사채신탁법	자산유동화법	주택저당 채권유동화 회사법안	자산유동화법
대상자산	담보부사채	예측 가능한 현금흐름, 보유한 모든 자산	주로 주택 저당채권	주로회사채
발 행 자	자산보유자	SPC		
자산양도 여부	자산의 신탁	자산의 양도 또는 신탁		
자산관리자	투자자보호를 위한 담보권 대리실행	SPC 또는 신탁자산의 위탁 운용		
자산보유자 회계처리	자산에의 질권 설정으로 대차대조표에 계속 존재	자산의 실질적 양도로 대차대조표에서 제거		
신용평가 등급	자산보유자의 신용도와 담보물의 신용도가 혼합, 높은 신용도 획득 불가	자산보유자의 고유등급보다 높은 신용등급의 획득이 가능, Non-Recourse 조건에 기인		
위 험 도	위험분산의 불가로 ABS보다 불리	위험의 분산이 가능하므로 안정적		
회계처리	B/S에 존재	자산이 양도됨에 따라 B/S에서 제거		

4) 전환사채

전환사채	– 일정한 조건에 의하여 발행회사의 주식으로 전환시킬 수 있는 권리가 부여된 사채 – 전환권 행사 이전에는 확정부 이자를 받을 수 있는 사채로서 존재

- 전환권 행사시에는 사채권이 소멸되고, 발행회사의 영업실적에 따른 배당을 받을 수 있는 주식으로 전환

5) 전환사채의 장·단점

구 분	장 점	단 점
발행회사 측 면	• 보통사채보다 저렴한 비용으로 자금 조달 가능 • 유상증자보다 배당압력 적음 • 주식전환으로 인한 자본잉여금의 증가로 재무구조 개선효과가 큼 • 주식시장 침체시에도 상장기업은 발행이 용이함 • 주식하락에 따른 영향이 유상증자에 비해 상대적으로 적음	• 전환권 행사시마다 증자에 따른 업무상의 번거로움 • 보통주로 전환시 경영권 위협
투자자 측 면	• 안정성과 수익성 겸비 • 만기까지 미전환시 일정금리의 수익보장	• 신주인수권의 행사는 주가의 상승이 전제되어야 하므로 약세장에서는 메리트가 없음 • 신주인수권의 행사 후에는 낮은 이율의 사채만 존재함

6) 주식과 채권의 차이점

구 분	채 권	주 식
발행자	정부, 지자체, 특수법인, 주식회사	주식회사
자본조달형태	대부증권	출자증권
조달자금의 성격	타인자본(부채)	자기자본
증권의 존속기간	한시적	영구적
보수의 형태 및 성격	이자, 확정적	배당, 가변적
조달원금 만기시 원금상환	상환의무	없음
증권소유자의 지위	채권자	주주
경영참가권	없음	있음

이야깃거리

1. 은행의 고유계정과 신탁계정간에는 무슨 차이가 있는가?

2. 제2금융권이 은행 등 제1금융권과 다른 점은?

3. 자산유동화(ABS)의 구도를 그림으로 그려서 논해 보자.

4. CBO(Collateralize Bond Obligation)에 있어서 발행시장 CBO와 유통시장 CBO의 각각의 특징을 논하시오.

5. 자산유동화증권의 장 · 단점을 논해 보자.

6. 주택저당증권(MBS)의 현재 규모는 얼마나 되며, 어느 기관이 주도적으로 발행하고 있는가?

7. MBS 유동화 거래구조에 관하여 사례를 들어 살펴보자.

8. 주택저당채권 담보부채권(MBB)은 어느 경우에 발행되는가?

9. MBB 거래구조에서 금융회사와 한국주택금융공사간에는 어떤 업무가 이루어지는지 사례를 통해 살펴보자.

10. MBS와 MBB의 차이점은 무엇인가?

11. 부동산투자회사(REITs)의 시장규모는 얼마나 되고, REITs 도입효과는 어떤 것들이 있나?

12. REITs에서 지분형 REITs, 혼합형 REITs, 저당대출형 REITs의 각각의 특징과 장 · 단점을 논해 보자.

13. CR-REITs의 시장규모를 파악하고 CR-REITs 관련해서 현재까지 나타난 문제점과 보완책을 고민해 보자.

14. 채권의 유형과 각각의 활용도에 대해 논해 보자.

15. 채권을 어떻게 부동산 프로젝트 금융에 활용할까?

16. SOC 프로젝트에 활용되는 채권에는 어떤 것들이 있나 살펴보자.

17. 보증채와 무보증채는 어느 경우에 활용되나?

18. 자산담보부채권에서 자산담보의 종류에는 어떤 것들이 있는지 생각해 보자.

19. 전환사채는 어느 경우에 발행하며 전환권 행사시 어떤 특성을 가지고 있는지 생각해 보자.

20. 전환사채의 장단점은 무엇인가?

제 3 부

화폐가치 · 재무분석 · 경제성분석

I 돈의 가치 어떻게 따지나?

II 재무분석

III 경제성은 어떻게 따지나?

I 돈의 가치 어떻게 따지나?

1. 단순이자와 복합이자

이자 (Interest)	돈을 사용하는 대가로 지불하는 대여료로서 돈의 시간적 가치를 반영한 것임

- 단순이자(Simple Interest)와 복합이자(Compound Interest)로 구분됨

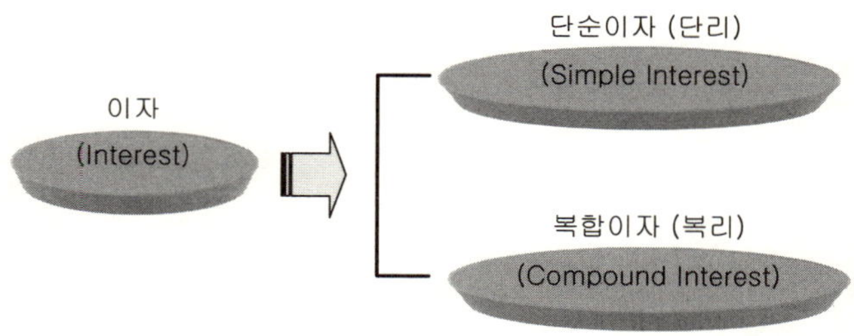

- 이자공식유도의 기본가정
  - 한 기간의 말은 다음 기간의 초와 같음
  - P(현재금액)는 첫 번째 기간 초에 발생함
  - F(미래금액)는 마지막 기간의 말에 발생함
  - A(연금)는 첫 번째 기간 말부터 발생함

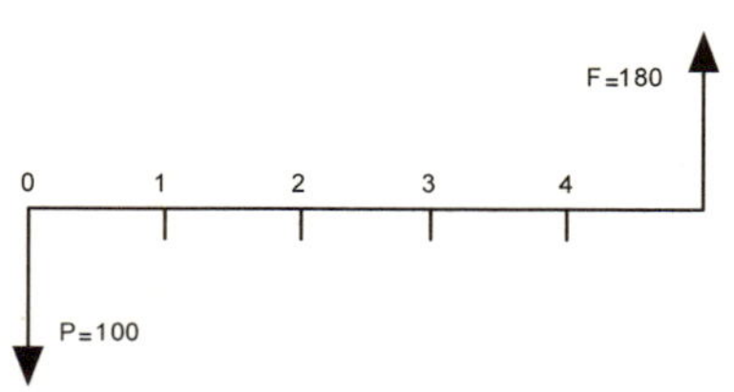	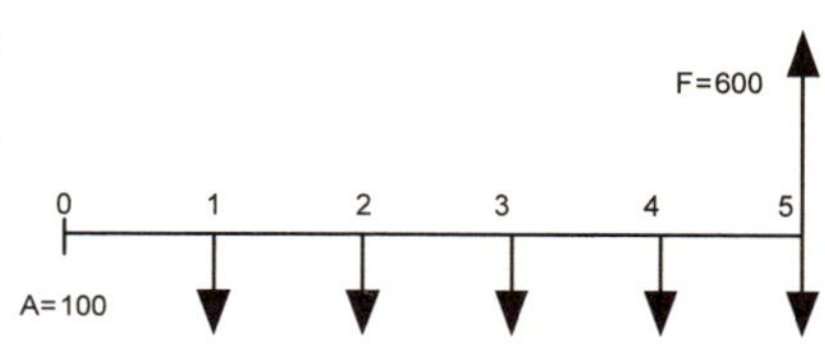
현재 100만원을 예치하고 5년 후에 180만원을 받는 경우의 현금흐름도	매년 100만원씩 5년간 불입하여 만기시 600만원을 찾을 경우의 현금흐름도

1.1 단순이자(Simple Interest)

단순이자 (Simple Interest)	이자를 계산할 때 원금에 대해서만 일정한 시기에 약정한 이율을 적용하는 금리계산 방법

- 단순이자에 의한 이자는 원금을 빌려서 사용한 기간에 비례
  - 단순이자 기본식 : $I = P \times n \times i$
  - 미래총액 기본식 : $F = P + (P \times n \times i)$

    여기서, I : 이자

    F : 미래총액

    P : 원금

    n : 이자계산 기간수

    i : 이율

예제

원금 100만원을 단리 5%로 빌렸다고 가정하자.
빌린지 2년이 되는 마지막 날의 이자와 원금의 합계액은 얼마인가?

풀이

- I(이자) = 100만원 × 2 × 0.05 = 10만원
  ⇒ 2년이 되는 마지막 날의 이자는 10만원
- F(원리금) = 100만원 + (100 × 2 × 0.05) = 110만원
  ⇒ 2년 후 원금과 이자의 합계인 원리금은 110만원

1.2 복합이자(Compound Interest)

복합이자 (Compound Interest)	일정기간의 기말마다 이자를 원금에 가산하여 그 합계액을 다음 기간의 원금으로 하여 계산하는 방법

- 여러 이자기간에 걸쳐서 자금을 빌릴 경우 이자는 매 기간 말에 계산됨

  - 미래총액 기본식 : $F = P \times (1+i)^n$

    여기서, F : 미래총액

    P : 원금

    n : 이자계산 기간수

    i : 이율

예제

원금 100만원을 연리 5% 복리로 4년간 빌렸을 경우 원리금은 얼마인가?

풀이

- F(원리금) $= 100$만원 $\times (1+0.05)^4 = 121.6$만원

  ⇒ 4년간 지불해야 할 원리금은 121.6만원임

단리가 적용된 이자계산				
연도	연초 부채	연말에 지불할 이자	연말 부채액	연말 지불액
1	100	5	105	5
2	100	5	105	5
3	100	5	105	5
4	100	5	105	105

복리가 적용된 이자계산				
연도	연초 부채	연말에 지불할 이자	연말 부채액	연말 지불액
1	100	100×0.05=5	105	0
2	105	105×0.05=5.3	110.3	0
3	110.3	110.3×0.05=5.5	115.8	0
4	115.8	115.8×0.05=5.8	121.6	121.6

⇒ 채무자 입장에서는 단리로 돈을 대출하는 것이 유리함

2. 시간에 따른 현금흐름도

현금흐름도 (Cash Flow Diagram)	- 투자만 분석하는데 필요한 정보를 제공함 - 일정기간 동안 들어오는 금액은 위로 향하는 화살표 (현금증가)로 표시함 - 일정기간 동안 나가는 금액은 밑으로 향하는 화살표 (현금감소)로 표시함

현금흐름도의 개념

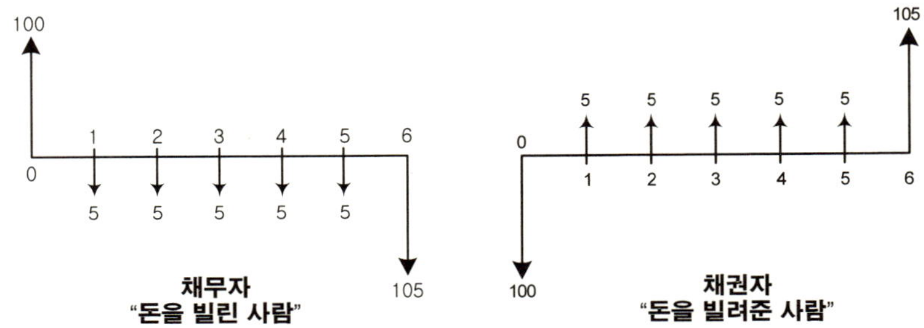

TIP

- 순현금흐름도(Net Flow Diagram) : 동시에 발생하는 현금유입(+)과 유출(-)의 합을 표시함

예제

대안 1 : 500만원을 3년간 정기 적금하여 만기시 원리합계금 600만원을 받기로 함

대안 2 : 100만원씩 5년간 불입하여 5년 만기시 600만원을 받는 적금을 가입함

위의 두 대안에 대한 순현금흐름도를 작성하여라.

풀이

◎ 대안 1의 순현금흐름도

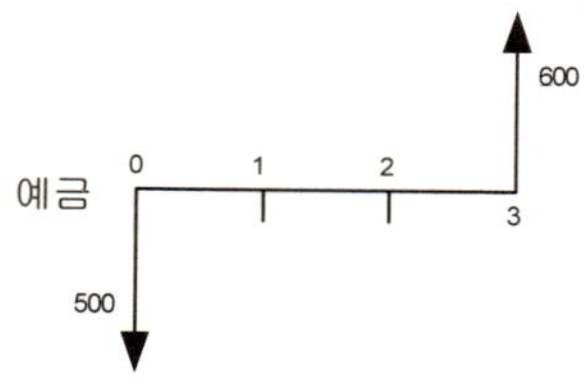

◎ 대안 2의 순현금흐름도

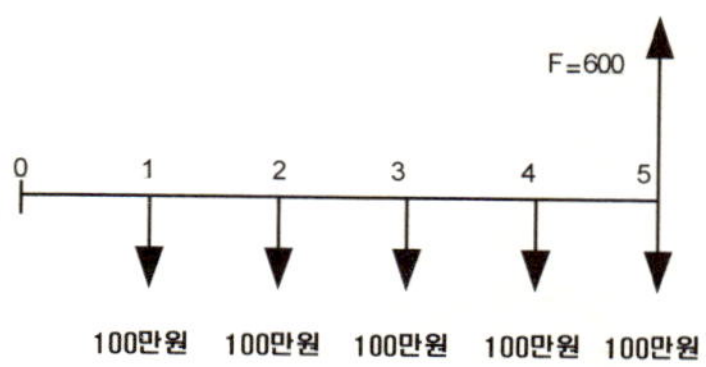

예제

어느 시에서 천변(Waterfront)을 따라 운행하는 경전철을 건설하기 위해 S은행으로부터 5년 동안 단리 6%로 100억원을 빌렸다. 채무자 입장에서의 현금흐름도를 작성하여라.

풀이

◎ STEP 1 : 이자계산

I(이자) = 100억원 × 0.06 = 6억원

⇒ 해당 시는 S은행에 매년 6억원의 이자를 지불해야 함

◎ STEP 2 : 현금흐름도 작성

⇒ 매년 납부하는 이자 6억원은 채무자 입장에서 현금의 유출을 의미하므로 밑으로 향하는 화살표로 표시함

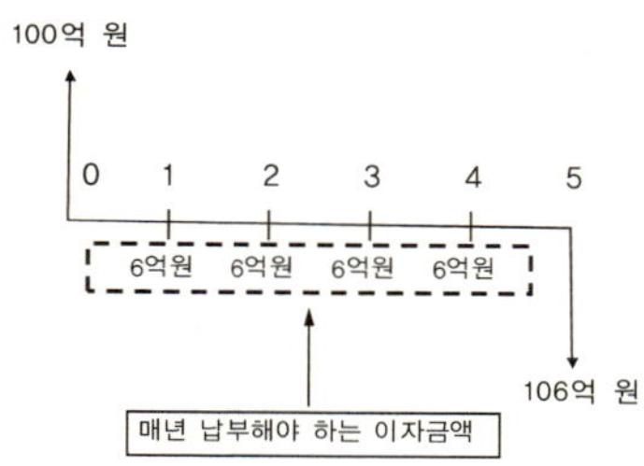

3. 이자공식

이자공식에 사용되는 Notation

i : 이율
P : 현재금액 또는 원금
F : 미래금액 또는 원리합계 금액
n : 이자계산기간
A : 매기간 말에 발생하는 동일한 지불액

이자계산시 Check Point

- 매 연말은 다음해의 연초
- P는 현재라고 생각되는 시점에서 그 해(년)초에 발생함
- F는 현재라고 생각되는 시점에서 n번째 해(년)말에 발생함
- A는 고려되고 있는 각 해의 기말에 발생함

3.1 일회지불 복리계수(Single-Payment Compound-Amount Factor)

일회지불 복리계수 (Single-Payment Compound-Amount Factor)	현재 P를 n기간 동안 예치할 경우 만기 시 찾을 수 있는 금액 F를 계산할 때 이용함

P(현재금액)를 알 때 F(미래금액)를 구하는 경우에 이용

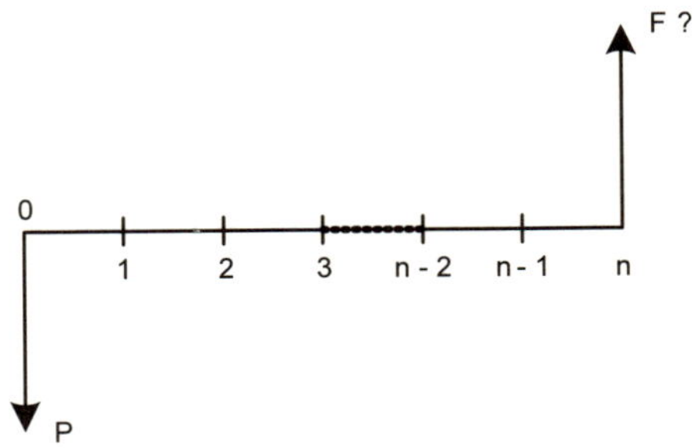

$$\Rightarrow F = P(1+i)^n$$

- $F=P(1+i)^n$의 유도과정

연 도	연 초 액	연 간 이 자	연 말 원 리 금 합 계
1	P	Pi	$P+Pi = P(1+i)^1$
2	$P(1+i)$	$P(1+i)i$	$P(1+i)+P(1+i)\ i = P(1+i)^2$
3	$P(1+i)^2$	$P(1+i)^2 i$	$P(1+i)^2 + P(1+i)^2\ i = P(1+i)^3$
4	$P(1+i)^{n-1}$	$P(1+i)^{n-1}\ i$	$P(1+i)^{n-1} + P(1+i)^{n-1}\ i = P(1+i)^n = F$

- 원금 P를 이율 i로 n기간 동안 예치하면 원리금 $F=P(1+i)^n$를 찾을 수 있음

$$\frac{F(\text{만기시원리금})}{P(\text{원금})}=(1+i)^n$$

예제

어느 디벨로퍼가 사업부지를 100억원에 구입하였다. 이자율 5%로 가정하였을 때 5년 후 부지를 매매할 경우 기대되는 가치는 얼마인가?

풀이

- $F=100\text{억원}\times(1+0.05)^5=127.6\text{억원}$

⇒ 5년 후 부지의 미래가치액(F)은 127.6억원

3.2 일회지불 현가계수(Single-Payment Present-Worth Factor)

일회지불 현가계수 (Single-Payment Present-Worth Factor)	n기간 후에 F를 찾기 위해 현재 예치해야 하는 금액 P를 계산하는 경우 이용함

- F(미래금액)를 알 때 P(현재금액)를 구하는 경우에 이용

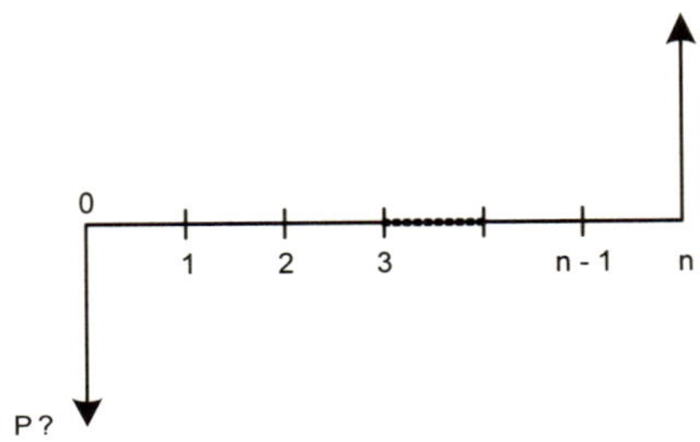

$$\Rightarrow P = F(1+i)^{-n}$$

예제

어느 디벨로퍼가 5년 후 500억원 규모의 주상복합 건물을 건설하고자 한다. 이자율을 7%로 가정하였을 때 이 디벨로퍼는 얼마를 은행에 예치해야 하는가?

풀이

- $500\text{억 원} = F(1+0.07)^{-5}$
- $F = \dfrac{500\text{억 원}}{(1+0.07)^5} = 356.5\text{억 원}$

⇒ 디벨로퍼는 5년 후의 주상복합 건물 건설을 위해 356.5억원을 예치해야 함

3.3 등액지불 복리계수(Equal-Payment-Series Compound-Amount Factor)

등액지불 복리계수 (Equal-Payment-Series Compound-Amount Factor)	매기간 말 동일한 금액 A를 불입한 후 만기시 찾을 수 있는 금액 F의 계산시 이용함

◎ A(지불액)를 알 때 F(미래금액)를 구하는 경우에 이용

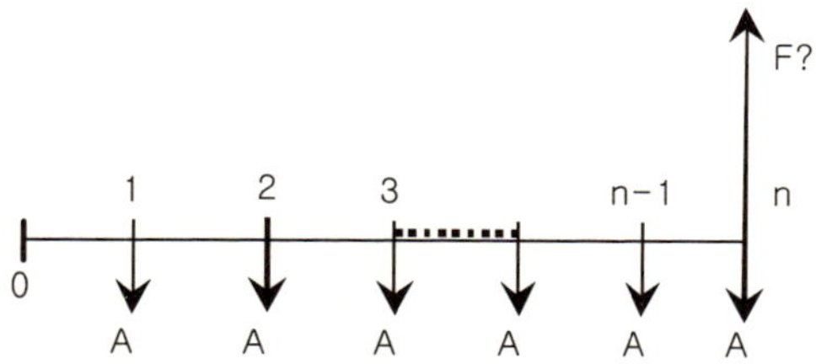

$$\Rightarrow F = A\left[\frac{(1+i)^n - 1}{i}\right]$$

예제

어느 디벨로퍼가 5년 만기로 매기간 말 100만원씩 불입하였다면 만기시 찾을 수 있는 총 금액은 얼마인가?(이자율은 12%로 가정함)

풀이

- $F = 100[\frac{(1.12)^5 - 1}{0.12}] = 635.28$억원

⇒ 디벨로퍼는 5년 후 총 635.28억원을 찾을 수 있음

연 말	연말 지불액 복리계수	5년 말의 복리금액	총 복리금액
1	$100 \times (1.12)^0$	100.00	-
2	$100 \times (1.12)^1$	112.00	-
3	$100 \times (1.12)^2$	125.44	-
4	$100 \times (1.12)^3$	140.49	-
5	$100 \times (1.12)^4$	157.35	635.28

3.4 등가지불 채무상환 기금계수(Equal-Payment-Series Sinking-Fund Factor)

등가지불 채무상환 기금계수 (Equal-Payment-Series Sinking-Fund Factor)	n번째 기간 말에 금액 F를 찾기 위해서 매 기간 말에 불입할 금액 A를 계산할 때 이용함

- F(미래금액)를 알고 A(지불액)를 구하는 경우에 이용

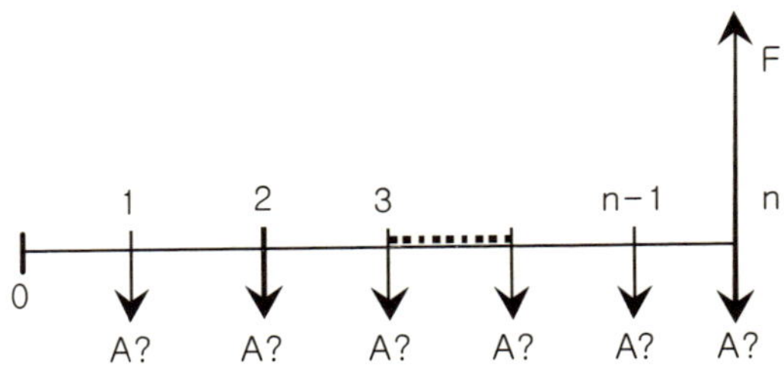

$$\Rightarrow \quad A = F[\frac{i}{(1+i)^n - 1}]$$

예제

어느 문화시설을 3년 후에 300억원의 가격으로 구입한다고 하자. 이 문화시설을 구입하기 위해 매년 얼마만큼의 예산을 확보해 놓아야 하는가?(이자율은 5%로 가정함)

풀이

$$- \ A = 300\text{억원}\frac{0.05}{[(1+0.05)^3 - 1]} = 95.16\text{억원}$$

⇒ 문화시설을 구입하기 위해 매년 95.16억원의 예산을 확보해야 함

3.5 등액지불 자본회수계수(Equal-Payment-Series Capital-Recovery Factor)

등액지불 자본회수계수 (Equal-Payment-Series Capital-Recovery Factor)	금액 P를 투자하고 매 기간 말 동일한 금액으로 n기간 동안 상환 받을 경우 1회 회수금액 A를 계산할 때 이용함

- P(현재금액)를 알고 A(지불액)를 구하는 경우에 이용

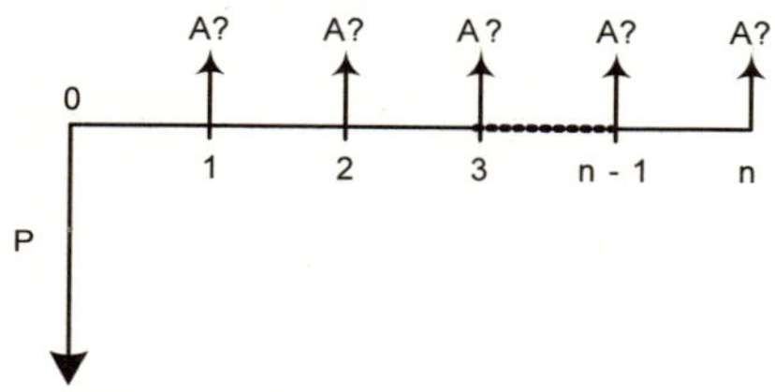

$$=> A = P\left[\frac{i(1+i)^n}{(1+i)^n - 1}\right]$$

예제

한국도로공사는 서울~부산간 Super-Highway 건설을 위하여 K은행으로부터 5,000억원을 대출받고 이를 10년간 분할상환하기로 하였다. 매년 상환해야 할 금액은 얼마인가?(이자율은 12%로 가정함)

풀이

- $A = 5{,}000\text{억 원}\left[\frac{0.12 \times (1+0.12)^{10}}{(1+0.12)^{10} - 1}\right] = 885\text{억 원}$

⇒ 한국도로공사는 매년 885억원을 K은행에 상환해야 함

조삼모사(朝三暮四) vs 조사모삼(朝四暮三)

중국 송나라 저공(狙公)은 많은 원숭이를 기르고 있었으나 사정이 여의치 않아 원숭이들에게 다음 대안과 같이 배급방식을 제안

대안1 : 아침에 3개, 저녁에 4개를 배급 – 원숭이들이 화내며 반발함 대안2 : 아침에 4개, 저녁에 3개를 배급 – 원숭이들이 기뻐함

$$\text{대안1}: 3X + \frac{4X}{(1+i)} = 3 + \frac{4}{(1+0.05)} = 6.80$$

$$\text{대안2}: 4X + \frac{3X}{(1+i)} = 4 + \frac{3}{(1+0.05)} = 6.86$$

대안2의 가치가 대안1보다 높으므로 원숭이들의 선택이 옳음

4. 화폐의 가치

4.1 미래가치(Future Value)

미래가치 (Future Value)	일정금액을 투자하고 일정한 이자율(수익률)이 적용되어 이자와 원금을 합한 미래 일정시점의 화폐 가치

미래가치의 산출식

- 연복리

$$FV = PV(1+i)^n$$

- 월복리

$$FV = PV(1+\frac{i}{m})^{n \times m}$$

여기서, FV : 미래가치
PV : 현재가치
n : 이자계산 기간수(년)
m : 연간 이자계산횟수(12개월)
i : 이자율

예제

서울시와 부산시를 연결하는 초고속도로를 건설하려고 한다. 기준년도를 2008년으로 보았을 때 총 공사비가 1,000억원이 산출되었다. 하지만 공사시작 연도는 2013년으로 현재가치 공사비 1,000억원에 대한 미래가치를 산출하여라.(할인율 10%)

풀이

- 연복리계산

$$= 1{,}000\text{억원} \times (1+0.1)^5 = 161{,}051{,}000{,}000\text{원}$$

- 월복리계산

$$= 1{,}000\text{억원} \times (1+\frac{0.1}{12})^{12\times 5} = 164{,}530{,}893{,}478\text{원}$$

4.2 연금의 미래가치

- 현금흐름이 일정한 기간과 일정한 간격으로 발생하는 것을 의미

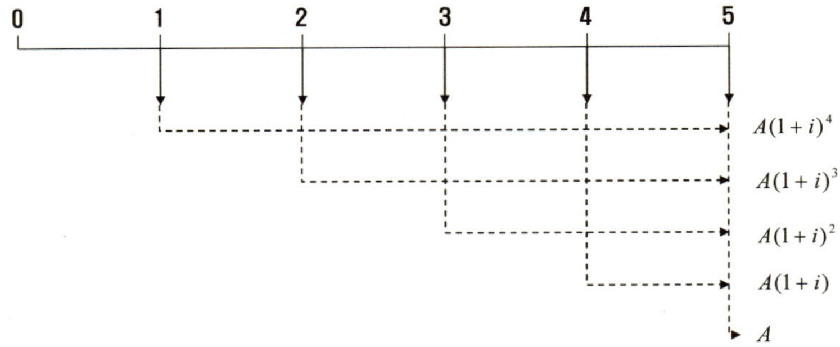

- 연금의 미래가치 산출식

– 현금흐름이 기말에 발생했을 경우

$$FVA = A \times \frac{(1+i)^n - 1}{i}$$

– 현금흐름이 기초에 발생했을 경우

$$FVA = A \times \frac{(1+i)^{n+1} - (1+i)}{i}$$

여기서, FVA : 연금의 미래가치
A : 매 기간의 현금흐름
n : 이자계산 기간수(년)
i : 이자율

예제

고속도로를 운영함에 있어 Toll Gate를 통하여 걷어 들이는 수익이 매년 말 500억원이라 할 때 5년이 지난 후 통행료의 미래가치액은 얼마인가?(할인율 10%, 현금흐름은 기말에 발생한다고 가정함)

풀이

– Toll Gate 수익에 대한 현금흐름도(기말)는 다음과 같이 나타낼 수 있음

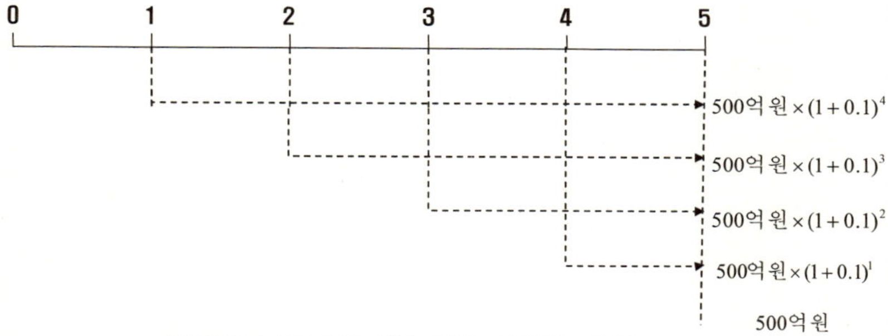

– 연금의 미래가치 산출식을 이용한 계산

$$= 50{,}000{,}000{,}000 \times \frac{(1+0.1)^5 - 1}{0.1} = 3{,}052.55\text{억 원}$$

4.3 현재가치(Present Value)

현재가치 (Present Value)	미래에 발생할 현금흐름을 현재 시점을 기준으로 계산할 때 그 가치가 얼마인가를 할인하여 추정하는 것

현재가치의 산출식

- 연복리

$$PV = FV \times \frac{1}{(1+i)^n}$$

- 월복리

$$PV = FV \times \left(\frac{1}{(1+\frac{i}{m})^{n \times m}}\right)$$

여기서, FV : 미래가치

PV : 현재가치

n : 이자계산 기간수(년)

m : 연간 이자계산횟수(12개월)

i : 이자율

예제

A아파트의 주인이 향후 15년 뒤에 아파트 가격을 15억원으로 기대한다면 이 아파트에 대한 현재가치는 얼마인가?(이자율은 5%로 가정함)

풀이

- 연복리 계산

$$= 15억원 \times [1/(1+0.05)^{15}] = 721,525,647원$$

- 월복리 계산

$$= 15억원 \times [1/(1+0.05/12)^{12 \times 15}] = 709,654,733원$$

4.4 연금의 현재가치

- 현금흐름이 일정한 기간과 일정한 간격으로 발생하는 것을 의미

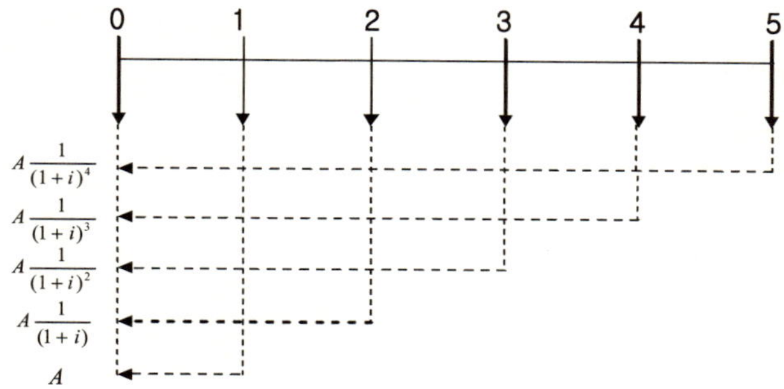

- 연금의 현재가치 산출식

– 현금흐름이 기말에 발생했을 경우

$$FVA = A \times \left(\frac{1 - \frac{1}{(1+0.1)^n}}{i} \right)$$

– 현금흐름이 기초에 발생했을 경우

$$FVA = A \times \left(\frac{1 + i - \frac{1}{(1+0.1)^{n-1}}}{i} \right)$$

여기서, FVA : 연금의 미래가치

A : 매 기간의 현금흐름

n : 이자계산 기간수(년)

i : 이자율

예제

A아파트의 주인이 아파트 집세를 매월 50만원씩 5년간 수령할 경우 집세의 현재 가치는 얼마인가?(이자율은 10%로 가정함)

풀이

– 현재가치의 계산(기말)

$$= 500,000 \times \left(\frac{1 - \frac{1}{(1+0.1)^5}}{0.1} \right) = 23,532,685\text{원}$$

– 현재가치의 계산(기초)

$$= 500,000 \times \left(\frac{1 + 0.1 - \frac{1}{(1+\frac{0.1}{12})^{5\times 12-1}}}{\frac{0.1}{12}} \right) = 23,728,790\text{원}$$

Ⅱ 재무분석

1. 재무분석이란?

넓은의미

- 기업의 자금흐름과 관련된 모든 기업활동을 평가하는 것
- 기업의 운영을 위한 의사결정에 도움을 주기 위한 분석이라 할 수 있음

좁은의미

- 미래의 기업경영에 필요한 기초자료를 얻는 재무활동
- 기업의 현재와 과거의 재무상태와 경영성과를 파악함

2. 재무제표란?

재무제표	-기업의 재무상태와 경영성과를 나타내는 보고서 -재무의사결정을 위한 재무자가 손쉽게 이용할 수 있는 정보의 원천

- 재무제표는 대차대조표, 손익계산서, 현금흐름표로 구성
- 재무제표 구성항목

재무제표
- 대차대조표
- 손익계산서
- 현금흐름표

2.1 대차대조표(Balance Sheet)

대차대조표 (Balance Sheet)	일정시점에서 기업의 재무상태를 나타내는 보고서

- 기업의 재무상태는 기업의 자산과 부채, 자본의 3요소로 구성
- 왼쪽은 자산의 구성상태를 나타내며, 오른쪽은 부채, 자본의 구성상태를 나타냄

대차대조표등식 → 자산 = 부채 + 자본

→ 자기자본 = 자산 − 부채

- 대차대조표는 자산과 부채·자본간의 관계를 타나내는 것으로, 대차대조표 작성 예는 다음과 같음

대차대조표

[단위 : 천원]

자 산	당해연도	전년도	부채·자본	당해연도	전년도
Ⅰ. 유동자산	773,000	707,000	Ⅰ. 유동부채	486,000	455,000
1. 현금과예금	152,000	107,000	1. 외상매입금	213,000	197,000
2. 외상매출금	294,000	270,000	2. 지급어음	50,000	53,000
3. 재고자산	269,000	280,000	3. 미지급비용	223,000	205,000
4. 기타유동자산	58,000	50,000			
			Ⅱ. 고정부채	588,000	562,000
Ⅱ. 고정자산	1,118,000	1,035,000	1. 장기차입금	117,000	104,000
1.건물및기계설비	1,423,000	1,274,000	2. 사채	471,000	458,000
[감가상각누계액]	[550,000]	[460,000]			
	873,000	814,000	Ⅲ. 자본	817,000	725,000
2. 무형고정자산	245,000	221,000	1. 자본금	94,000	71,000
			2. 자본잉여금	347,000	327,000
			3. 이익잉여금	376,000	327,000
자산총계	1,891,000	1,742,000	부채·자본 총계	1,891,000	1,742,000

- 자산이란 기업이 소유하고 있는 경제적 자원을 의미하는 것으로 현금, 상품, 비품, 건물, 토지 등이 해당됨
- 부채는 기업이 갚아야 할 채무를 의미
- 자본은 자산의 총액에서 부채의 총액을 차감한 잔액을 의미

2.2 손익계산서(Income Statement)

손익계산서 (Income Statement)	일정기간 동안 기업의 경영성과를 나타내는 보고서

- 일정기간 동안에 실현된 수익과 비용을 기록하고 해당 기간의 이익을 계산한 표
- 기업의 이익은 수익에서 비용을 차감하여 계산

기업의 이익 = 수익 − 비용

- 수익(Revenue)은 제품의 판매나 생산, 용역 제공 등 기업의 중요한 영업 활동으로부터 일정 기간 동안 발생하는 "양(+)"의 요인을 의미
- 비용(Expense)은 제품의 판매나 생산, 용역 제공 등 기업의 중요한 영업 활동으로부터 일정기간 동안 발생하는 "음(−)"의 요인을 의미

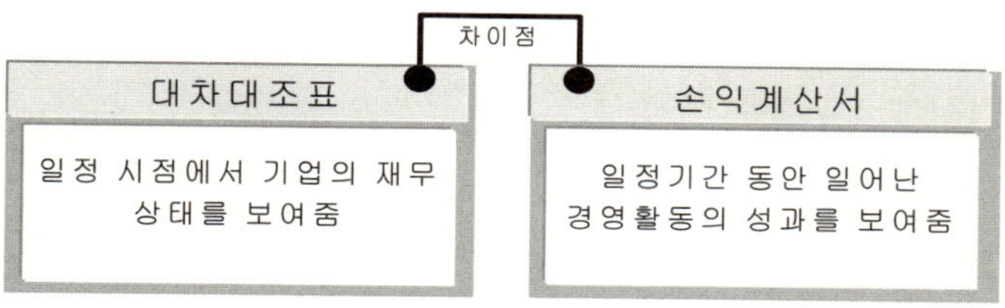

손익계산서

[단위 : 천원]

Ⅰ. 매출액	2,262,000
Ⅱ. 매출원가	[1,655,000]
Ⅲ. 매출총이익	607,000
Ⅳ. 판매비와 관리비	[417,000]
1. 판매비와 일반관리비	[327,000]
2. 감가상각비	[90,000]
Ⅴ. 영업이익	190,000
Ⅵ. 영업외비용	[50,000]
이자비용	[50,000]
Ⅶ. 법인세비용차감전 순이익	140,000
Ⅷ. 법인세비용[법인세율30%]	[42,000]
Ⅸ. 당기순이익	98,000
배당 : 49,000	−
유보이익 : 49,000	−

2.3 현금흐름표(Statement of Cash Flows)

현금흐름표 (Statement of Cash Flows)	일정기간 동안 기업의 현금이 어떻게 변동되었는가를 보여주는 보고서

- 여기서 현금(Cash)은 그 자체만을 의미하는 것이 아니라 예금의 형태로 보유하는 것을 포함
- 현금의 변동내역을 유입과 유출로 구분하여 보여줌

유입내역 — 조달된 현금의 원천별로 정리됨

유출내역 — 사용된 현금의 용도별로 세분하여 정리됨

→ 현금의 유입과 유출에 관한 실제 정보를 통하여 재무의사결정에 유용하게 이용됨

현금흐름표

[단위 : 천원]

Ⅰ. 영업활동으로 인한 현금흐름			198,000
1. 당기순이익		98,000	
2. 현금의 유출이 없는 비용 가산		90,000	
감가상각비	90,000		
3. 영업활동으로 인한 자산·부채의 변동		10,000	
외상매출금의 증가	[24,000]		
재고자산의 감소	11,000		
기타 유동자산의 증가	[8,000]		
외상매입금의 증가	16,000		
지급어음의 감소	16,000		
미지급어음의 증가	18,000		
Ⅱ. 투자활동으로 인한 현금흐름			[173,000]
1. 투자활동으로 인한 현금유입액		0	
2. 투자활동으로 인한 현금유출액		[173,000]	
건물 및 기계설비 취득	[149,000]		
무형고정자산취득	[24,000]		
Ⅲ. 재무활동으로 인한 현금흐름			20,000
1. 재무활동으로 인한 현금유입액		69,000	
장기차입금의 차입	13,000		
사채의 발행	13,000		
신주의 발행	43,000		
2. 재무활동으로 인한 현금유출액		[49,000]	
배당금의 지급	[49,000]		
Ⅳ. 현금의 증가[Ⅰ+Ⅱ+Ⅲ]			45,000
Ⅴ. 기초의 현금			107,000
Ⅵ. 기말의 현금			152,000

3. 재무비율 분석

재무비율 (Financing Ratio)	- 재무제표상에 표기된 한 항목의 수치를 다른 항목의 수치로 나눈 것 - 기업의 재무상태나 경영성과를 파악하는 데 사용 - 사용목적에 적합한 비율을 기준이 되는 수치와 비교

구 분	내 용
유동성 비율 (Liquidity Ratio)	- 짧은 기간(보통 1년)내에 갚아야 되는 채무를 지급할 수 있는 기업의 능력을 측정하는 비율
레버리지 비율 (Leverage Ratio)	- 부채성비율이라고도 하며, 기업의 타인자본의존도와 타인자본이 기업에 미치는 영향을 측정하는 비율
활동성 비율 (Activity Ratio)	- 자산의 물리적인 이용도를 측정하는 비율
수익성 비율 (Profitability Ratio)	- 경영의 총괄적인 효율성의 결과를 매출에 대한 수익이나 투자에 대한 수익으로 나타내는 비율

3.1 유동성 비율(Liquidity Ratio)

- 유동성(Liquidity)은 보통 기업이 단기부채를 상환할 수 있는 능력으로 기업이 현금을 동원할 수 있는 능력이라 할 수 있음
- 유동비율(Current Ratio)은 대차대조표상에 있는 유동자산을 유동부채로 나눈 것
- 유동비율은 기업의 유동성을 측정하는 데 가장 많이 사용되는 비율이며, 재무분석의 시발점

$$\text{유동성 비율} = \frac{\text{유동자산}}{\text{유동부채}} \times 100$$

IF) 해당회사 유동비율 〉 타회사 평균유동비율 : 단기부채 지급능력이 높음
해당회사 유동비율 〈 타회사 평균유동비율 : 단기부채 지급능력이 떨어짐

예제

A사의 유동자산이 1,028,500천원이고 유동부채가 557,600천원일 때 A사의 유동비율을 산정하고 타회사에 비하여 어떠한 위치에 있는지 해석하여라.(타회사의 평균유동비율은 151.3%임)

풀이

– A회사의 유동비율 = $\frac{유동자산}{유동부채} \times 100 = \frac{1,028,500}{557,600} \times 100 = 184.5\%$

⇒ A회사 유동비율 : 타회사 평균유동비율 = 184.5% 〉 151.3%

⇒ 다른 회사에 비하여 A사의 단기부채 지급능력이 높다고 볼 수 있음

3.2 레버리지 비율

- 부채성비율이라고도 하며 기업이 타인자본에 의존하고 있는 정도를 나타내는 비율이며, 장기부채 상환능력을 측정하는 지표임
- 부채비율(Debt to Equity Ratio)은 총자본을 구성하고 있는 자기자본과 타인자본의 비율
- 타인자본에는 유동부채, 장기차입금, 사채 등이 있으며, 자기자본에는 보통주, 유보이익, 자본준비금 등이 있음

$$레버리지\ 비율 = \frac{타인자본}{자기자본} \times 100$$

IF) 해당회사 레버리지비율 〉 타회사 평균레버리지비율 : 부채비율이 높음
해당회사 레버리지비율 〈 타회사 평균레버리지비율 : 부채비율이 낮음

예제

A사의 타인자본이 587,600천원이고 자기지본이 633,000천원일 때 A사의 레버리지비율을 산정하고 타회사에 비하여 어떠한 위치에 있는지 해석하여라.(타회사의 평균레버리지비율은 195.3%임)

풀이

– A회사의 레버리지비율 = $\frac{타인자본}{자기자본} \times 100 = \frac{587,600}{633,000} \times 100 = 92.8\%$

⇒ A회사 레버리지비율 : 타회사 평균레버리지비율 = 92.8% 〉 195.3%

⇒ 다른 회사에 비하여 A사의 부채비율이 낮은 것으로 나타남

3.3 활동성 비율

- 활동성 비율이란 기업이 소유하고 있는 자산들을 얼마나 효율적으로 이용하고 있는가를 측정하는 비율로 재고자산회전율(Inventory Turnover)이 있음
- 매출액을 재고자산으로 나눈 값으로, 1년 동안 몇 번이나 당좌자산(현금)으로 전환되었는가를 측정하는 비율
- 회전율이 낮으면 과다한 재고를 소유, 회전율이 높으면 적은 재고를 소유함으로써 효율적 생산, 판매활동을 수행했다고 판단함

$$재고자산회전율 = \frac{매출액}{재고자산} \times 100$$

IF) 해당회사 재고자산회전율 〉 타회사 평균재고자산회전율 : 생산, 판매활동이 잘 이루어짐

해당회사 재고자산회전율 〈 타회사 평균재고자산회전율 : 생산, 판매활동이 이루어지지 못함

예제

A사의 매출액이 23,800천원이고 재고자산이 688,500천원일 때 A사의 재고자산회전율을 산정하고 타회사에 비하여 어떠한 위치에 있는지 해석하여라.(타회사의 평균재고자산회전율은 6.89회임)

풀이

\- A회사의 재고자산회전율 = $\frac{매출액}{재고자산} \times 100 = \frac{23,800}{688,500} \times 100 = 3.46회$

⇒ A회사 재고자산회전율 : 타회사 평균재고자산회전율 = 3.46회 〈 6.89회

⇒ 다른 회사에 비하여 A사는 효율적인 생산, 판매활동이 이루어지지 못함

3.4 수익성 비율

- 수익성 비율은 기업의 모든 활동이 종합적으로 어떤 결과를 나타내는가를 측정하는 것
- 순이익과 총자본(총자산)의 관계를 나타내는 것으로 기업의 수익성을 대표하는 비율
- 투자수익률(Return on investment)이라고도 하며 간단히 ROI로 쓰임

$$\text{투자수익률} = \frac{\text{순이익}}{\text{자기자본}} \times 100$$

IF) 해당회사 투자수익률 〉 타회사 평균투자수익률 : 타 회사에 비하여 수익성이 좋음

해당회사 투자수익률 〈 타회사 평균투자수익률 : 타 회사에 비하여 수익성이 낮음

예제

A사의 순이익이 18,000천원이고 자기자본이 633,000천원일 때 A사의 투자수익률을 산정하고 타회사에 비하여 어떠한 위치에 있는지 해석하여라.(타회사의 평균투자수익률은 10.74%임)

풀이

– A회사의 투자수익률 = $\frac{\text{순이익}}{\text{자기자본}} \times 100 = \frac{18,000}{633,000} \times 100 = 2.84\%$

⇒ A회사 투자수익률 : 타회사 투자수익률 = 2.84% 〈 10.74%

⇒ 다른 회사에 비하여 A사는 비능률적으로 운영하고 있거나, 타인자본을 적절히 사용하지 못하고 있음

4. 수익성평가 기법

4.1 순현재가치법(Net Present Value)

- 일정시점을 전제로 미래 발생할 수입과 투자비용을 현재의 가치로 환산하여 비교하는 것으로 비교시 NPV≥0이면 투자가능성이 있는 것이고, NPV≤0이면 투자가능성이 없는 것으로 판단
- 디벨로퍼가 순현재가치법(NPV)을 적용할 경우 유의할 사항은?
  - 순현재가치의 값은 할인율의 크기에 따라 변하므로 할인율 적용시 유의해야 하며, 통상적으로 사회적 할인율인 6.5%[1]를 적용

$$\sum_{t=0}^{n}\frac{I_t}{(1+r)^t}-\sum_{t=0}^{n}\frac{O_t}{(1+r)^t}=NPV$$

예제

디벨로퍼가 300억원에 해당하는 주상복합건물을 인수하였다. 투자기간을 5년 동안 발생하는 수익이 1년차 80억원, 2년차 80억원, 3년차 90억원, 4년차 90억원, 5년차 150억원이 발생하였다면, 이때의 NPV는 얼마인가?(이자율은 10%로 가정함)

0년차	1년차	2년차	3년차	4년차	5년차
−300억원	+80억원	+80억원	+90억원	+90억원	+150억원

풀이

$$NPV=\frac{80}{1.1}+\frac{80}{1.21}+\frac{90}{1.331}+\frac{90}{1.464}+\frac{150}{1.61}-300$$
$$=361.1-300=61.1$$

⇒ 디벨로퍼가 주상복합건물에 투자할 경우 61.1억원의 수익을 얻을 수 있음

1) 한국개발연구원(2004), 도로·철도 부문사업의 예비타당성조사 표준지침 수정·보완 연구(제4판).

4.2 내부수익률법(Internal Rate of Return)

- 일정시점을 전제로 소득현가와 비용현가를 같게 만드는 할인율로 NPV를 0으로 만드는 할인율을 의미
- 할인율이 바로 내부수익률이며 이것이 투자자의 요구수익률보다 높거나 같다면 사업성이 있는 것이고 그렇지 않다면 투자성이 없는 것임. 즉, 내부수익률이 자본비용 또는 시장 이자율보다 큰 투자안을 선택하게 됨

$$\sum_{t=0}^{n}\frac{I_t}{(1+r)^t}-\sum_{t=0}^{n}\frac{O_t}{(1+r)^t}=0$$

- 순현재가치(NPV)와 내부수익률(IRR) 사이의 관계

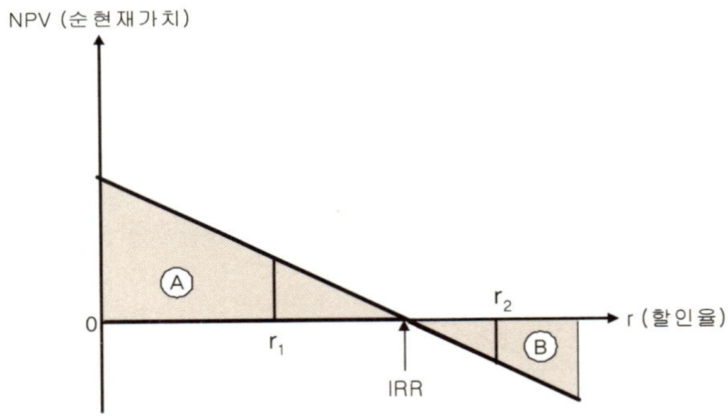

- 영역 A의 경우
  r_1〉IRR ⇒ NPV(+)
- 영역 B의 경우
  r_2〈IRR ⇒ NPV(−)

4.3 자기자본이익률(ROE, Return of Equity)

- 자기자본에 대한 수익성을 나타내는 것으로 기업의 이익창출능력을 나타내는 지표로 활용

$$ROE = \frac{\text{당기순이익}}{\text{자기자본}} \times 100$$

- 당기순이익은 세금 등을 공제한 순수 이익을 의미하며 자기자본은 타인자본(부채)에 상대되는 개념으로 투하된 자본
- 당기순이익과 자기자본은 모두 재무제표에 표현되므로 산출된 수치를 이용하여 계산
- ROE가 높은 기업에 투자하는 것이 좋은가?
  - ROE는 기업의 위험을 반영하지 않은 것이므로 부채비율을 고려하여 확인해야 함
  - 과거자료를 이용한 수치이므로 미래에 대한 불확실성을 염두에 두어야 함
  - 경영자의 총체적인 기업경영 평가의 잣대로 훌륭한 지표

4.4 수익성지수법(PI, Profitability Index Method)

- 투자로 인하여 발생하는 현금유입의 현가를 현금유출의 현가로 나눈 비율
- 수익성지수가 1보다 크면 재무적 타당성이 있는 것으로 판단

$$PI = \sum_{t=0}^{n} \frac{R_t}{(1+r)^t} / \sum_{t=0}^{n} \frac{C_t}{(1+r)^t}$$

- 순현재가치법이 어떤 투자안의 재무적 타당성을 절대적 금액으로 측정하는데 비하여, 수익성지수법은 투자대안의 비용 대비 수익을 상대적 비율로써 추정하는 것

4.5 자산수익률(ROA, Return on Asset)

- 회사에서 주어진 총자산을 수익창출 활동에 얼마나 효율적으로 이용하였는가를 측정해주는 수익성 지표

$$ROA = \frac{\text{순이익}}{\text{총자산}} \times 100$$

- 손익계산서에서 세금 차감 후 순이익을 평균총자산으로 나눈 값을 제시하고 있음
- 매출과 비용을 얼마나 잘 관리했는지를 보여주며, 얼마나 효과적으로 유가증권, 재고자산 및 고정자산 등을 잘 운용했는지 나타냄
- 회사의 수익이 어떤 방향으로 이동하고 있을 때 왜 그런 일이 일어나는지를 판단할 수 있으며, 만약 수익은 상승하는데 ROA가 하락한다면 그것은 자산이 수익보다 더 빨리 증가하였다는 것이고 이는 회사의 자산을 효과적으로 운용하지 못했다는 의미

ROE와 ROA의 차이

구 분	중점내용	내 용
ROA	기업 자산의 효율성	– 경영자가 운용한 자산 총액과 회사 전체 이익과의 관계에서 산출되는 비율로서 기업 자산 전체의 투자 효율성을 평가하는 지표
ROE	주주지분에 국한된 수익성	– 자기자본 총액과 주주들 몫과의 관계에서 산출되는 비율로 주주지분에 국한하여 수익성을 평가하는 지표

ROE와 ROA의 수익률 예시

<table>
<tr><td colspan="2"><u>대차대조표(A 기업)</u>
자산 50억원
부채 15억원
자본 35억원</td><td colspan="2"><u>대차대조표(B 기업)</u>
자산 50억원
부채 35억원
자본 15억원</td></tr>
<tr><td colspan="4">A, B기업의 자산 규모는 50억원으로 동일
두 기업 모두 50억원을 투자하여 1년 뒤 똑같이 20억원의 이익이 발생</td></tr>
<tr><td colspan="2">A 기업은 부채 15억원에 대하여 10억원의 이자를 지불</td><td colspan="2">B 기업은 부채 35억원에 대하여 10억원의 이자를 지불</td></tr>
<tr><td>ROA</td><td>$= \frac{10억원}{50억원} \times 100 = 20\%$</td><td>ROA</td><td>$= \frac{10억원}{50억원} \times 100 = 20\%$</td></tr>
<tr><td>ROE</td><td>$= \frac{10억원}{35억원} \times 100 = 28.57\%$</td><td>ROE</td><td>$= \frac{10억원}{15억원} \times 100 = 66.66\%$</td></tr>
</table>

4.6 투자자본이익률(ROI, Return On Investment)

- 순이익을 총 자산으로 나눈 것으로 재무제표를 놓고 회사의 수익성을 분석할 때 사용하는 지표임
- 투자한 금액에 비해 얼마나 수익을 얻을 수 있는지를 수치로 나타낸 것임

$$ROI = \frac{(\text{당기순이익} + \text{차입금이자} + \text{배당})}{\text{투자자본}} \times 100$$

4.7 DSCR(Debt Service Coverage Ratio)

- "매년도"의 차입금의 상환 능력을 나타내는 지표로서 금융기관은 대부 리스크 측정 수단으로 이용

$$DSCR = EBITDA / (P+I)$$

- EBITDA(Earnings Before Interest, Taxes, Depreciation and Amortization) : 이자, 법인세, 감가상각, 감모상각 전 영업이익
- P(Principle) : 기간 중 원금 분할 상환액
- I(Interest) : 기간 중 이자 지급액

- 원리금 분할 상환 기간 동안 발생하는 현금흐름이 동 기간의 원리금 상환액을 어느 정도 충당할 수 있는가를 측정한 비율
- DSCR 값이 1보다 크면 차입금 상환액(Debt Service)을 순영업이익(NOI)으로부터 조달한다는 의미
- DSCR값은 일반 산업에서는 1.3 이상, 프로젝트 파이낸싱에 있어서 1.5~2.0이 요구되며, 부동산 사업에서는 최저 1.2 이상, 평상시에는 1.08~1.10 그리고 불경기에는 1.4 이상이면 양호한 사업이라 판단

4.8 LLCR(Loan Life Coverage Ratio)

- 대출 만기까지의 원리금 상환 능력을 나타냄
- 대출 만기시까지의 원리금 변제에 충당 가능한 현금흐름의 현재 가치 합계를 총원리금변제액으로 나눈 값
- 일반적으로 LLCR 값은 1.5 이상을 요구

LLCR = 매년도의 EBITDA의 현재 가치 합계 / P

- EBITDA(Earnings Before Interest, Taxes, Depreciation and Amortization) : 이자, 법인세, 감가상각, 감모상각 전 영업이익
- P(Principle) : 총대출 원금

5. 레버리지분석(Leverage Analysis)이란?

- 기업의 고정비용이 있을 때 매출액이 증가하고 감소함에 따라 영업이익이나 순이익의 변동을 분석하는 것을 레버리지분석이라 함
- 재무레버리지(Financial Leverage)란 타인자본을 이용함으로써 고정재무비용(이자비용)을 부담하는 것
- 손익계산서에서 영업이익으로부터 세후순이익이 결정되는 부분의 분석
- 기업 매출액의 변화에 따른 이익의 변화양상을 분석
- 고정비용을 발생시키는 자산이나 자금의 사용을 의미
- 타인자본을 사용하게 되면 영업이익의 증가나 감소에 관계없이 일정금액의 이자를 지불하게 되고 그 나머지가 주주에게 돌아감
- 타인자본사용에 따라 발생하는 고정적인 이자비용이 지렛대(lever)역할을 하여 주주에게 돌아가는 세후순이익의 변화율은 영업이익변화에 비해 커짐

예제

어느 디벨로퍼가 운영하는 회사의 영업이익이 1억이며, 현재 매년 지불하여야 하는 이자비용이 2,000만원이다. 이때 법인세율을 50%로 가정하였을 경우 영업이익의 변화에 따른 세후순이익에 미치는 영향을 파악하여라.

풀이

회사의 영업이익이 ±40% 증감시 세후순이익의 변화를 살펴보면 다음과 같음

[단위 : 만원]

항 목	40% 감소	현재	40% 증가
영업이익	6,000	10,000	14,000
(−)이자비용	2,000	2,000	2,000
세전이익	4,000	8,000	12,000
(−)법인세	2,000	4,000	6,000
세후순이익	2,000	4,000	6,000

- 영업이익이 40% 감소시 세후순이익은 기존보다 50% 감소함
- 영업이익이 40% 증가시 세후순이익은 기존보다 50% 증가함

- 레버리지분석은 고정비용을 발생시키는 자산이나 자금의 사용에 따라 총 3 가지로 구분할 수 있음

구분	내용
영업 레버리지 (operation leverage)	- 고정자산을 보유함으로써 고정영업비용을 부담하는 것
재무 레버리지 (financial leverage)	- 타인자본을 사용함으로써 고정재무비용을 부담하는 것
결합 레버리지 (combined leverage)	- 영업 레버리지와 재무 레버리지를 결합한 것으로서 고정자산과 타인자본의 사용으로 인해 고정비용을 부담하는 것

- 영업레버리지 : 매출액의 변화가 영업이익에 미치는 영향을 분석하는 것으로 매출액과 영업이익의 관계에 영향을 미치는 고정적인 영업비용(고정비)의 역할에 있음
- 재무레버리지 : 영업이익의 변화가 주주의 이익에 미치는 영향에 대한 분석이며, 고정재무비용인 이자비용의 역할이 분석의 초점
- 결합레버리지 : 매출액변화가 고정영업비용의 지출과 이자비용의 지출 정도에 따라 주주에게 돌아가는 세후순이익에 어떠한 영향을 미치는지 분석

Ⅰ. 영업레버리지
- 매출액 − 매출원가 = 매출총이익
- 매출총이익 − 판매비와 관리비 = 영업이익

Ⅱ. 재무레버리지
- 영업이익 − 이자비용 = 세전이익
- 세전이익 − 법인세 = 세후순이익

Ⅲ. 결합레버리지 (Ⅰ + Ⅱ)

5.1 영업레버리지분석

- 영업레버리지분석의 핵심은 매출액의 증감과 관계없이 일정하게 발생하는 고정영업비용이 매출액의 변화에 따른 영업이익의 변동에 어떤 영향을 미치는지를 분석하는 데 있음

예제

어느 회사의 매출액이 500(만원)이다. 이 회사의 매출액이 10% 변동하면 영업이익은 얼마나 변동할까?

항 목	금액(만원)
매출액	500
(−)고정비	290
(−)변동비	200
영업이익	10

풀이

회사의 매출액이 ±10% 증감할 경우 영업이익을 살펴보면 다음과 같음

항 목	10% 감소	금액(만원)	10% 증가
매출액	450	500	550
(−)고정비	290	290	290
(−)변동비	180	200	220
영업이익	−20	10	40

- 회사의 매출액이 10% 감소하였을 경우 영업이익은 −20만원으로 기존보다 300% 감소함
- 회사의 매출액이 10% 증가하였을 경우 영업이익은 40만원으로 기존보다 300% 증가함

5.2 손익분기점분석(Break-Even Point)

- 손익분기점(Break-Even Point)은 기업의 생산 및 판매활동에서 총수입과 총비용이 같게 되어 순이익이 "0"이 되는 점을 의미
- 영업레버리지분석에서는 매출액과 영업비용이 같게 되어 영업이익이 "0"이 되는 점을 손익분기점이라 함

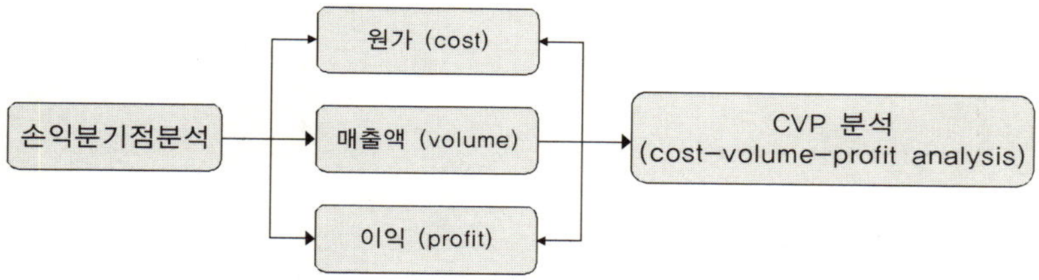

- 고정영업비용(Fixed operating cost)은 기업의 매출량과 관계없이 일정하게 발생하는 비용
- 변동영업비용(Variable operating cost)은 매출량에 비례하여 발생하는 비용
- 고정영업비용과 변동영업비용의 비교

고정영업비용	변동영업비용
건물과 기계의 감가상각비	직접 노무비
임차표	직접 재료비
경영진의 보수	판매 수수료
기타	기타

◎ 고정비와 변동비의 개념도

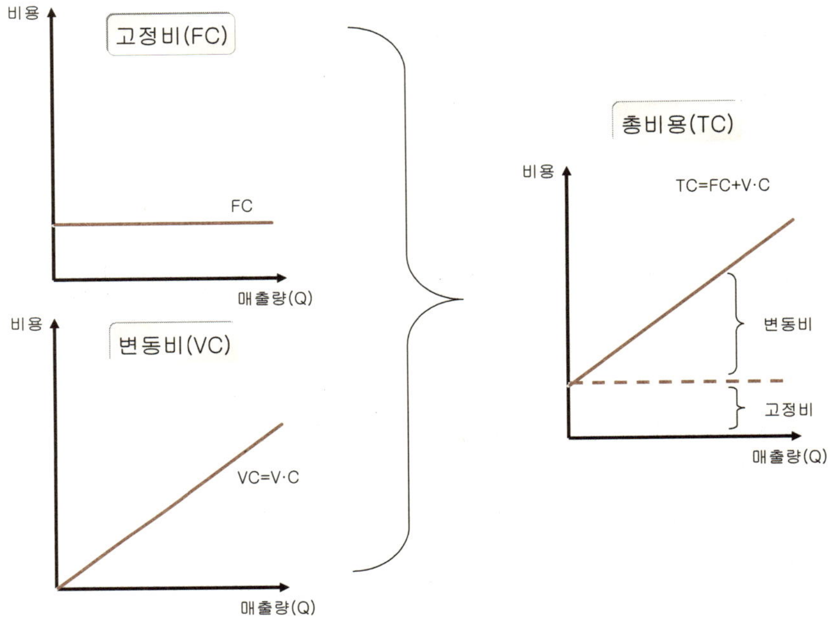

◎ 매출액과 영업비용이 일치할 때의 매출량을 표현하면 다음과 같음

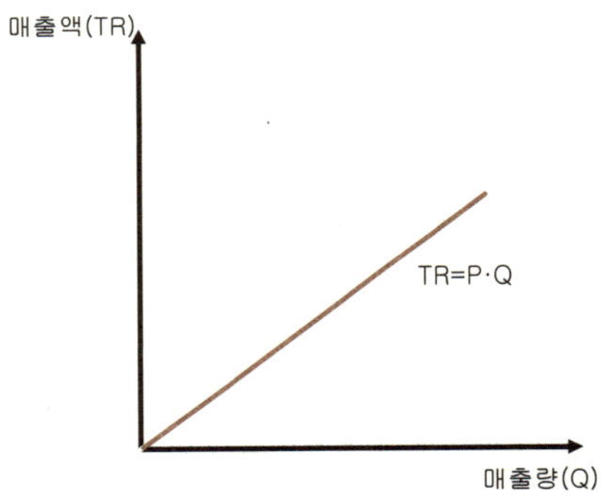

여기서, PQ = FC + V·C

P : 단위당 판매가격

Q : 손익분기점의 매출량

FC : 고정영업비용

V : 단위당 변동비

$$Q = \frac{FC}{P - V}$$

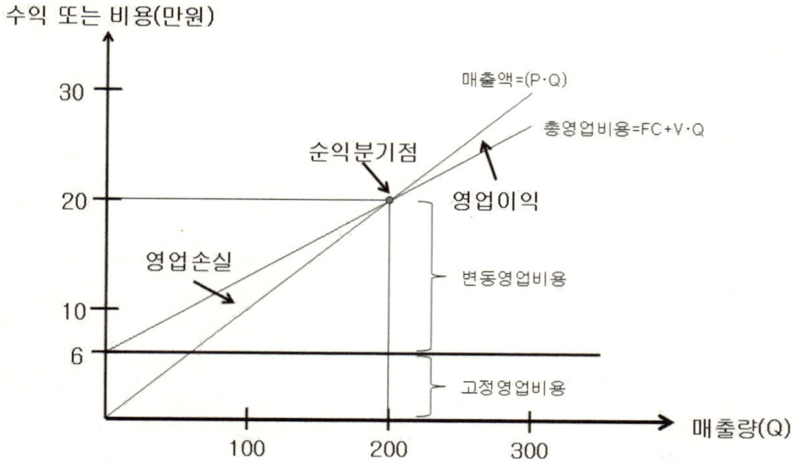

5.3 자본분기점분석

- 세후순이익은 영업이익에서 이자비용과 법인세를 뺀 것으로 주주에게 돌아가는 이익
- 세후순이익을 보통주의 발행주식수로 나누면 주당순이익이 됨

예제

A사는 새로운 투자에 필요한 10억원의 자본을 어떻게 조달할 것인가를 고려하였다.

- 대안 1 : 보통주를 주당 10,000원으로 10만주 발행하여 조달함
- 대안 2 : 보통주를 주당 10,000원으로 5만주 발행하고 나머지 5억원을 이자율 10%로 차입하여 조달함

각 조달방법에 따른 영업이익과 주당순이익의 관계를 나타내어라.

풀이

대안 1과 대안2에 대한 영업이익에 따른 세후순이익에 대한 내용은 다음과 같음

(단위: 만원)

대안 1 (자기자본 10억 원)	영업이익	5,000	10,000	15,000	20,000
	(−)이자비용	0	0	0	0
	세전이익	5,000	10,000	15,000	20,000
	(−)법인세(50%)	2,500	5,000	7,500	10,000
	세후순이익	2,500	5,000	7,500	10,000
	주당순이익(원) : 10만주	250	500	750	1,000
대안 2 (자기자본 5억 원, 타인자본 5 억 원)	영업이익	5,000	10,000	15,000	20,000
	(−)이자비용	5,000	5,000	5,000	5,000
	세전이익	0	5,000	10,000	15,000
	(−)법인세(50%)	0	2,500	5,000	7,500
	세후순이익	0	2,500	5,000	7,500
	주당순이익(원) : 5만주	0	500	1,000	1,500

⇒ 자본조달계획이 차이가 없는 점 : 자본분기점

⇒ 영업이익이 1억 원 이하일 경우 : 대안 1이 유리함

⇒ 영업이익이 1억 원 이상일 경우 : 대안 2가 유리함

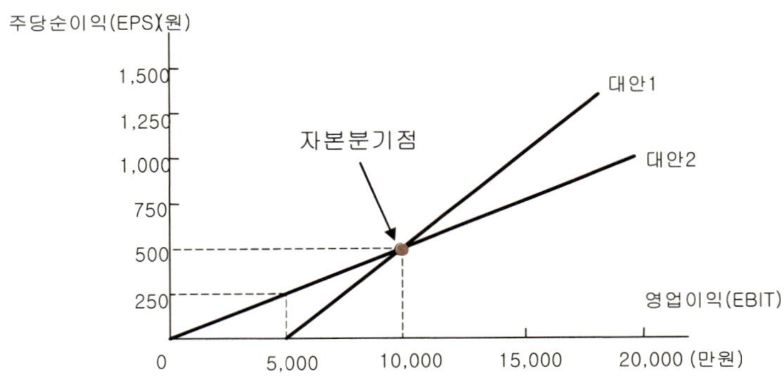

Ⅲ 경제성은 어떻게 따지나?

1. 경제성분석 기법

1.1 계획과정에서 경제성분석의 위치

- 사업의 비용과 편익을 비교하여 사업의 최적안을 선택하는 과정

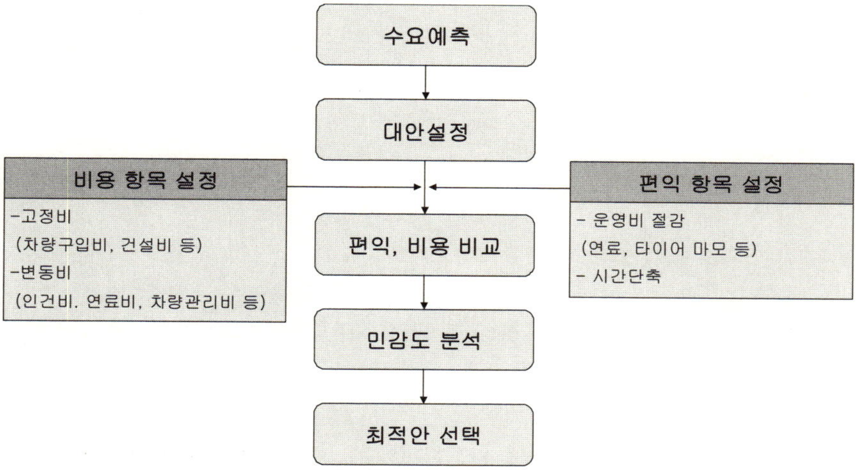

- 교통사업 평가에 가장 많이 적용되는 방법으로 소요된 비용과 사업 시행으로 인한 편익을 비교분석
- 비교방법으로 비용편익분석, 초기연도수익률, 순현재가치, 내부수익률 등을 사용

1.2 비용편익분석(B/C)

비용편익분석 (B/C)	편익으로 비용을 나누어 가장 큰 수치를 나타내는 대안을 선택하는 방법

- 장래에 발생될 비용과 편익을 현재가치로 환산하여 계산

$$B/C = \frac{\sum_{t=0}^{t} \frac{B_t}{(1+r)^t}}{\sum_{t=0}^{t} \frac{C_t}{(1+r)^t}}$$

B_t : t년도의 편익
C_t : t년도의 비용
r : 할인율(이자율)
t : 교통사업의 분석기간

Ex) 도로 개통 후 총 편익이 30억, 공사비가 10억이라면 편익비는?

B/C = 30/10 = 3

1.3 초기연도수익률(FYRR)

초기연도수익률 (FYRR)	사업시행으로 인한 수익이 나타나기 시작하는 해의 수익을 소요비용으로 나누는 방법

- 초기에 많은 비용이 소요되고 일정한 편익이 발생되는 경우에 적합

$$\text{FYRR} = \frac{\text{수익성이 발생하기 시작한 해의 편익}}{\text{사업에 소요된 비용}}$$

Ex) 도로 개통 첫해에 요금징수에 의한 수입이 총 6억원이라면 초기연도수익률은? (공사비 10억)

FYRR = 6/10 = 0.6

1.4 순현재가치(NPV)

순현재가치 (NPV)	현재 가치로 환산된 편익의 합에서 비용의 합을 제하여 편익을 구하는 방법

- 교통사업의 경제성 분석시 가장 보편적으로 사용되는 방법으로, 할인율을 적용하여 장래의 비용, 편익을 현재 가치화

$$NPV=\sum_{t=0}^{t}\frac{B_t}{(1+r)^t}-\sum_{t=0}^{t}\frac{C_t}{(1+r)^t}$$

1.5 내부수익률(IRR)

내부수익률 (IRR)	- 편익과 비용의 현재가치로 환산될 값이 같아지는 할인율을 구하는 방법 - 사업시행으로 인한 순현재가치를 '0'으로 만드는 할인율

- 내부수익률이 일반 할인율보다 크면 수익성이 존재

$$\sum_{t=0}^{t}\frac{B_t}{(1+r)^t}=\sum_{t=0}^{t}\frac{C_t}{(1+r)^t}$$

예제

다음과 같은 교통사업 시행시 발생되는 순현재 가치를 구하여라.

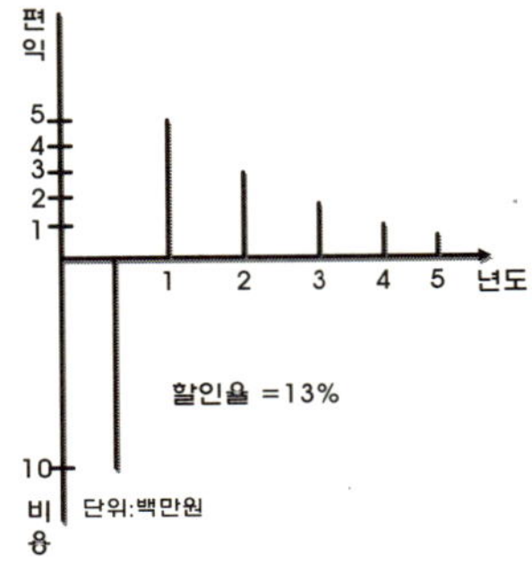

풀이

- 초기연도에 전체 비용 소요 10,000,000원
- 사업 시행 후 1~5년 사이에 발생되는 편익을 현재가치화하여 아래와 같이 계산

$$\frac{5}{1.13}+\frac{4}{(1.13)^2}+\frac{3}{(1.13)^3}+\frac{2}{(1.13)^4}+\frac{1}{(1.13)^5}=11.4$$

- 순현재 가치 NPV=(11.4−10.0) =1.4백만원

예제

내부수익률(IRR)을 구하시오.

[단위: 만원]

	초기	1년후	2년후	3년후
비용	1,000	–	–	–
편익	–	3,500	500	500

풀이

$$1,000 = \frac{3,500}{1+r}+\frac{500}{(1+r)^2}+\frac{500}{(1+r)^3}$$

$$1,000(1+r)^3 = 3,500(1+r)^2+500(1+r)+500$$

$$1+r=3.67 \longrightarrow r=2.67$$

이야깃거리

1. 돈을 빌리는 채무자의 입장에서는 단순이자(단리)와 복합이자(복리) 중 어느 것으로 빌리는 것이 더 유리한지 예를 들어 설명해 보자.

2. 이자 계산시 반드시 체크되어야 할 기본 사항에는 어떠한 것들이 있을까?

3. 현재에서 다음과 같이 투자할 때 미래가치는 얼마인지 계산해 보자.
   a. 500만원을 연 이율 10%의 단리로 10년 후의 가치는?
   b. 500만원을 연 이율 15%의 복리로 10년 후의 가치는?
   c. 1,000만원을 연 이율 10%의 복리로 10년 후의 가치는?
   d. 1,000만원을 연 이율 15%의 복리로 8년 후의 가치는?
   e. 1,000만원을 연 이율 15%의 복리로 5년 후의 가치는?

4. 현금흐름표의 기본적인 개념에 대하여 논해 보자.

5. 어느 개발사업 수행시 매년 12,000(만원)을 예금하고, 연말마다 복리로 연 15%의 이자수익을 얻을 수 있다고 가정할 때, 10년 후 사업시행자는 얼마를 받을 수 있는가?

6. 화폐의 시간가치가 의미하는 것은 무엇이며, 현재가치와 미래가치가 어떻게 다른지 논하여보자.

7. 재무분석이란 무엇인지 생각해 보자.

8. 재무제표 중 대차대조표란 무엇이며, 대차대조표를 구성하는 3가지의 항목을 구분하고 이에 대하여 논해 보자.

9. 재무제표의 대차대조표와 손익계산서의 차이점을 설명하고, 손익계산서에서 필요한 수익과 비용에 관하여 논해 보자.

10. 재무제표에서 현금흐름표란 무엇인가?

11. 재무비율의 종류를 구분하고 각각의 내용에 관하여 논해 보자.

12. 재무분석의 수익성 평가기법에는 어떠한 것들이 있는지 논해 보자.

13. 어느 회사의 재무분석 결과 수익은 상승하였는데 자산수익률(ROA)은 하락한 경우는 어떤 의미가 있는지 예를 들어 생각해 보자.

14. 재무분석의 수익성 평가기법 중 자기자본이익률(ROE)과 자산수익률(ROI)의 차이점은 무엇인가?

15. 레버리지 분석이란 무엇이며 영업, 재무, 결합레버리지는 어떠한 관계가 있는가?

16. 영업 레버리지 분석의 손익분기점 분석에서 손익분기점, 고정비, 변동비의 개념에 대하여 그래프를 그리면서 생각해 보자.

17. 자본분기점 분석의 세후순이익이란 무엇인가?

18. 경제성 분석의 기법 중 4가지 경제성 분석의 기법을 구분하고, 각 분석방법의 장 · 단점을 논해 보자.

제 4 부

SOC 민간투자사업

Ⅰ SOC 민간투자사업의 프로젝트 파이낸싱

Ⅱ SOC의 BTL사업

Ⅲ SOC 민간투자사업의 재무성분석

Ⅳ SOC 민간투자사업의 경제성분석

I SOC 민간투자사업의 프로젝트 파이낸싱

1. 민간투자사업의 재원은 어떤 방식으로 마련하나?

1.1 SOC 민간투자사업의 재원

첫째, 정부의 재정지원금
둘째, 사업주체에 의한 자기자본
셋째, 자본금과 차입금의 중간인 중간자본
넷째, 타인자본

재원종류		출자자	투자목적
정부지원금		정부(국민세금)	공공편익
자기자본 (Equity)	전략적 투자자 (Strategic investor)	-건설회사 -원자재공급자 -생산물/서비스구매자 -운영회사	-시공이윤 -기존사업확장 -신규사업진출 -판로확보
	재무적 투자자 (Financial investor)	-보험회사 -연기금 -공공단체 -PF투자회사(Fund 등)	배당수익 (Capital Gain)
중간자본 (Mezzanine Capital)		후순위채권 (Subordinated Loan)	출자금규모축소가능 재무위험증대
타인자본(Debt)		대출(Loan) 채권(Bond)	이자수익

1) 정부지원금

- SOC시설 자체가 공공의 편익을 위주로 건설되고 있으므로 국민의 세금에 의한 정부재원으로 민간투자사업의 일정부분을 보조해 줌

2) 자기자본(Equity Funding)

- 자기자본(Equity)은 출자자 혹은 투자자가 일정한 투자목적을 가지고 투자하는 자본을 의미
- 자기자본은 투자목적에 따라 전략적 투자자(Strategic Investor)와 재무적 투자자(Financial Investor)로 구분
- 전략적 투자자는 건설회사, 운영회사 등이 시공이윤이나 사업진출 등의 목적으로 자기자본을 출자하는 투자자를 의미

- 재무적 투자자는 연기금이나 공공단체에서 배당수익을 목적으로 출자하는 투자자를 의미
- 그 동안의 SOC 민간투자사업은 주로 건설회사에 의해 이루어져 왔으며 주로 해당사업의 시공이윤 사업에 목표를 두고 있음
- 이들 건설사들은 해당사업의 관리운영권을 매각하거나 자신들이 보유한 출자지분을 매각하여 투자비를 회수하는 방식을 택함
- 재무적 투자자는 사업의 전 기간에 걸친 수익성과 안정성을 판단하여 투자, 건설사와 달리 사업을 투자 상품으로 보고, 사업의 가치를 올릴 수 있는 방안을 다각도로 모색
- 정부의 입장에서 보면 SOC 사업을 추진함에 있어서 민간의 자금과 효율성을 도입할 수 있는 계기가 됨

3) 중간자본(Mezzanine Capital)

- 중간자본은 차입금(Debt)과 출자금(Equity) 사이에 있는 자본형태로서 혼성(Hybrid)자금을 의미
- 사업주가 사업에 필요한 차입금 조달이 힘들거나 공사비용이 기대했던 것보다 초과(Cost Overrun)될 때 쓸 수 있는 자본(Cash Deficiency Support)
- 중간자본은 사업주 입장에서 출자금의 규모를 줄일 수 있어 재무레버리지 효과를 올릴 수 있음
- 차입금보다 지원조건에 있어서 융통성이 큰 장점이 있음
- 하지만 중간자본은 계약구조가 복잡하고, 사업의 재무위험(Financial Risk)이 증가되는 단점도 안고 있음

4) 타인자본(Debt)

- 프로젝트에 소요되는 재원을 조달하는 방법으로 가장 큰 부분을 차지하는 것이 차입금(Debt)으로 대표되는 타인자본
- 인프라 사업이나 대규모 산업설비를 필요로 하는 사업의 경우 프로젝트 파이낸스(Project Finance)방식으로 자금을 조달하는 것이 일반적임
- 차입금 조달방법에는 일반적으로 대출(Loan)에 의해 이루어져 왔음
- 최근 자본시장의 다각화에 힘입어 채권(Bond)발행에 의한 방법이 확대되고 있는 상황임
- 프로젝트 파이낸스에 있어 현지금융기관, 외국상업금융기관, 수출신용기관(ECA), 국제개발금융기구(MLA), 인프라 펀드(Infrastructure Fund) 등이 주로 대출을 제공

1.2 프로젝트 회사

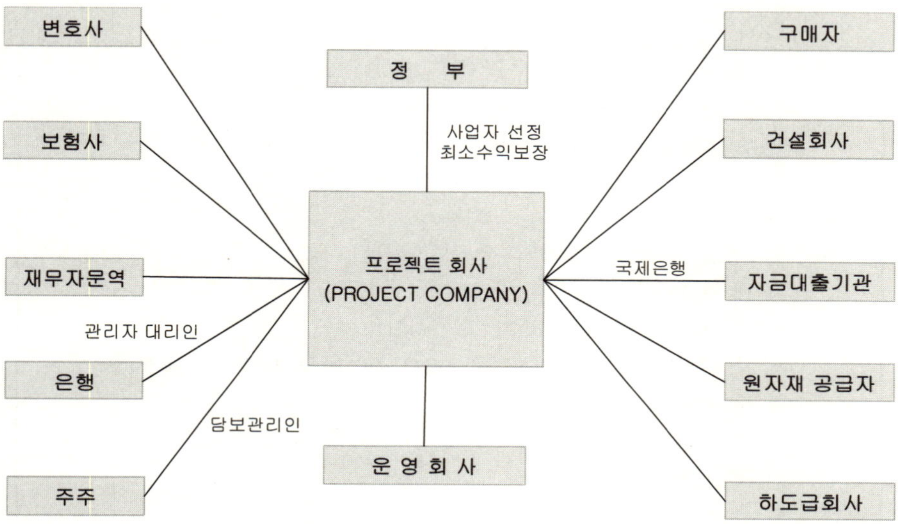

2. 재원조달

2.1 재원조달 방식의 국내 동향

1) 최근 국내 동향

- 건설공사가 완공된 SOC 민간투자사업의 출자자들은 운영권 및 보유자산 매각을 통하여 투자비를 회수하려고 함
- 주무관청은 시설의 질과 운영에 대한 책임성을 바탕으로 강한 거부감을 표시함
- 출자사의 대부분이 건설회사로 인해 발생함
  : 건설회사의 내부보유자금 부족 / 계속적인 유지시 모기업에 악영향

[결론] 건설회사의 특수성상 장기보유 불가

2) 건설중심의 출자회사 형태를 탈피

- 투자자 다변화를 통해 해결 가능함
  ex) 중장기 투자자산 운용기관 설립[연기금, 공제단체, 보험회사 등]
  채권발행 / 펀드 설립 등

2.2 자본조달방식

1) 자기자본으로 조달 가능한 재원

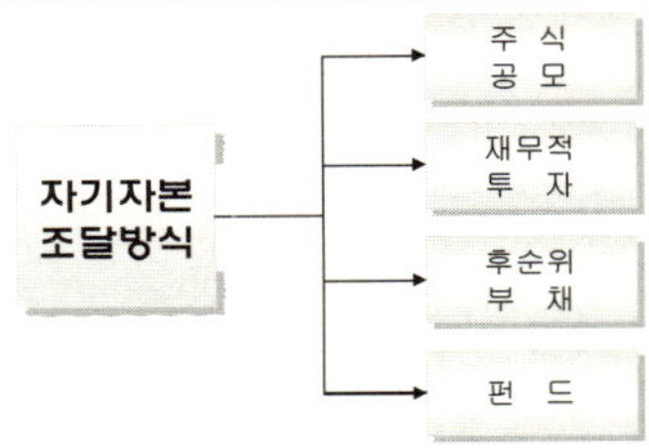

- 자기자본을 이용한 방식
  - 주식(Stock) 공모 및 증자 / 재무적 투자자
  - 후 순위 부채의 활용 / 펀드를 통한 재원조달
- 주식 공모 및 증자 : IPO -> Initial Public Offering
  - 주식시장에 등록, 상장시켜 일반투자자들을 통해 자본을 모으는 것
- 재무적 투자자(순수 투자자 : Financial Investor)
  - 전략적인 투자자(건설업체)가 아닌 순수한 재무적 목적으로 참여하는 방식
- 후순위 부채 활용
  - 일반대출금 등 선순위채권보다 사업의 자산 및 현금흐름에 대한 청구권 순위가 낮은 부채임
- 펀드를 통한 재원조달
  - 각 개별 투자자로부터 다양한 형태의 자금을 투자목적에 맞게 모집하는 방식

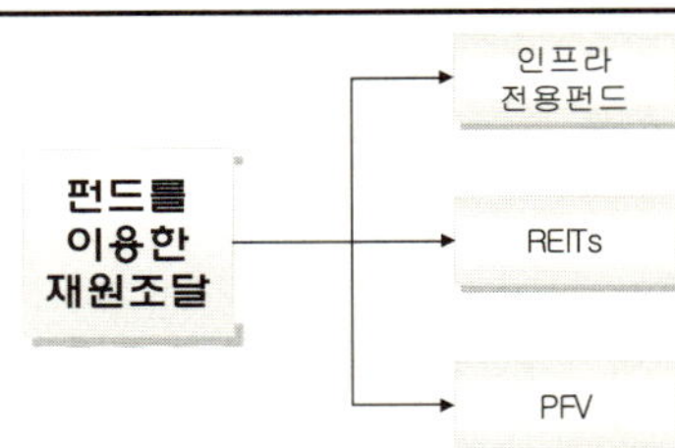

- 펀드를 이용한 재원조달
  - 인프라 전용펀드
  - REITs(Real Estate Investment Trusts)
  - 프로젝트 금융투자 회사
- 인프라 전용펀드(Infra Fund)
  - 민간투자법 제41조 규정에 근거 / 자산규모 (2,200억원) 이상의 경우 설립, 운용됨
- REITs(Real Estate Investment Trusts)
  - 다수의 투자자들로부터 자금을 모집, 부동산이나 부동산관련 증권에 투자하고 수익을 투자자들에게 배당하는 부동산 투자 신탁임
- 프로젝트 금융투자(Project Financing Vehicle : PFV)
  - 특수목적회사(SPC : Special Purpose Company)
  - SPC의 설립 및 운영과정에 나타날 수 있는 금융 및 세제상의 제약요인을 해소
  - 사업에 대한 신용부담으로 금융기관이 사업성 있는 프로젝트에 대한 소극적인 자금지원을 방지

2) 타인자본으로 조달 가능한 재원

- 타인자본을 이용한 방식
  - 차입방식 / 자산유동화
  - 채권(프로젝트 채권, 구조화 채권)
- 차입방식
  - 협조금융(Syndication)에 의한 은행 차입(Bank Loan)을 이용하는 방식
  (현재 SOC 민간투자사업의 투자재원의 주를 이루고 있음)

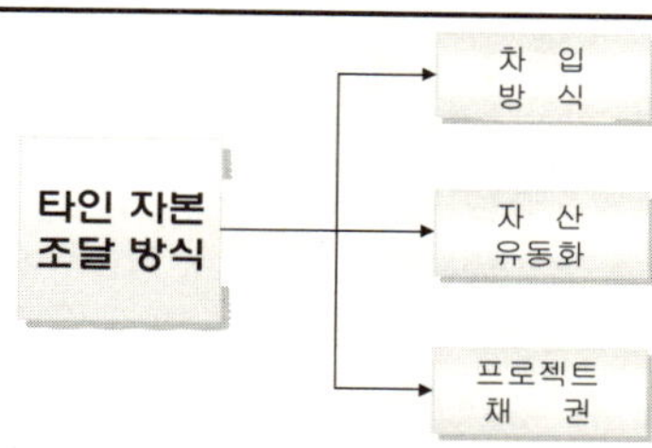

- 자산유동화(Asset Backed Securities : ABS)
  - 자산을 보유한 자가 보유자산을 현금화(대출채권)하는 방식

ex) 천안논산간 고속도로는 7천3백억 원을 산업은행이 사업자의 자산을 담보로 채권발행

- 채권
  - 정부, 공공단체, 주식회사 등이 일반인으로부터 비교적 거액의 자금을 일시에 조달하기 위하여 차용증서(유가증권)를 발행하는 방식

- 채권을 이용한 재원 조달 보충
  - 이자원금분리형 채권(STRIP)
  - 자산담보부 증권(Synthetic CDO)
  - 신용연계채권(Credit-Linked Note: CLN)
- 이자원금 분리형 채권(Separate Trading of Registered Interest\ and Principal of Securities)
  - 채권의 원금과 이자를 분리하는 경우 : IO(Interest Only)+ PO(Principal Only)

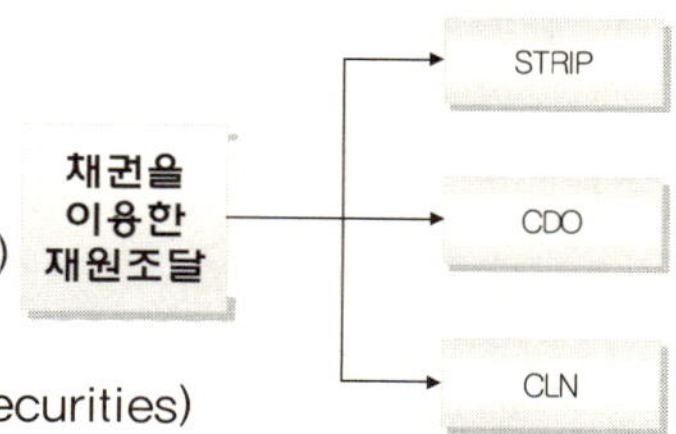

- 자산담보부 증권(Collateralized Debt Obligation)
  - 특수목적기구(SPV)에 이전하여 이를 담보로 발행하는 자산유동화증권을 말함
- 신용연계채권(Credit-Linked Note : CLN)
  - 신용등급 등과 같이 발행기업의 신용을 나타내는 지표의 변동에 연계하여 이자 지불액이나 상환액이 변동되는 신용상품

  ex) 고속도로 사업의 경우 도로이용률을 신용지표로 선정 가능함

3) 기관투자로 조달 가능한 재원

- 기관투자를 이용한 방식
  - 보험사 / 연기금 / 공제단체
- 보험회사(보험업법 19조, 보험업법 시행령 14조)
  - 보험회사는 유가증권의 취득 및 이용, 부동산의 취득 및 이용
  - 대출 및 어음의 할인 등 자산운용 비율 한도 내에서 운용이 가능함
- 연기금(예산회계법 7조)

- 특정한 목적을 위하여 특정한 자금을 운용할 필요가 있을 때에 기금 설치
- 세입과 세출 예산에 의하지 아니(예산제약 없음)하고 운용이 가능함

ex) 국민연금기금 / 공무원연금기금 / 사학연금기금 / 우체국보험기금

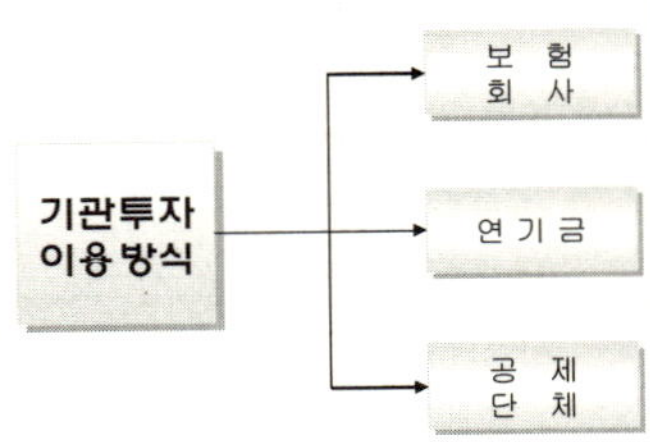

- 공제단체(법률에 의거하여 설립된 공제단체 5곳)
  - 공제단체 회원들이 자율적으로 불입한 예탁금을 주식, 채권, 부동산 투자 및 회원대여 등의 방법으로 운영하여 약정한 수익금(급여금)을 지급하는 방식

ex) 대한교원공제회 / 군인공제회 / 경찰공제회 / 대한소방공제회

3. 민간투자 재원조달의 문제점 및 개선방안

3.1 민간투자 재원조달 방식의 문제점

1) 건설업체 위주의 참여

- 시공 이윤에 목적을 두는 사업추진 문제
  : 사업비 절감 등 민간효율을 유도하지 못함
  : 시공을 통한 투자비 회수에 초점을 둠에 따라 기대
- 수익률 구조의 왜곡
  : PF(프로젝트 금융)의 경우 원칙적으로는 비소구 → 제한 소구

2) 출자여력 부족(출자자)

- 비교적 짧은 기간에 다수의 민간투자 사업이 추진됨
- 참여 건설사도 소수로 국한됨으로써 출자 자금 조달 한계에 직면함
- 시설 운영 준비보다는 사업권 매각에 초점

3) 투자기관들의 자산운용 제약요인 존재

구분	내용
은 행	-매월 말 기준으로 동일계열기업군에 대해 거액여신 (총 자본의 10%를 초과하는 여신) 총액이 자기자본의 5배를 초과할 수 없음 - SOC 대출시 금융기관 경영평가 등급 악화 가능성 상존 - 대기업이 주로 참여하기 때문에 SOC 대출은 동일인에 대한 대출한도 비율에 부정적 영향을 미치게 됨
보험사	- 보험업법에 따라 유가증권 취득 및 이용, 부동산 취득 및 이용, 대출 및 어음의 할인, 금융기관에의 예금 등으로 자산운용방법이 제한, 자산운용 비율에 대한 제한 - 자산운용 담당자 및 경영진의 SOC 사업에 대한 이해 및 경험 부족

4) 투자기관들의 자산운용 제약요인 존재

공제단체	- 전문가의 부족, 감사원, 국회 등의 시비 우려하여 보수적인 자산운용 - 소규모 프로젝트에 대한 직접 투자 및 대출 모색하고 있으나 자금회수기간을 짧게 할 경우 활발한 참여가 기대됨
해외자본	- 지분에 참여하는 재무적 투자자에 대해 건설회사가 가질 수 있는 시공 인센티브 같은 별도의 보장장치가 곤란 - IRR 18% 내외의 수익률 보장을 요구

3.2 민간투자 재원 단·중기 개선의 틀

- 국내의 민간투자 재원 개선 제약사항
  - 건설사 위주의 지분투자 구조를 일시에 재무적 투자자 중심으로 전환하기 어려움
  - 국내의 채권시장이 성숙되지 않은 상황에서 재원조달구조 일시에 전환 어려움
  - 현재 민간투자사업에 참여하고 있는 건설사와 금융기관, 엔지니어링 회사들 간의 이해관계 및 시각차이로 인해 협상의 어려움

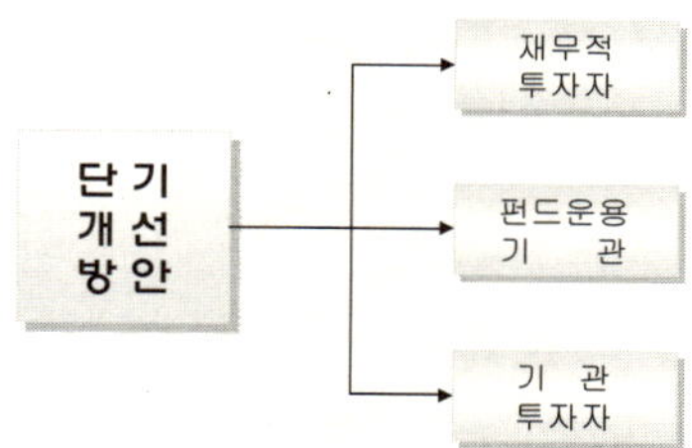

- 투자재원 다양화 방안 마련시 단기 및 중기로 구분하여야 할 필요성 대두
  - 단기개선 방안, 중장기 개선방안으로 구분함

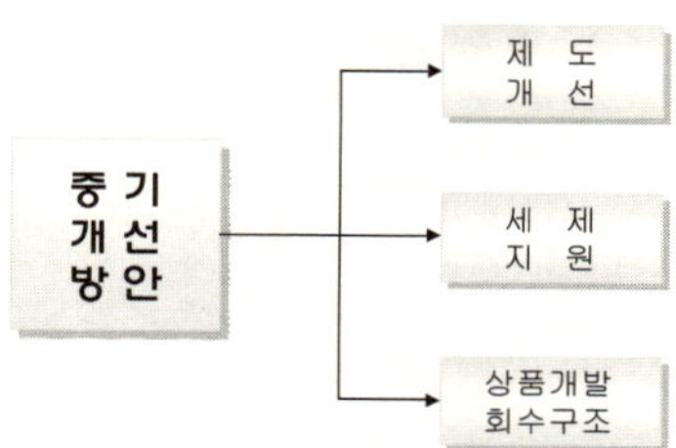

3.3 민간투자 재원조달 단·중기 개선방안

단기방안	⇔	중기방안
- 총 민간 투자비의 25% 이상의 자기자본 비율을 15% 내외로 낮춤 - 재무적 투자자의 특성에 맞는 검토 및 평가기준 설정 - 사업비 절감 경쟁 구조 유도 - 연기금 중심으로 하는 SOC 전용 펀드조성		- 투자자 다변화 및 재원 다양화를 촉진하는 제도 개선 - 채권시장 활성화 및 선진화, 다양한 채권 상품 개발 - 증권시장/채권시장 등을 통해 투자비를 조기에 회수할 수 있도록 다양한 회수구조(Exit Strategy) 만듦 - 선진금융기법 도입 및 활용

3.4 민간투자재원 개선방향

1) 재무적 투자자 참여방안

구분	내용
참여유도 방안	- 최소자기자본비율 요건 완화 - 사업계획서 검토 및 평가 방법 개선
기대효과	- 자본이득을 목적으로 하는 순수 투자자의 지분참여 촉진 - 후순위차입을 통한 재원조달 활성화로 선순위차입 등 재원조달에도 도움 - 민간투자사업을 금융투자자 및 CM회사 등이 주도하고 건설회사는 시공사로서 역할 분담 - 후순위차입을 활용할 경우 외국의 우량펀드 참여 기대

2) 펀드를 활용한 투자재원 다양화

구분	항목	내용
SOC 투자펀드	기본구조	- 다수의 투자자 모집하여 SOC 사업에 직접 출자 - SOC채권, ABS채권 등을 인수하여 그 수익을 투자자에게 배당 - 사모펀드, 공모펀드
	활용방안	- 충분한 사업성 - 제반 위험요소를 최소화 - 지분투자, 중간자본(Mezzanine Debt)투자병행, 투자자금 회수기간 단축
REITs 펀드	기본구조	- REITs가 펀드형태로 모집한 자금을 SOC민간 투자사업에 투자 - 정부가 최소운영 수입을 보장하는 등 비교적 안정적 현금흐름 확보가능
	활용방안	- 각종 세제혜택 등 부여되는 REITs를 SOC 민간 투자사업에 도입하면 투자자의 다변화 가능 - 재원조달의 경쟁체제 구축 - 사업시행자가 보유하고 있는 관리 운영권 투자가능

3) 증권화를 통한 투자재원 다양화

구분	내용
프로젝트 채권활용	- ABS 채권을 SOC 채권으로 인정하는 제도 개선 - 연기금, 보험사 등 장기성 자금과의 연계 도모함으로써 채권 투자 확대 유도 - SOC 채권의 소화범위를 확대할 수 있는 금융상품 개발
ABS 채권의 활용	- Fast-Pay 부분은 선순위, Slow-Pay 부분은 후순위채무로 구성하여 시간적 우선순위를 적용 - 민간 투자사업의 자산을 담보로 발행되는 ABS채권을 민간투자법상 SOC 채권과 같은 채권으로 인정 - ABS 발행을 통해 조달 시 조달비용 및 수익률 관계 고려
CDO 모델의 활용	- CDO(Collateralized Debt Obligations)란 채권담보부증권(CBO)과 대출담보부증권(CLO)을 통칭함 - 현재 존재하지 않은 미래의 발생 현금 흐름을 유동화하고 프로젝트 과정에서 발생하는 공사비 등 사업비 동시 확보 가능
고수익채권의 활용	- 시장 정기예금 금리보다 2~3% 이상 수익이 높은 상품 - 증권화 원리를 이용하여 SPC가 다양한 등급의 증권을 발행

4) 기관 투자자의 투자 재원활용

구분	내용
보험사	- 투자 리스크에 대한 전문성과 노하우가 충분 - 재무적, 비재무적 위험분석을 통해 고수익의 보장 수익률 획득 - 자산 운용 담당자에 대한 SOC사업 교육 및 홍보 활동 강화
연기금	- 자산 운용팀을 두어 SOC관련 전문가 채용하거나 성과금을 지불하는 방법 - 연기금을 활용하여 SOC 전용펀드 조성
공제단체	- 프로젝트 개발을 통한 참여방안 모색 - 경험이 부족하고 전문성도 낮기 때문에 이들에 대한 교육과 홍보 강화 필요

4. SOC 민간투자사업 PF사업의 과정

4.1 민간투자대상사업 결정과정

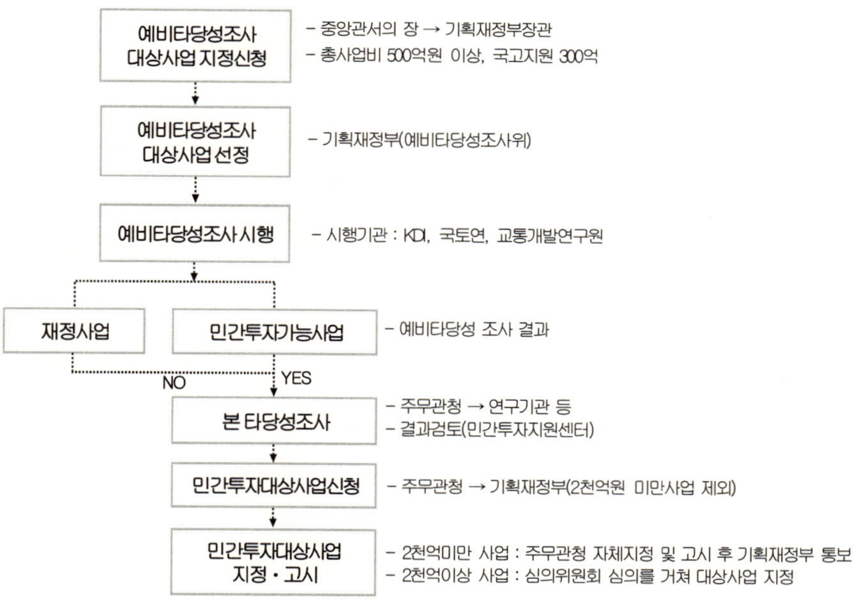

4.2 SOC 정부고시사업 추진절차

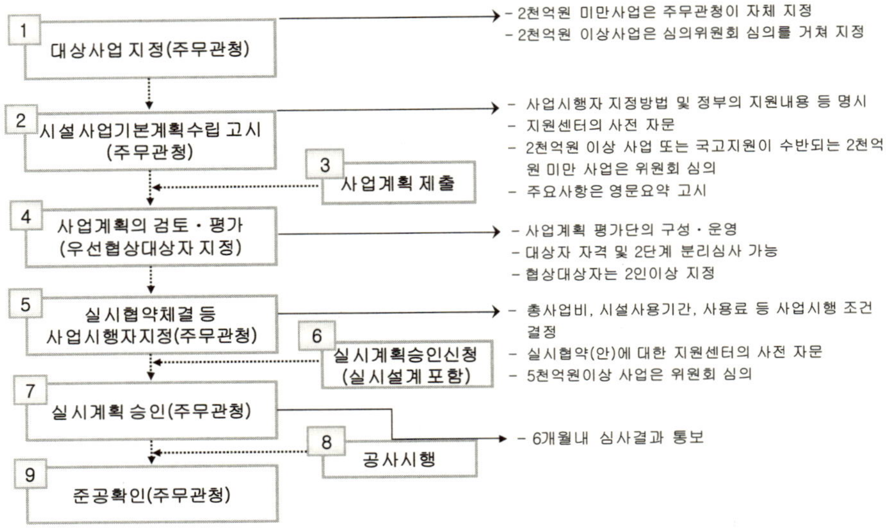

4.3 SOC 민간제안사업 추진절차

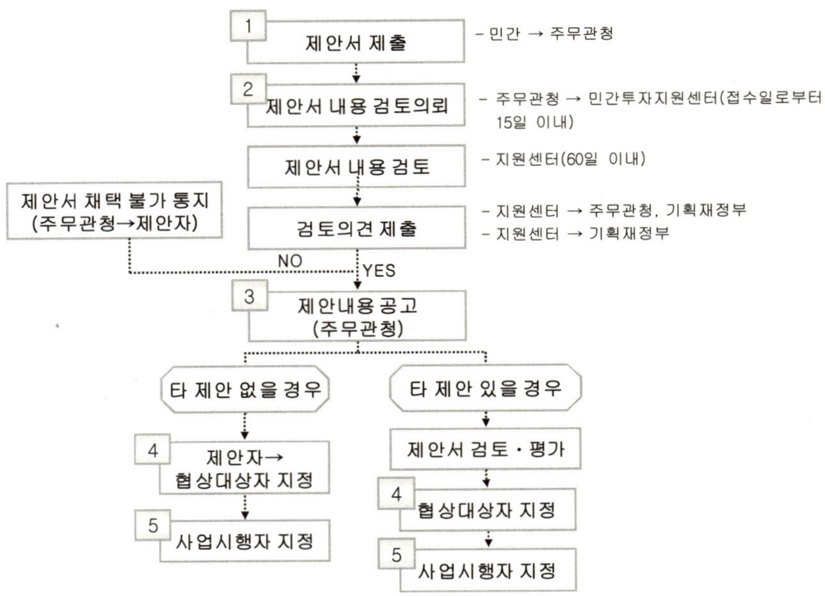

5. SOC 민간투자사업 PF사업의 사례

5.1 SOC 국내 대표 사례

사례명	사업시행 회사명	회사구성	운영 방식	투자 및 사업비
수도권 신공항 고속도로프로젝트	신공항고속도로 주식회사	삼성물산, 한진건설, 동아건설 등 (8개 건설회사)	BTO	총사업비:20,984억원 국고지원:3,584억원 민간사업:17,400억원
인천국제공항 열병합발전소 프로젝트	인천공항 에너지(주)	금호그룹, 한국공항공단, 현대중공업(3개 회사)	BTO	총사업비:2,070억원 자기자본:530억원 외부자금:1,540억원
대구~대동간 고속도로 민간투자사업	대구~대동간 고속도로주식회사	현대산업개발(주) (주)대우, 금호산업(주) 한국중공업(주)등 (4개 회사)	BTO	총사업비:25,214억원 자기자본:7,141억원 타인자본:18,073억원
광주 제2순환 고속도로프로젝트	광주 제2순환 고속도로주식회사	(주)대우, 한솔건설 등 (5개 회사)	BTO	총사업비:2,149억원 대출자금:1,350억원
인천국제공항 철도프로젝트	인천국제공항철도 (주)	현대건설, 대림산업, 포스코건설 등 (13개 회사)	BTO	총사업비:44,149억원 정부보조:8,461억원 민간조달:34,331억원 1단계운임수입:1,357억원

5.2 수도권 신공항 고속도로 프로젝트

- 사업내용
  - 총 연장(L) = 40.2km
  - 시점 및 종점 : 인천광역시 중구 운서동 ~ 경기도 고양시 강매동
  - 공사기간 : 1995년 11월 ~ 2000년 11월
- 운영방식
  - 30년간 투자비 및 적정 이윤 회수 후 사업권 및 관리운영권을 정부에 양도
  - 건설 · 양도 · 운영(Build-Transfer-Operate : BTO)방식
- 사업시행회사
  - 신공항고속도로 주식회사 : 삼성물산, 한진건설, 동아건설 등 8개 건설회사
- 재원조달 사항
  - 총 투자비(20,984억원) = 국가사업(3,584억원) + 민간사업(17,400억원)
  - 출자기관 : 한국산업은행 등 18개 금융기관 대주단

5.3 인천 국제공항 열병합 발전소 프로젝트

◎ 사업내용

- 인천국제공항 내 열병합발전소 건설
- 공항지역 및 배후지역 단지에 전기와 열 공급
- 공사기간 : 1997년 2월 ~ 2000년 10월

◎ 운영방식

- 건설 · 양도 · 운영(Build-Transfer-Operate : BTO)방식(운영기간 : 14년)

◎ 사업시행회사

- 인천공항 에너지(주) : 금호그룹, 한국공항공단, 현대중공업

◎ 총 사업비

- 총사업비(2,070억원) = 자기자본(530억원) + 외부자금조달(1,540억원)
- 자금조달 : 산업은행 프로젝트 파이낸싱 540억원,
  SOC채권 1,000억원 (공동주간사 : 산업은행, 삼성증권)

5.4 대구 ~ 대동간 고속도로 민간투자사업

◎ 사업내용

- 대구~대동간 고속국도 19호 건설공사

◎ 운영방식

- 건설 · 양도 · 운영(Build-Transfer-Operate : BTO)방식 (운영기간 : 30년)

◎ 사업시행회사

- 대구~대동간 고속도로 주식회사 : 현대산업개발, 대우, 금호산업, 한국중공업
  대림산업, 송촌 건설, 경동, 협성 종합 건업

◎ 총 사업비

- 총사업비(25,214억원) = 자기자본(7,141억원) + 타인자본(18,073억원)
- 자금조달 : 국고보조금, 회사채, 외화차입금, 원화차입금

5.5 인천국제공항 철도 프로젝트

◎ 사업내용
- 총 연장(L) = 61.0km / 복선전철건설사업
- 시점 및 종점 : 서울역~인천국제공항

◎ 운영방식
- 건설 · 양도 · 운영(Build-Transfer-Operate : BTO)방식(운영기간 : 30년)

◎ 사업시행회사
- 인천국제공항철도(주) : 현대건설, 대림산업, 포스코건설 등 13개사

◎ 총 사업비
- 총사업비(44,149억원) = 정부보조건설부담금(8,461억원)
+총민간조달액(34,331억원) + 1단계 운임수입(1,357억원)

5.6 신분당선 전철

항 목	내 용
주 무 관 청	- 건설교통부 도로정책과 민자도로팀
사 업 방 식	- BTO 방식
사 업 구 분	- 민간제안사업
사 업 위 치	- 서울시 강남구 신사동~경기도 성남시 분당구
사 업 규 모	- 총 연장 : L = 20.52km - 주박 및 회차시설 2개소(신사, 백궁) - 전체 9개 역사 운영
사업비 및 재원조달	- 최초제안자 보호를 위해 내용 미공개
공사기간 및 운영기간	- 공사기간 : 1단계(2004. 1 ~ 2008. 12) 2단계(2004. 1 ~ 2009. 12) - 운영기간 : 31년
수입보장 및 환수	- 2002년 기본계획 적용
사용료 및 수익률	- 최초제안자 보호를 위해 내용 미공개
검 토 기 간	- 2002년 10월 25일 ~ 2002년 11월 30일

Ⅱ SOC의 BTL사업

1. BTL이란?

B 사업자가 자금을 투입하여 SOC를 건설[Build]

T 준공시점에서 소유권을 정부에 귀속[Transfer]하고, 관리운영권을 획득

L 민간은 정부에 시설을 임대[Lease]하고, 정부는 임대료를 사업자에게 지급하여 투자비를 회수

2. BTO/BTL 방식 비교

구 분	BTO [Build-Transfer-Operate]	BTL [Build-Transfer-Lease]
대상시설	■ 최종사용자에 사용료 부과로 투자비 회수가 가능한 시설 [독립채산형]	■ 최종수요자에게 사용료 부과로 투자비 회수가 어려운 시설 [서비스 구매형]
투자비 회수	■ 최종이용자의 사용료	■ 정부의 시설임대료
사업 리스크	■ 민간이 수요위험 부담 - 수익률 변동 위험	■ 민간의 수요위험 배제 - 수익률 사전 확정

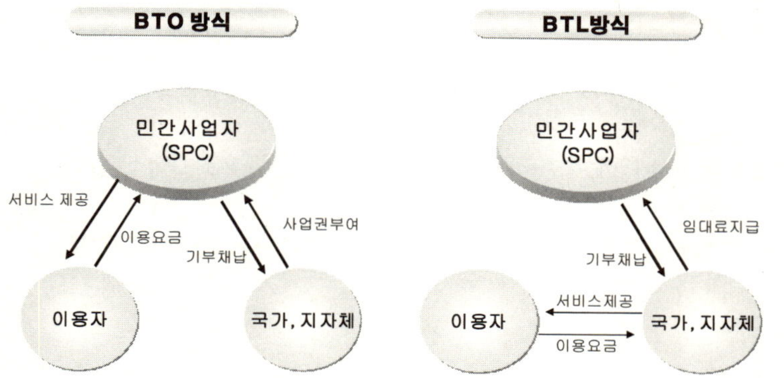

3. BTL 대상시설

아동시설	학교시설	예술문화시설	노인시설
아동보육시설 보육정보센터	초중등학교 대학기숙사 공공도서관	임대주택 도서관·박물관 문예회관	노인의료시설 노인복지시설

4. BTL사업의 효과

- 목표공기 준수로 사업편익 초기에 확보 가능
- 재정사업에서 발생하는 총사업비 증액의 관행을 차단 가능
- 시설물 품질의 안정성제고하면서 유지보수비용 절감
- 연관시설 복합화와 부대사업개발 등을 통한 시설이용률 제고

4.1 고객에 대한 서비스 질 제고

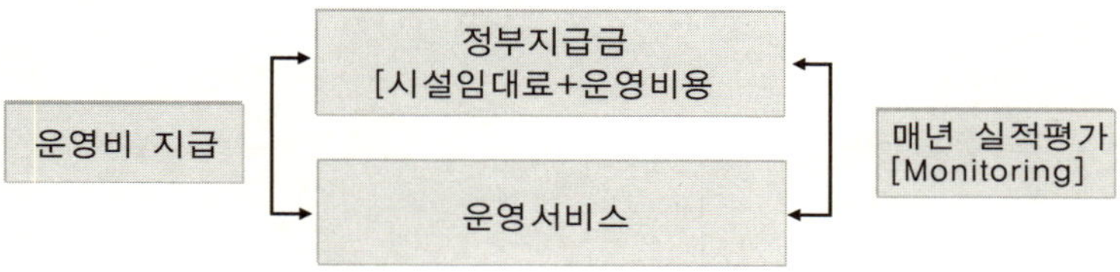

4.2 재정운영의 효율성 제고

- 매년도 예산사정과 관계 없이 중장기 관점에서 일관성 있는 투자 가능
- 경직적인 예산 일정에서 벗어나 탄력적인 투자규모와 투자시기 조절 가능
- 시설투자 원리금을 장기간 분산함으로써 시설이용 세대간의 균형된 부담 가능

5. 안정적 수익성이 보장되는 민간자금 투자처 제공

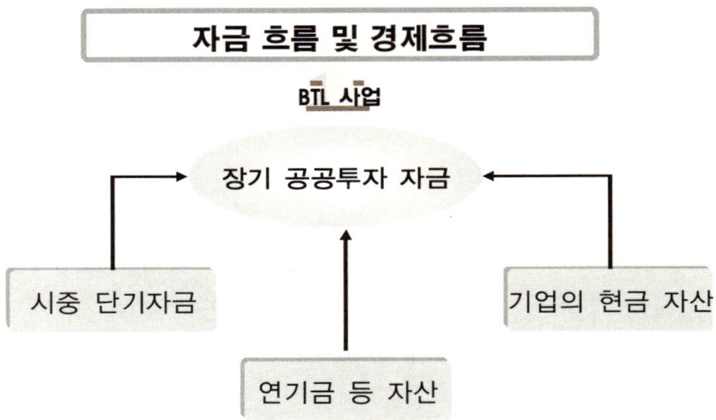

6. BTL사업방식과 절차

6.1 관련법에 의한 선정기준

- 민투법 제2조에 정의된 민간투자대상시설[44개]
- 정부재정으로 건설되는 국·공립시설
- 정부고시사업[민간제안사업 불허]

6.2 경제적·재무적 적합성

- 공공성이 강한 시설
- 민간의 창의·효율을 통한 사업편익 증진 사업
- 사업비용을 줄일 수 있는 시설
- 사용료 부과만으로 투자비회수가 구조적으로 어려운 사업
- 선투자의 필요성이 높은 시설
- 관계법령에 근거해 수립된 중장기 투자계획에 반영된 시설
- 독립적인 사업관리와 회계처리가 가능한 시설

6.3 개별사업법상 사업시행관청

국가고유사업 → 중앙행정부처

지방고유사업
국가보조사업 → 중앙행정부처

6.4 SPC를 통한 BTL사업구조

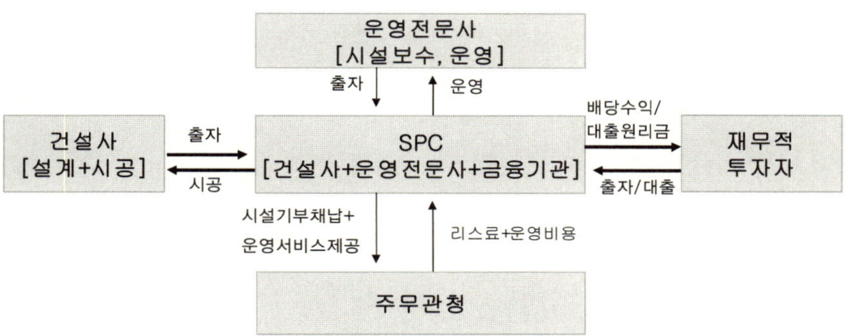

6.5 투자비와 운영비 지급 방식

시설투자비

정부가 임대료 형태로 매년 지급
- 적정수익률[국채금리+α]을 반영해 임대료 수준 결정
- α 는 장기투자 프리미엄 + 건설 · 운영위험 프리미엄

※ 매년 임대료는 시설투자비의 1/10~1/15수준

운영비

정부가 별도로 사전 약정하여 매년 지급
- 운영서비스 실적과 연계

7. BTL 사례

7.1 전라선 BTL사업

1) 사업개요

- 사업명 : 전라선 익산 ~ 신리간 복선전철
- 사업구간 : 전북 익산 대장촌리 ~ 전북 완주군 상관면 하신리간
- 연 장 : 34.1Km [복선전철 건설]
- 사업비 : 6,172억원 [총 민간사업비]
- 정거장 : 7개 정거장 [신설 5개, 보수 2개]
- 공사기간 : 2008.01 ~ 2012.06 [54개월]
- 운영기간 : 2012.07 ~ 2031.06 [20년간]

2) 컨소시엄 참여자

주 간 사	건 설 사	재무적 출자사
경남기업	7개사	신한은행 외 2개 기관
남광토건	3개사	기업은행
대림산업	8개사	산업은행 외 4개 기관
롯데건설	6개사	우리은행 외 6개 기관
삼성물산	11개사	국민은행 외 7개 기관
한신공영	8개사	미래에셋증권

7.2 충주 공군아파트

1) 사업개요

- 위　치 : 충주시 가금면 공군기지내
- 부지면적 : 9,015평 [29,800㎡]
- 건축연면적 : 5,800평 [19,098 ㎡]
- 총 사업비 : 186억원 [VAT 별도]
- 주요시설 : 저층 APT 200세대 [26평 100세대, 30평형 100세대], 부속시설
- 배점기준 : 설계 400, 가격 [정부지급금] 440, 운영 100, 공익성 60

2) 문제점

- SPC 대행 실행보다 낮은 사업비 책정 : 민간의 창의와 효율이 적용될 수 없음
- 군인아파트 사업비보다 낮은 금액으로 민간아파트 수준의 성과요구
- 운영지침 미비 : 운영기간 20년 동안 보수 / 교체시기 / 관리지침이 없음
- 감리비, 설계비, SPC운영비, 금융부대비용 누락
  : BTL 최초사업으로 준비가 미비한 상태에서 고시
- 사업제안자의 개발비 부담 과다
  : 다양한 주체의 참여 제한 요소
- BTL 사업에 적합한 국내 운영사 미비
  : 출자자로 참여 가능한 운영사 [운영기간 동안 RISK 부담가능 업체] 없음

3) 개선 방향

- 사업비 현실화
  : 정상적 요소 계량화, 민간의 창의와 효율에 대한 가치 인정
- 국내 운영사 적극적 육성 필요
- 20년 운영기간 동안 지침 완비
- 사업개발비 부담을 완화하기 위해 기본설계 완료 후 공고
  : 사업제안자는 대안설계

Ⅲ SOC 민간투자사업의 재무성분석

1. SOC 재무적 타당성 평가의 기초

1.1 SOC 재무성분석의 범위

- 경제성분석의 결과가 타당성이 있는 것으로 판정된 사업에 대하여 실시함
- 사업의 민간자본투자의 타당성에 대한 사전적인 평가의 지침으로 투자자(사업시행자)의 수익성을 평가하여 민간자본투자 가능을 판단함
  - 사회적인 편익이나 비용 등의 외부효과를 고려하지 아니함
- 민간사업자의 관점에서 운영비용 및 수입을 고려하여 분석함

1.2 경제성분석과 재무성분석의 비교

구분	경제성분석	재무성분석
평가의 관점	국민 경제적 입장	개별 사업주체의 입장
측정가격	잠재가격	시장가격
세금, 이자비용 등 이전비용	제외	포함
적용 할인율	사회적 할인율	시장이자율(재무적 할인율)

1.3 경제성분석과 재무성분석의 입력자료

구분	경제성분석	재무성분석
편익	- 운행비 절감편익 - 사고비용 절감편익 - 시간비용 절감편익	- 사용료 수입
비용	- 공사비 - 운영 및 유지보수비	- 일반적인 의미의 비용
할인율	- 사회적 할인율(6.5%)	- 시장이자율(재무적 할인율)

1.4 재무성분석의 절차

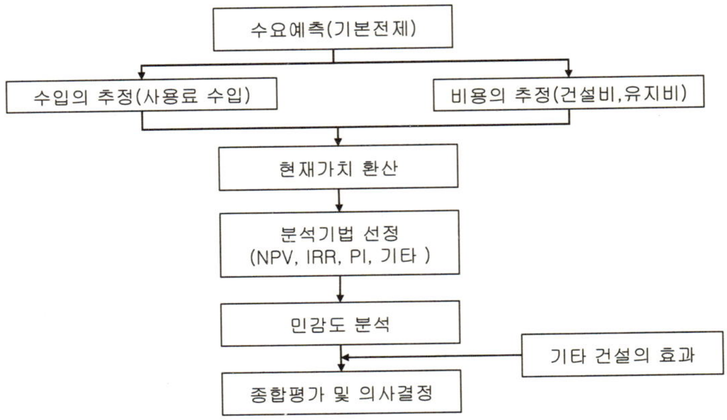

2. 기본전제

2.1 SOC사업의 투자방식

- 공공투자사업을 민간자본으로 추진할 때 대표적인 방식으로 BOT (Build-Operate-Transfer), BTO(Build-Transfer-Operate), BOO(Build-Own-Operate) 등이 있음
- 투자방식은 자금조달 방식에 따라 여러 가지 방법이 있음

구분	내용
BTO방식 (Build-Transfer-Operate)	- 사회간접자본시설의 준공과 동시에 당해 시설의 소유권이 정부 또는 지방자치단체에 귀속되며 사업시행자에게 일정기간의 시설 관리운영권을 인정
BOT방식 (Build-Own-Transfer)	- 사회간접자본시설의 준공 후 일정기간 동안 사업시행자에게 당해 시설의 소유권이 인정되며 그 기간의 만료시 시설소유권이 국가 또는 지방자치단체에 귀속
BOO방식 (Build-Own-Operate)	- 사회간접자본시설의 준공과 동시에 사업시행자에게 당해 시설의 소유권/운영권을 인정하도록 함
BTL방식 (Build-Transfer-Lease)	- 사업시행자가 사회간접자본시설을 준공한 후 시설물을 정부 또는 지방자치단체에 이전 - 약정 임대기간 동안 정부에 임대하여 투자비를 회수함

구분	내용
BLT방식 (Build- Lease-Transfer)	- 사업시행자가 사회간접자본시설을 준공한 후 일정 기간 동안 운영권을 정부에 임대하여 투자비를 회수함 - 약정 임대기간 종료 후 시설물을 정부 또는 지방자치단체에 이전
ROT방식 (Rehabilitate- Operate-Transfer)	- 정부 또는 지방자치단체소유의 기존시설을 정비한 사업시행자에게 일정기간 동안 정비한 시설에 대한 소유권과 운영권이 인정됨 - 기간 만료시 시설의 소유권 · 운영권이 정부 또는 지방자치단체에 귀속
ROO방식 (Rehabilitate- Own-Operate)	- 기존시설을 정비한 사업시행자에게 당해 시설의 소유권과 운영권을 인정
BOOT방식 (Build-Own- Operate- Transfer)	- 시설 완공 후 소유권이 사업주에 귀속되어 일정기간 운영 후 정부에 소유권을 양도하는 방식 - 기법상 BOT와 차이가 없으나 사업주에 의한 시설의 소유를 강조하기 위해 구분
BT방식 (Build-Transfer)	- 사업시행자가 재원을 조달하여 시설물을 건설한 후 정부 또는 관련 기관에 소유권을 이전 - 소유권 이전 시 정부 또는 관련기관으로부터 투자비와 적정수익을 받게 됨. 이 방식은 전략적인 이유로 시설 운영을 관련 기관 또는 정부가 하여야 하는 경우 많음
CAO방식(Contact- Add-Operate)	- 정부 소유의 기존시설에 사업시행자가 시설을 추가하여 건설하고, 일정기간 동안 관리 운영권을 가짐
BBO방식(Buy- Build Operate)	- 기존의 시설물을 정부로부터 구매하여 민간이 보수, 확장공사를 한 후 정부의 규제하에 운영
DBFO방식 (Design-Build- Financing and Operate)	- 민간사업자가 프로젝트의 설계, 시공, 금융, 운영을 전담하는 방식으로, 주로 민관합작 사업을 대상으로 함
DOT방식 (Develop- Operate-Transfer)	- 사업시행자가 연관사업을 개발하여 그 소유권을 정부에 이전하는 방식
LBO방식 (Lease- Build-Operate)	- 기존의 정부소유 시설물을 리스하여 민간이 보수확장 공사를 한 후 운영하며, 소유권은 정부가 계속 보유

3. 수익성분석표

- 일정기간 동안 기업의 경영성과 및 손익 발생과정에 대한 정보를 제공함
- 수익성분석표 : 재무적 할인율을 이용하여 사업의 재무적 타당성을 평가하며 아래와 같은 지수를 추정
  - 수익성지수(PI: Profitability Index)(KDI에서 활용되는 지수)
  - 재무적 순현재가치(FNPV: Financial Net Present Value)
  - 재무적 내부수익률(FIRR: Financial Internal Rate if Return)

3.1 수익성 지수

- 수익성 분석시 수입과 비용이 투입되어 산출함
  - 수입 : 운임수입, 운임 외 수입
  - 비용 : 경제성분석 비용항목 이용
- 투자비는 투자시점에서 계산하며, 지급이자 및 감가상각비는 포함하지 않음
  - 운임 외 수입이 전혀 발생하지 않는 국도사업의 경우 간략한 수익성 분석만 시행함

$$\text{수익성지수}(PI) = \sum_{t=0}^{n} \frac{R_t}{(1+r)^t} / \sum_{t=0}^{n} \frac{C_t}{(1+r)^t}$$

Rt : 매년도의 수입, Ct : 매년도의 비용
r : 재무적 할인율(이자율), n : 분석기간

3.2 재무적 순현재 가치

- 수입과 비용의 차이를 분석함
  - 수입 : 운임수입, 운임 외 수입
  - 비용 : 경제성분석 비용항목 이용
- 재무적 실질할인율의 경우 시장할인율을 적용함

$$\text{재무적순현재가치} = \sum_{t=0}^{n} \frac{R_t}{(1+r)^t} - \sum_{t=0}^{n} \frac{C_t}{(1+r)^t}$$

Rt : 매년도의 수입, Ct : 매년도의 비용
r : 재무적 할인율(이자율), n : 분석기간

3.3 재무적 내부수익률

- 수입과 비용의 현재가치가 같아지는 할인율을 분석
  - 수입 : 운임수입, 운임 외 수입
  - 비용 : 경제성분석 비용항목 이용
- 산출된 할인율의 비교시 사회적 할인율과 비교하여 판단

$$재무적\ 내부수익률 = \sum_{t=0}^{n} \frac{R_t}{(1+i)^t} = \sum_{t=0}^{n} \frac{C_t}{(1+i)^t}$$

Rt : 매년도의 수입, Ct : 매년도의 비용
i : 재무적 할인율(이자율), n : 분석기간

4. 손익계산서 · 현금흐름표 · 대차대조표

4.1 손익계산서

- 일정기간동안 기업의 경영성과에 대한 정보를 제공하는 재무보고서임
  - 매년도의 당기순이익 혹은 당기순손실의 크기를 통하여 법인세를 추정하기 위함
- 투자비는 분석기간 동안에 적정 배분하여 감가상각비로서 포함
- 순자산의 증가 및 감소한 정도와 그 내역에 대한 정보를 제공함
- 원가와 비용을 동일한 기간 중에 발생한 매출에 대응시켜, 해당 매출로 실제 이익이나 손실의 정보를 제공함
- 정부의 보조금 지급여부를 대안으로 설정하여 손익계산서 작성
- 정부 보조금을 가정하더라도 당기순이익이 발생하지 않을 경우 사업의 재무성은 없음

4.2 현금흐름표

- 일정기간동안 기업의 현금유입과 유출에 대한 정보를 제공하는 재무보고서임
- 기업의 현금지급능력, 재무적 탄력성, 수익성 및 위험 등을 평가하는 데 유용한 자료가 됨
  - 분석을 통하여 현금의 과소 과대를 판단하여 처리방안을 결정
  - 차입금이 최대가 되는 연도 및 차입금 완전 상환 시기 추정
- 미래 현금의 현재가치를 비교하고 기업가치를 평가하는 데 필요한 기초자료를 제공함

- 감가상각비의 경우 현금 유출을 수반하지 않으므로 미포함
- 현금이 부족한 경우가 발생하면 사업의 재무성은 없음

4.3 대차대조표

- 일정시점에 기업이 보유하고 있는 재산상태 및 자산, 부채 그리고 자본에 대한 정보, 즉 자본이 어떻게 조달되었는지의 정보를 제공하는 재무보고서임
- 불확실성이나 비용 대 효용의 고려 등으로 인해 모든 자산과 부채는 나타내지 않을 수 있음
- 정보이용자들이 기업실체의 유동성, 재무적 탄력성, 수익성과 위험 등을 평가하는 데 유용한 정보를 제공해야 함
- 대차대조표만으로 기업의 가치를 직접 평가하기는 어렵지만 기업의 가치평가에 유용한 정보를 제공할 수 있음

5. 재무성분석 순서

5.1 전체적인 순서

Step : 1
- 재무성 분석시트에는 수익성 분석표, 현금흐름표, 손익계산서 및 대차대조표가 포함되어 있음
- 수익성 분석표를 기본으로 하여 3개의 시트는 자동으로 계산되도록 구성됨

Step : 2
- 수익성 분석표의 값들에 물가 상승률을 고려하여 현금흐름표와 손익계산서에 필요한 수입과 지출 및 정부 보조금 항목을 입력함

Step : 3
- 현금흐름표에서 이자수입과 누적 차입금에 대한 이자비용을 구함

Step : 4

Step : 5
- 법인세는 경상가격이므로 물가 상승률로 할인하여 불변가격으로 바꾸어 수익성 분석표의 법인세로 이용함

Step : 6
- 수익성지수(PI), 순현재가치(FNPV), 내부수익률(FIRR), 회수기간(PB), 할인된 회수기간(Discount PB)을 구함

Step : 7
- 대차대조표는 건설비 및 건설이자를 누적하여 운영권을 구함

Step : 8
- 각 분석표의 금액단위는 억원으로 통일함

5.2 수익성 분석표 작성방법

Step : 1

- NPV 분석을 위해 수입과 비용 항목에 값을 입력함

Step : 2

- 목표부채비율(=부채/자기자본)은 현재 200%로 되어 있으나 합리적인 사유가 있을 경우 자본구조에 따라 변경할 수 있음

Step : 3

- 국고보조금의 비율을 결정하고 공사기간의 해당연도에 국고보조금이 계산되도록 함

Step : 4

- 수입항목의 설정(운영수입, 부대수입 등)

Step : 5

- 비용항목의 설정(유지보수비+판매비와 일반관리비)

Step : 6

- Step1~5에 따라 PI, FNPV 및 FIRR을 산출

〈참조-표 3〉 수익성 분석표

연 도		수입					비용					현가계
		보조금	운영수입	기타수입	합계		건설비	운영비	법인세*	합계		
					할인전	할인후				할인전	할인후	
2005	공사1차											
2006	2차											
2007	3차											
2008	4차											
2009	5차											
2010	6차											
2011	7차											
2012	운영1차											
2013	2차											
2014	3차											
2015	4차											
2016	5차											
2017	6차											
⁝	⁝											
2038	27차											
2039	28차											
2040	29차											
2041	30차											
합 계												

5.3 손익계산서 작성방법

Step : 1

- 매출액, 매출원가 중 유지보수비, 판매비와 일반관리비는 수익성 분석표에 해당 항목을 물가 상승률로 할증한 것을 사용

Step : 2

- 감가상각비를 산출

Step : 3

- 이자수입 및 지급이자는 현금흐름표의 해당 값과 동일

Step : 4

- 지급이자 입력함(현금흐름표에서 얻은 이자지급액과 동일함)

Step : 5

- 법인세 산정(2005년부터 시행된 법인세율을 적용)
- 1억 이하는 13%, 1억 초과에 대해서는 25%를 적용

<참조-표 4> 추정 손익계산서

구 분	운 영 기 간										합계
	2012	2013	2014	2015	2016	·····	2038	2039	2040	2041	
	1차	2차	3차	4차	5차	·····	27차	28차	29차	30차	
매 출 액(A=B+C)											
운영수입(B)											
기타수입(C)											
매출원가(D=E+F)											
운영권상각비(E)											
유지보수비(F)											
매출총이익(H=A-D)											
판매비와 일반관리비(I)											
영업이익(J=H-I)											
이자수입(K)											
지급이자(L)											
경상이익(M=J+K-L)											
법인세(N)											
당기순이익(O=M-N)											

5.4 대차대조표 작성방법

Step : 1

- 현금은 현금흐름표상의 기말현금과 동일하게 적용

Step : 2

- 건설중인 자산은 공사기간 동안 투자비와 건설이자 누적액의 합계액에서 국고보조금을 차감한 금액으로, 건설이 완료되면 운영권 계정으로 대체

Step : 3

- 차입금은 자금투입순서에 따라 전체 건설비 중 자기자본, 국고보조금을 차감 한 후의 타인자본 조달 금액

Step : 4

- 자본금은 현금흐름표의 재무활동으로 인한 현금흐름 중 '자본금의 증가'항목의 누적액으로 계산

Step : 5

- 잉여금은 손익계산서에서 산출된 당기순이익을 누적하여 계산

Step : 6

- 당기순이익(손실)은 손익계산서 상의 금액을 적용

〈참조-표 5〉 추정 대차대조표

구 분	공 사 기 간					운 영 기 간				
	2005	2006	·····	2010	2011	2012	2013	·····	2040	2041
	1차	2차	·····	6차	7차	1차	2차	·····	29차	30차
자산										
현금										
건설중인자산										
유형자산										
운영권										
부채										
차입금										
자본										
자본금										
잉여금/결손금										
(당기순이익)										
부채와자본 총계										

5.5 현금흐름표 작성방법

Step : 1

- 운영수입과 기타수입을 물가 상승률로 할증하여 산정

Step : 2

- 이자수입은 잉여자금에 대한 이자수익으로 수취이자율을 적용하여 계산

Step : 3

- 유지보수비는 수익성 분석표에 있는 운영비 중 유지보수비를 물가상승률로 할증하여 산정

Step : 4

- 차입금에 대한 이자를 계산
- 민간투자사업 부채평균이율은 연 7~8%임

Step : 5

- 법인세와 법인세차감표(tax shield)는 손익계산서 상의 법인세 금액을 적용

Step : 6

- 투자비는 건설비를 물가 상승률로 할증한 값을 적용

Step : 7

- 자본금과 정부보조금은 물가상승률로 할증하여 경상가격으로 산정
- 투자비용은 자기자본, 정부보조금, 차입금 순으로 충당하는 것을 가정으로 함

<참조-표 6> 추정 현금흐름표

구 분	공 사 기 간					운 영 기 간				
	2005	2006	……	2010	2011	2012	2013	……	2040	2041
	1차	2차	……	6차	7차	1차	2차	……	29차	30차
영업활동으로 인한 현금흐름										
현금유입										
운영수입										
기타수입										
이자수입										
현금유출										
매출원가(유지보수비등)										
판매비와 일반관리비										
지급이자										
법인세 등										
투자활동으로 인한 현금흐름										
현금유입										
현금유출										
투자비										
건설이자										
재무활동으로 인한 현금흐름										
현금유입										
자본금 증가										
차입금 증가										
국고보조금 증가										
현금유출										
차입금 상환										
배당금 지급										
현금의 증가										
기초의 현금										
기말의 현금										

6. 재무성분석의 예

6.1 천안 ~ 오창간 고속화도로 건설사업

물가상승률	3.50%
실질재무적할인율	6.00%
지급이자율	6.00%
수취이자율	3.00%
판매비와 일반관리비율	2.00%
법인세율	
– [과세표준금액 1억 원 이하 13%, 주민세 포함]	14.30%
– [과세표준금액 1억 원 초과 25%, 주민세 포함]	27.50%

6.2 수익성 분석표

연 도		수 입					비 용					현가계 (수입-비용)
		보조금	운영수입	기타수입	합 계		건설비	운영비	법인세	합 계		
					할인전	할인후				할인전	할인후	
공사 1차	2006	0	0	0	0	0	22	0	0	22	18	-18
2차	2007	0	0	0	0	0	22	0	0	22	17	-17
3차	2008	0	0	0	0	0	43	0	0	43	32	-32
4차	2009	0	0	0	0	0	43	0	0	43	30	-30
5차	2010	0	0	0	0	0	193	0	0	193	128	-128
6차	2011	0	0	0	0	0	577	0	0	577	362	-362
7차	2012	933	0	0	933	552	962	0	0	962	569	-17
8차	2013	260	0	0	260	145	1,347	0	0	1,347	752	-607
9차	2014	0	0	0	0	0	770	0	0	770	405	-405
운영 1차	2015	0	109	0	109	54	0	16	0	16	8	46
2차	2016	0	122	0	122	57	0	18	0	18	9	49
3차	2017	0	137	0	137	60	0	22	0	22	10	51
4차	2018	0	153	0	153	64	0	25	0	25	10	53
5차	2019	0	172	0	172	68	0	30	0	30	12	56
6차	2020	0	192	0	192	71	0	35	0	35	13	58
7차	2021	0	216	0	216	76	0	41	0	41	14	61
8차	2022	0	242	0	242	80	0	47	0	47	16	64
9차	2023	0	250	0	250	78	0	54	0	54	17	61
10차	2024	0	258	0	258	76	0	60	0	60	18	58
11차	2025	0	267	0	267	74	0	68	7	75	21	53
12차	2026	0	276	0	276	72	0	75	16	91	24	48
13차	2027	0	285	0	285	70	0	84	20	104	26	45
14차	2028	0	294	0	294	69	0	94	23	117	27	41
15차	2029	0	304	0	304	67	0	104	26	130	29	38
16차	2030	0	315	0	315	65	0	113	30	143	30	35
17차	2031	0	325	0	325	64	0	125	33	157	31	33
18차	2032	0	336	0	336	62	0	136	35	170	31	31
19차	2033	0	347	0	347	60	0	147	37	184	32	28
20차	2034	0	359	0	359	59	0	160	38	198	33	26
합 계		1,193	4,956	0	6,150	2,043	3.977	1,454	264	5,695	2,723	-680

통행료 수입인데 각 연도별로 추정된 통행수단별 교통량 x 구간길이 x 통행수단별 km당 요금

광고시설, 편의시설의 임대수입

조사비, 설계비, 공사비, 부대비, 운영설비비, 제세공과금, 영업준비금(경제성분석시 얻은 값을 사용)

유지보수비+판매비와 일반관리비

법인세는 2005년부터 시행예정인 법인세율을 적용하여 과세표준금액이 1억 이하는 13%(주민세포함 14.3%), 1억 초과에 대해서는 25%(27.5%)를 적용함

6.3 추정 손익계산서

구 분	운 영 기 간																				합계
	1차	2차	3차	4차	5차	6차	7차	8차	9차	10차	11차	12차	13차	14차	15차	16차	17차	18차	19차	20차	
	2015	2016	2017	2018	2019	2020	2021	2022	2023	2024	2025	2026	2027	2028	2029	2030	2031	2032	2033	2034	
매 출 액	155	179	206	238	275	318	367	424	451	480	511	544	579	616	656	699	744	792	843	897	9,974
통행료수입	155	179	206	238	275	318	367	424	451	480	511	544	579	616	656	699	744	792	843	897	9,974
기타수입	0	0	0	0	0	0	0	0	0	0	0	0	0	0	0	0	0	0	0	0	0
매출원가	213	215	221	227	235	244	254	267	280	295	313	329	352	377	403	430	462	496	532	574	6,720
관리운영권상각비	192	192	192	192	192	192	192	192	192	192	192	192	192	192	192	192	192	192	192	192	3,846
도로유지보수비	20	23	29	34	43	52	62	75	88	103	121	137	160	184	210	238	270	304	340	382	2,874
매출총이익	-58	-36	-14	12	40	73	113	157	171	185	198	215	227	240	253	269	282	295	310	323	3,254
판매비와일반관리비	3	4	4	5	6	6	7	8	9	10	10	11	12	12	13	14	15	16	17	18	199
영업이익	-61	-40	-19	7	35	67	106	148	162	176	188	204	215	227	240	255	267	279	294	305	3,055
이자수입	0	0	0	0	0	0	0	0	0	0	0	0	0	0	0	0	5	17	29	42	93
지급이자	161	163	164	163	161	157	151	142	130	117	102	86	69	51	32	12	0	0	0	0	1,864
경상이익	-222	-203	-182	-156	-127	-90	-45	6	31	59	86	118	146	176	208	243	272	296	323	347	1,285
법인세	0	0	0	0	0	0	0	0	0	0	13	32	40	48	57	67	75	81	89	95	597
당기순이익	-222	-203	-182	-156	-127	-90	-45	6	31	59	73	86	106	128	151	176	197	215	234	252	688

매출액=운영수입(통행료수입)과+기타수입

매출총이익=매출액-매출원가

영업이익=매출총이익-판매비와일반관리비

경상이익=영업이익+이자수입-지급이자

매출원가=관리운영권상각비+도로유지보수비

현금흐름표에서 16차 2030년에서 차입금의 상환이 끝났으므로 175억 원의 이익이 발생함 그래서 이자수입은 175*0.03=5, 565*0.03=17

경상이익=영업이익-지급이자

6.4 현금흐름표

구 분	공 사 기 간									운 영 기 간					
	1차	2차	3차	4차	5차	6차	7차	8차	9차	1차	2차	3차	4차	5차	6차
	2006	2007	2008	2009	2010	2011	2012	2013	2014	2015	2016	2017	2018	2019	2020
영업활동으로인한 현금흐름	0	0	0	0	0	0	0	0	0	-30	-11	10	36	66	102
현금유입	0	0	0	0	0	0	0	0	0	155	179	206	238	275	318
통행료수입	0	0	0	0	0	0	0	0	0	155	179	206	238	275	318
기타수입	[illegible]	[illegible]	[illegible]	[illegible]	[illegible]	[illegible]	0	0	0	0	0	0	0	0	0
영업외수익(이자수입)	[illegible]	[illegible]	[illegible]	[illegible]	[illegible]	[illegible]	0	0	0	0	0	0	0	0	0
현금유출	[illegible]	[illegible]	[illegible]	[illegible]	[illegible]	[illegible]	0	0	0	185	190	197	202	210	216
매출원가(유지보수비 등)	0	0	0	0	0	0	0	0	0	20	23	29	34	43	52
판매비와일반관리비	0	0	0	0	0	0	0	0	0	3	4	4	5	6	6
영업외비용(지급이자)	0	0	0	0	0	0	0	0	0	161	163	164	163	161	157
법인세 등	0	0	0	0	0	0	0	0	0	0	0	0	0	0	0
투자활동으로인한 현금흐름	-23	-24	-50	-51	-237	-731	-1,255	-1,854	-1,187	0	0	0	0	0	0
현금유입	0	0	0	0	0	0	0	0	0	0	0	0	0	0	0
현금유출	23	24	50	51	237	731	1,255	1,854	1,187	0	0	0	0	0	0
투자비	23	24	50	51	237	731	1,255	1,810	1,065	0	0	0	0	0	0
건설이자	[illegible]	[illegible]	[illegible]	[illegible]	[illegible]	[illegible]	[illegible]	44	122	0	0	0	0	0	0
재무활동으로인한 현금흐름	[illegible]	[illegible]	[illegible]	[illegible]	[illegible]	[illegible]	[illegible]	1,854	1,187	30	11	-10	-36	-66	-102
현금유입	[illegible]	[illegible]	[illegible]	[illegible]	[illegible]	[illegible]	[illegible]	1,854	1,187	30	11	0	0	0	0
자본금의 증가	[illegible]	[illegible]	[illegible]	[illegible]	[illegible]	[illegible]	[illegible]	0	0	0	0	0	0	0	0
차입금의 증가	[illegible]	[illegible]	[illegible]	[illegible]	[illegible]	[illegible]	[illegible]	1,504	1,187	30	11	0	0	0	0
건설비에 대한 차입금	[illegible]	[illegible]	[illegible]	[illegible]	[illegible]	[illegible]	[illegible]	1,460	1,065	0	0	0	0	0	0
지급이자에 대한 차입금	[illegible]	[illegible]	[illegible]	[illegible]	[illegible]	[illegible]	[illegible]	44	122	30	11	0	0	0	0
국고보조금의 증가	[illegible]	[illegible]	[illegible]	[illegible]	[illegible]	[illegible]	[illegible]	350	0	0	0	0	0	0	0
현금유출	[illegible]	[illegible]	[illegible]	[illegible]	[illegible]	[illegible]	[illegible]	0	0	0	0	10	36	66	102
차입금의 상환	[illegible]	[illegible]	[illegible]	[illegible]	[illegible]	[illegible]	[illegible]	0	0	0	0	10	36	66	102
배당금지급	0	0	0	0	0	0	0	0	0	0	0	0	0	0	0
현금의 증가	[illegible]	[illegible]	[illegible]	[illegible]	[illegible]	[illegible]	[illegible]	0	0	0	0	0	0	0	0
기초의 현금	[illegible]	[illegible]	[illegible]	[illegible]	[illegible]	[illegible]	[illegible]	0	0	0	0	0	0	0	0
기말의 현금	[illegible]	[illegible]	[illegible]	[illegible]	[illegible]	[illegible]	[illegible]	0	0	0	0	0	0	0	0

일반적으로 구매, 생산, 판매에서 창출된 수익이므로 (+)가 좋음

투자활동으로 인해 (-)는 시설에 투자(즉 도로건설)에 많은 돈을 쓰면 음수가 되는데 7, 8차에서 금액이 큰 폭으로 증가했는데 이것은 정부보조금을 얻어 도로 건설에 많은 돈을 투자했기 때문 +,-의 부호의 의미가 없음

회사의 자금조달 상태를 보여주는데 (+)이면 자금을 대출받거나 차입한 경우이고 (-)이면 잉여현금으로 차입금을 상환한 경우임

구 분	공사기간									운영기간					
	1차	2차	3차	4차	5차	6차	7차	8차	9차	1차	2차	3차	4차	5차	6차
	2006	2007	2008	2009	2010	2011	2012	2013	2014	2015	2016	2017	2018	2019	2020
영업활동으로인한 현금흐름	0	0	0	0	0	0	0	0	0	-30	-11	10	36	66	102
현금유입	0	0	0	0	0	0	0	0	0	155	179	206	238	275	318
통행료수입	0	0	0	0	0	0	0	0	0	155	179	206	238	275	318
기타수입	0	0	0	0	0	0	0	0	0	0	0	0	0	0	0
영업외수익(이자수입)	[illegible]	[illegible]	[illegible]	[illegible]	[illegible]	[illegible]	0	0	0	0	0	0	0	0	0
현금유출	[illegible]	[illegible]	[illegible]	[illegible]	[illegible]	[illegible]	0	0	0	185	190	197	202	210	216
매출원가(유지보수비	[illegible]	[illegible]	[illegible]	[illegible]	[illegible]	[illegible]	0	0	0	20	23	29	34	43	52
판매비와일반관리비	[illegible]	[illegible]	[illegible]	[illegible]	[illegible]	[illegible]	0	0	0	3	4	4	5	6	6
영업외비용(지급이자)	[illegible]	[illegible]	[illegible]	[illegible]	[illegible]	[illegible]	0	0	0	161	163	164	163	161	157
법인세 등	[illegible]	[illegible]	[illegible]	[illegible]	[illegible]	[illegible]	0	0	0	0	0	0	0	0	0
투자활동으로인한 현금흐	[illegible]	[illegible]	[illegible]	[illegible]	[illegible]	[illegible]	-1,255	-1,854	-1,187	0	0	0	0	0	0
현금유입	[illegible]	[illegible]	[illegible]	[illegible]	[illegible]	[illegible]	0	0	0	0	0	0	0	0	0
현금유출	23	24	50	51	237	731	1,255	1,854	1,187	0	0	0	0	0	0
투자비	23	24	50	51	237	731	1,255	1,810	1,065	0	0	0	0	0	0
건설이자	0	0	0	0	0	0	0	44	122	0	0	0	0	0	0
재무활동으로인한 현금흐름	23	24	50	51	237	731	1,255	1,854	1,187	30	11	-10	-36	-66	-102
현금유입	23	24	50	51	237	731	1,255	1,854	1,187	30	11	0	0	0	0
자본금의 증가	23	24	50	51	237	731	38	0	0	0	0	0	0	0	0
차입금의 증가	0	0	0	0	0	0	0	1,504	1,187	30	11	0	0	0	0
건설비에 대한 차입금	0	0	0	0	0	0	0	1,460	1.065	0	0	0	0	0	0
지급이자에 대한 차입금	0	0	0	0	0	0	0	44	122	30	11	0	0	0	0
국고보조금의 증가	0	0	0	0	0	0	1,217	350	0	0	0	0	0	0	0
현금유출	0	0	0	0	0	0	0	0	0	0	0	10	36	66	102
차입금의 상환	0	0	0	0	0	0	0	0	0	0	0	10	36	66	102
배당금지급	0	0	0	0	0	0	0	0	0	0	0	0	0	0	0
현금의 증가	0	0	0	0	0	0	0	0	0	0	0	0	0	0	0
기초의 현금	0	0	0	0	0	0	0	0	0	0	0	0	0	0	0
기말의 현금	0	0	0	0	0	0	0	0	0	0	0	0	0	0	0

수익성 분석표에서 운영수입과 기타수입을 물가상승률로 할증한 값
2015년 1차 운영수입 : 109억 원
기타수입 : 0
=> $(0.035+1)^{10} \times 109=155$

구 분	운영기간													
	7차	8차	9차	10차	11차	12차	13차	14차	15차	16차	17차	18차	19차	20차
	2021	2022	2023	2024	2025	2026	2027	2028	2029	2030	2031	2032	2033	2034
영업활동으로인한 현금흐름	147	198	223	251	266	278	298	320	343	369	390	407	426	444
현금유입	367	424	451	480	511	544	579	616	656	699	749	809	872	939
통행료수입	367	424	451	480	511	544	579	616	656	699	744	792	843	897
기타수입	0	0	0	0	0	0	0	0	0	0	0	0	0	0
영업외수익(이자수입)	0	0	0	0	0	0	0	0	0	0	5	17	29	42
현금유출	220	225	228	229	245	266	281	296	313	330	359	401	446	495
매출원가(유지보수비 등)	62	75	88	103	121	137	160	184	210	238	270	304	340	382
판매비와일반관리비	7	8	9	10	10	11	12	12	13	14	15	16	17	18
영업외비용(지급이자)	151	142	130	117	102	86	69	51	32	12	0	0	0	0
법인세 등	0	0	0	0	13	32	40	48	57	67	75	81	89	95
투자활동으로인한 현금흐름	0	[illegible]	[illegible]	[illegible]	[illegible]	[illegible]	[illegible]	0	0	0	0	0	0	0
현금유입	0	[illegible]	[illegible]	[illegible]	[illegible]	[illegible]	[illegible]	0	0	0	0	0	0	0
현금유출	0	[illegible]	[illegible]	[illegible]	[illegible]	[illegible]	[illegible]	0	0	0	0	0	0	0
투자비	0	[illegible]	[illegible]	[illegible]	[illegible]	[illegible]	[illegible]	0	0	0	0	0	0	0
건설이자	0	[illegible]	[illegible]	[illegible]	[illegible]	[illegible]	[illegible]	0	0	0	0	0	0	0
재무활동으로인한 현금흐름	-147	-198	-223	-251	-266	-278	-298	-320	-343	-193	0	0	0	0
현금유입	0	0	0	0	0	0	0	0	0	0	0	0	0	0
자본금의 증가	0	0	0	0	0	0	0	0	0	0	0	0	0	0
차입금의 증가	0	0	0	0	0	0	0	0	0	0	0	0	0	0
건설비에 대한 차입금	0	0	0	0	0	0	0	0	0	0	0	0	0	0
지급이자에 대한 차입금	0	0	0	0	0	0	0	0	0	0	0	0	0	0
국고보조금의 증가	0	0	0	0	0	0	0	0	0	0	0	0	0	0
현금유출	147	198	223	251	266	278	298	320	343	193	0	0	0	0
차입금의 상환	147	198	223	251	266	278	298	320	343	193	0	0	0	0
배당금지급	0	0	0	0	0	0	0	0	0	0	0	0	0	0
현금의 증가	0	0	0	0	0	0	0	0	0	175	390	407	426	444
기초의 현금	0	0	0	0	0	0	0	0	0	0	175	565	972	1.399
기말의 현금	0	0	0	0	0	0	0	0	0	175	565	972	1,399	1.843

은행금리 이자율 3%를 적용하면
175*0.03=5, 565*0.03=17

구 분	공 사 기 간									운 영 기 간					
	1차	2차	3차	4차	5차	6차	7차	8차	9차	1차	2차	3차	4차	5차	6차
	2006	2007	2008	2009	2010	2011	2012	2013	2014	2015	2016	2017	2018	2019	2020
영업활동으로인한 현금흐름	0	0	0	0	0	0	0	0	0	-30	-11	10	36	66	102
현금유입	0	0	0	0	0	0	0	0	0	155	179	206	238	275	318
통행료수입	0	0	0	0	0	0	0	0	0	155	179	206	238	275	318
기타수입	0	0	0	0	0	0	0	0	0	0	0	0	0	0	0
영업외수익(이자수입)	0	0	0	0	0	0	0	0	0	0	0	0	0	0	0
현금유출	0	0	0	0	0	0	0	0	0	185	190	197	202	210	216
매출원가(유지보수비 등)	0	0	0	0	0	0	0	0	0	20	23	29	34	43	52
판매비와일반관리비	0	[illegible]	[illegible]	[illegible]	[illegible]	[illegible]	[illegible]	0	0	3	4	4	5	6	6
영업외비용(지급이자)	0	[illegible]	[illegible]	[illegible]	[illegible]	[illegible]	[illegible]	0	0	161	163	164	163	161	157
법인세 등	0	[illegible]	[illegible]	[illegible]	[illegible]	[illegible]	[illegible]	0	0	0	0	0	0	0	0
투자활동으로인한 현금흐름	-23	[illegible]	[illegible]	[illegible]	[illegible]	[illegible]	[illegible]	[illegible]	-1,187	0	0	0	0	0	0
현금유입	0	[illegible]	[illegible]	[illegible]	[illegible]	[illegible]	[illegible]	0	0	0	0	0	0	0	0
현금유출	23	[illegible]	[illegible]	[illegible]	[illegible]	[illegible]	[illegible]	[illegible]	1,187	0	0	0	0	0	0
투자비	23	[illegible]	[illegible]	[illegible]	[illegible]	[illegible]	[illegible]	[illegible]	1,065	0	0	0	0	0	0
건설이자	0	[illegible]	[illegible]	[illegible]	[illegible]	[illegible]	[illegible]	[illegible]	122	0	0	0	0	0	0
재무활동으로인한 현금흐름	23	24	50	51	237	731	1,255	1,854	1,187	30	11	-10	-36	-66	-102
현금유입	23	24	50	51	237	731	1,255	1,854	1,187	30	11	0	0	0	0
자본금의 증가	23	24	50	51	237	731	38	0	0	0	0	0	0	0	0
차입금의 증가	0	0	0	0	0	0	0	1,504	1,187	30	11	0	0	0	0
건설비에 대한 차입금	0	0	0	0	0	0	0	1,460	1,065	0	0	0	0	0	0
지급이자에 대한 차입금	0	0	0	0	0	0	0	44	122	30	11	0	0	0	0
국고보조금의 증가	0	0	0	0	0	0	1,217	350	0	0	0	0	0	0	0
현금유출	0	[illegible]	[illegible]	[illegible]	[illegible]	[illegible]	[illegible]	0	0	0	0	10	36	66	102
차입금의 상환	0	[illegible]	[illegible]	[illegible]	[illegible]	[illegible]	[illegible]	0	0	0	0	10	36	66	102
배당금지급	0	[illegible]	[illegible]	[illegible]	[illegible]	[illegible]	[illegible]	0	0	0	0	0	0	0	0
현금의 증가	0	[illegible]	[illegible]	[illegible]	[illegible]	[illegible]	[illegible]	0	0	0	0	0	0	0	0
기초의 현금	0	0	0	0	0	0	0	0	0	0	0	0	0	0	0
기말의 현금	0	0	0	0	0	0	0	0	0	0	0	0	0	0	0

현금유입=자본금의증가+건설비에 대한차입금+국고보조금의 증가

재무활동으로 인한 현금흐름 =현금유입-현금유출

국가보조금의 증가=현금유입-(자본금의증가+차입금의증가)

6.5 대차대조표

구 분	공 사 기 간									운 영 기 간					
	1차	2차	3차	4차	5차	6차	7차	8차	9차	1차	2차	3차	4차	5차	6차
	2006	2007	2008	2009	2010	2011	2012	2013	2014	2015	2015	2016	2017	2018	2019
자산	23	48	98	149	386	1,117	1,155	2,659	3,846	3,654	3,462	3,269	3,077	2,885	2,692
현금	0	0	0	0	0	0	0	0	0	0	0	0	0	0	0
건설중인자산	23	48	98	149	386	1,117	1,155	2,659	0	0	0	0	0	0	0
운영권	0	0	0	0	0	0	0	0	3,846	3,654	3,462	3,269	3,077	2,885	2,692
부채	0	0	0	0	0	0	0	1,504	2,691	2,721	2,732	2,722	2,686	2,621	2,518
차입금	0	0	0	0	0	0	0	1,504	2,691	2,721	2,732	2,722	2,686	2,621	2,518
자본	23	48	98	149	386	1,117	1,155	1,155	1,155	933	729	547	391	264	174
자본금	23	48	98	149	386	1,117	1,155	1,155	1,155	1,155	1,155	1,155	1,155	1,155	1,155
잉여금/결손금	0	0	0	0	0	0	0	0	0	-222	-425	-608	-764	-891	-981
(당기순이익)	0	0	0	0	0	0	0	0	0	-222	-203	-182	-156	-127	-90
부채와자본 총계	23	48	98	149	386	1,117	1,155	2,659	3,846	3,654	3,462	3,269	3,077	2,885	2,692

기업에서 미래에 경제적 이익을 창출할 것으로 기대되는 자원 (자산=부채+자본)

기업의 활동을 위해 빌려온 돈 (차입금의 경우 필연적으로 따라 오는 것이 이자비용)

순자본=자산-부채

6.6 재무성분석 결과

<table>
<tr><th colspan="2">구 분</th><th>수익성지수</th><th>FNPV</th></tr>
<tr><td colspan="2">재정지원비율=0%(100%민자)</td><td>0.655</td><td>-1,644</td></tr>
<tr><td colspan="2">재정지원비율=30%</td><td>0.854</td><td>-707</td></tr>
<tr><td colspan="2">FNPV=0이 되는 최소 재정비율</td><td colspan="2">53%</td></tr>
<tr><td colspan="2">재무적 할인율이 4%일 때</td><td>0.821</td><td>-1,109</td></tr>
<tr><td rowspan="2">재무적 할인율이 4%</td><td>재정지원비율 30%일 때</td><td>0.996</td><td>-22</td></tr>
<tr><td>FNPV=0이 되는 최소재정비율</td><td colspan="2">31%</td></tr>
<tr><td rowspan="2">재무적 할인율이 5%</td><td>재정지원비율 30%일 때</td><td>0.923</td><td>-425</td></tr>
<tr><td>FNPV=0이 되는 최소재정비율</td><td colspan="2">42%</td></tr>
</table>

Ⅳ SOC 민간투자사업의 경제성분석(도로사업)

1. 비용 및 편익산정

1.1 비용산정

- 도로부문 사업의 비용은 사업의 타당성을 검토하는 과정에서 분명하게 명시되어야 함
- 사업의 비용을 산출할 때는 구체적인 공사 물량과 함께 시공시 지출되는 평균 공사비가 함께 고려되어야 함
- 비용은 크게 공사비, 용지보상비, 유지관리비 등으로 나눌 수 있음

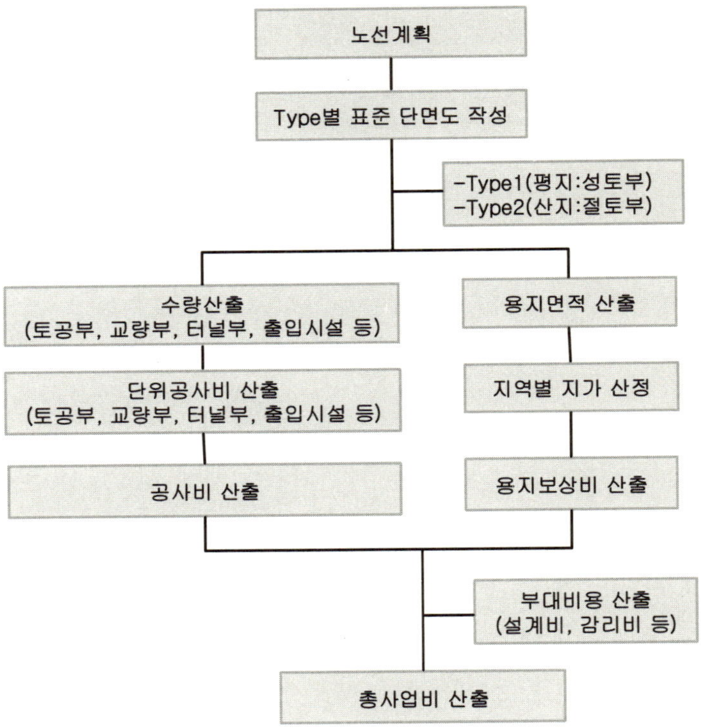

1) 공사비

- 공사비의 산출은 구조물 설치구간과 그 외의 일반구간(토공구간이라고도 함)으로 구분하여 수행
- 설계기준은 도로의 특성, 교통량, 지형조건, 지질 및 토질조건, 기상조건, 경제성 등에 따라 결정
- 공사비에는 토공, 배수공, 구조물공(교량, 터널), 포장공, 교통안전 및 부대시설공, 기타 잡비 등이 포함
- 각 항목들에 대한 수량을 산정하고 단가를 적용하여 공사비를 산정

2) 보상비

- 도로사업으로 부득이하게 발생하는 손실에 대하여 지불하는 비용

- 총연장 : 90.4km (신설 : 90.4km)
- JCT : 1개소 - IC : 3개소
- 영업소 : 3개소 - 기타 : 휴게소 (4개소)

공종	규격	수량	단위	단가(백만원)	금액(억원)
A.공사비					33,090
1.토공구간					6,185
신설(4차로)	도시부	–	km	–	–
	지방부	36.0	km	17,180.6	6,185
2.교량구간		25,902			14,806
	S.T BOX	13,604	m	56.6	7,700
	S.T Plate	725		51.5	373
	PCS Beam	2,224		34.5	767
	P.F Beam	190		47.6	4,243
	R.C Slab	60		53.2	32
	PCS Slab	80		35.1	28
	P.C Arch	50		53.2	27
	R.C 라멘	55		34.6	19
3.터널구간		27,264			9,402
	1,000m미만	12,364		27.0	3,338
	2,000m미만	5,730		30.8	1,765
	3,000m미만	9,170		54.0	4,952
4.인터체인지					1,261
	트럼펫형	3	개소	23,500.0	705
	이중트럼펫형	1	개소	55,600.0	556
5.영업소					156
	영업소	3	개소	5,200.0	156
6. 휴게소					1,280
	휴게소	4	개소	32,000.0	1,280
B.용지보상비					354
	도시부	–	km	–	–
	지방부	90.4	km	390.0	354
C.부대비용					1,532
D.예비비	(A+C)*10%				3,465
E.사업비	(A+B+C+D)				38,439

1.2 편익산정

- 통행시간 절감편익, 운행비용 절감편익, 교통사고 절감편익, 환경비용 절감편익을 중심으로 편익을 추정

1) 차량운행비용 절감편익

- 분석도로망에 부하된 각 링크의 차종별 교통량과 길이를 곱한 결과를 링크 평균속도에 기초한 차종별 차량운행비 원단위와 곱하여 개별 링크의 차량운행비를 산출
- 사업미시행시와 사업시행시의 비교된 차액을 운행비용의 절감편익으로 산출

$$VOCS = VOC_{사업미시행} - VOC_{사업시행}$$

$$VOC = \sum_{l} \sum_{k=1}^{3} (D_{kl} \times VT_k \times 365)$$

D_{kl} : 링크 l의 차종별 대·km

VT_k : 해당속도에 따른 차종별 차량운행비용

k : 차종(1: 승용차, 2: 버스, 3: 화물차)

- 차량운행비용 항목별 원단위 산출결과

구분	엔진오일비 원단위	타이어교환비용 원단위	유지관리비용 원단위
승용차	3.82	4.58	16.99
소형버스	3.66	4.57	15.36
대형버스	7.07	11.34	29.34
소형트럭	4.42	5.15	19.26
보통트럭	5.34	14.28	42.4
대형트럭	6.21	20.11	58.09

- 속도 · 차종별 차량운행비용

차종	속도	유류비	엔진오일비	타이어비	유지관리비	감가상각비	합계
승용차	10	52.56	6.07	0.45	7.77	189.27	256.12
	20	31.69	5.06	0.84	9.19	161.31	208.08
	30	26.96	4.38	1.29	10.88	137.65	181.16
	40	24.35	3.71	1.87	11.31	116.14	157.37
	50	24.87	3.71	2.38	12.72	98.94	142.61
	60	25.82	3.71	3.03	13.42	89.26	135.23
	70	27.24	3.71	3.73	14.13	81.73	130.54
	80	27.92	3.37	4.51	15.54	73.13	124.46
	90	30.36	3.03	5.47	15.97	67.75	122.59
	100	32.73	3.71	6.50	16.96	63.02	122.92
	110	35.41	4.72	7.92	15.97	57.64	121.66
	120	39.70	7.08	9.40	20.49	50.97	127.65

2) 통행시간 절감편익

- 링크의 통행시간과 차종별 교통량의 곱을 이용하여 총통행시간을 산출
- 차종별 사업미시행시와 사업시행시에 대해 수단별로 산출된 총통행시간은 각기 다른 시간가치를 적용하여 총통행시간 비용을 산출한 후 비교된 차액을 통행시간 절감편익으로 산출

$$VOTS = VOT_{\text{사업미시행}} - VOT_{\text{사업시행}}$$

$$VOT = \left\{ \sum_{l} \sum_{k=1}^{3} (T_{kl} \times P_k \times Q_{kl}) \right\} \times 365$$

T_{kl} : 링크 l의 차종별 통행시간

P_k : 차종별 시간가치

Q_{kl} : 링크 l의 차종별 통행량

- 차량 1대당 승용차와 버스의 평균 통행시간 가치

구분	승용차		버스(대당)	
	업무	비업무	업무	비업무
재차인원	0.39	1.61	3.60	18.40
시간가치(원)	10,580	3,460	9,623(인) 10,580(2.6인)	1,934
시간가치(원/대·시)	4,126	5,571	37,131	35,586
평균시간가치(원/대)	9,697		72,717	

3) 교통사고 감소편익

- 교통사고로 인하여 발생되는 사망 및 부상을 기준으로 함
- 사업시행시와 미시행시의 억대-km를 산출하여 그 차이를 교통사고 감소편익으로 산정

$$VICS = VIC_{\text{사업미시행}} - VIC_{\text{사업시행}}$$

$$VIC = \sum_{t=1}^{3}\sum_{s=1}^{2}(A_{ts} \times P_s \times VL_{ts})$$

A_{ts} : 도로유형별 · 사고유형별 1억대-km당 교통사고 사상자수
P_s : 사고유형별 사고비용
VL_t : 연간 도로유형별 억대-km
t : 도로유형(1:고속도로, 2:국도, 3:지방도)
s : 사고유형(1:사망, 2:부상)

- 도로 유형별 대·km당 교통사고 발생 비율

구분	km당 사고건수	1억대·km 사망자수	1억대·km 부상자수
고속도로	3.44	1.78	43.56
일반국도	5.92	6.78	196.48
지방도	1.49	4.89	126.07

- 사고건당 및 사상자당 교통사고 비용

구분		사망	부상
사고1건당	PGS 포함	41,468	4,918
	PGS 제외	30,049	2,723
사상자 1명당	PGS 포함	36,374	3,057
	PGS 제외	26,884	1,693

4) 환경비용 절감편익

- 교통부문사업 시행에 따른 환경영향으로는 대기오염, 수질오염, 소음, 진동, 지반침하, 식물 및 동물 등 생태계 영향, 경관변화, 지구온난화 등을 들 수 있음
- 이러한 다양한 환경의 질적 변화요소에 대해 모두 경제적 가치로 환산하는 것은 보다 많은 불확실성을 내포하기 때문에 대기오염과 소음발생에 초점을 맞추어 환경비용을 추정

(1) 환경비용 절감편익(대기오염)

- 대기오염은 자동차와 디젤열차의 배출가스에 의해 발생하며 피해원으로는 일산화탄소, 아황산가스, 탄화수소 등이 포함됨
- 오염물질의 배출량은 차량의 종류와 성능, 주행상태, 사용연료 등에 영향을 받으며 다음과 같은 단계를 거쳐 산정됨

1단계 : 오염물질별 배출계수산정

⇩

2단계 : 오염물질 단위당 환경피해비용 산출

⇩

3단계 : 오염물질별 환경피해비용 원단위를 곱하여 화폐 가치화함

- 대기오염 비용 원단위

[단위: 원]

오염물질	CO	HC	NOx	PM	CO_2
비용	7,058	8,203	8,492	27,725	38

주: 소비자 물가지수를 적용하여 2003년을 기준으로 한 비용 원단위를 재산출하였으며, CO_2의 대기오염 비용 원단위는 철도청(2003)의 「철도투자평가편람」에서 제시된 수치 사용

차종별·속도별 대기오염 비용(2003년 기준)

차종	속도	CO	NOx	HC	PM	CO_2	합계
승용차	10	30.64	9.58	5.87	0.00	14.46	60.54
	20	13.52	5.49	2.02	0.00	9.78	30.81
	30	8.38	3.97	1.08	0.00	7.79	21.21
	40	5.96	3.15	0.69	0.00	6.62	16.43
	50	4.58	2.63	0.49	0.00	5.84	13.55
	60	3.70	2.27	0.37	0.00	5.27	11.61
	70	3.08	2.01	0.29	0.00	4.83	10.21
	80	2.63	1.80	0.24	0.00	4.83	10.21
	90	2.29	1.64	0.20	0.00	4.19	8.32
	100	2.02	1.51	0.17	0.00	3.95	7.65

(2) 환경비용 절감편익(소음)

- 교통소음의 경우 차종, 차량구조, 주행속도 및 방법에 의해 달라짐
- 소음으로 인한 화폐가치는 소음원별 특성을 파악하고 시간대별 소음으로 인한 영향을 평가
- 사업미시행시와 시행시의 소음도차이를 구하여 단위소음량(1dB) 저감을 위해 필요한 유지관리 비용을 곱하여 화폐가치화함

$$EVN^k = \sum_i \sum_j Pl_{ij}L_{ij}$$

여기서, P = 소음가치의 원단위

l_{ij} = 대상노선 연장길이

L_{ij} = 예측 소음도

i = 도로 및 철도구분 (일반도로, 고속도로, 일반철도, 고속철도)

j = 영향권내 개별링크

k = (0=사업미시행시, c=사업시행시)

소음가치의 평균 원단위

[단위: 원/db·년·m]

구분	도시부	지방부	평균
소음가치의 평균 원단위	3,350	1,446	1,705

2. 경제성분석의 예

예제

◎ 분석의 개요

- 사업명 : 춘천~양양간 고속도로 건설사업 타당성 평가
- 사업구간 : 강원도 춘천~홍천~인제~양양(동서2축)
- 사업규모 : 연장 90.425km, 4차로
- 추정 사업비 : 3조 8,439억원
- 사업기간 : 2002~2012년

◎ 노선대안

- 노선은 총 3공구로 구성되어 있으며 공구별로 도로성격을 달리 하여 대안을 설정하였음

  기본안 : 전체 3공구 구간을 모두 고속도로로 건설
  대안1 : 1공구와 2공구는 고속도로, 3공구는 국도로 건설
  대안2 : 1공구는 고속도로, 2공구와 3공구는 국도로 건설
  대안3 : 전체 3공구 구간을 모두 국도로 건설
- 국도 건설에 따른 사업비는 고속도로 사업비의 90%로 설정

풀이

1) 대안별 편익추정 결과

◎ 기본안

-3공구 모두 고속도로로 건설할 경우

[단위: 억원]

연도	통행시간절감	운행비용절감	사고비용절감	환경비용절감	총 편익
2013년	4163.6	816.0	2.1	-24.3	4957.4
2023년	6085.4	1096.9	2.4	-47.5	7137.3
2032년	7820.3	1551.3	2.6	-50.4	9323.8

◎ 대안1

-1공구, 2공구는 고속도로로, 3공구는 국도로 건설할 경우

[단위: 억원]

연도	통행시간절감	운행비용절감	사고비용절감	환경비용절감	운영자수입	총 편익
2013년	345.6	700.6	1.9	-22.0	123.6	4256.5
2023년	5129.4	943.3	2.2	-41.6	212.7	6246.0
2032년	6569.3	1482.1	2.3	-44.0	221.7	8231.3

풀이

○ 대안2

–1공구는 고속도로, 2공구와 3공구는 국도로 건설할 경우

[단위: 억원]

연도	통행시간절감	운행비용절감	사고비용절감	환경비용절감	운영자수입	총 편익
2013년	2844.4	811.0	1.8	–16.2	–87.0	3553.8
2023년	4263.6	913.3	2.0	–32.3	–38.2	5108.3
2032년	5272.7	1384.1	2.0	–34.5	–40.0	6584.3

○ 대안3

–1공구, 2공구는 고속도로로, 3공구는 국도로 건설할 경우

[단위: 억원]

연도	통행시간절감	운행비용절감	사고비용절감	환경비용절감	운영자수입	총 편익
2013년	2531.1	655.0	1.7	–16.7	–192.0	2797.2
2023년	3993.1	805.1	1.9	–30.5	–176.4	4593.3
2032년	4965.0	1115.8	2.0	–31.3	–189.7	5861.7

2) 대안별 경제성분석 결과

○ 기본안

	비 용 (백만원)					편 익 (백만원)					
연도	공사비	용지보상	유지관리비	총비용	할인비용	통행시간 절감편익	운행비용 절감편익	교통사고 절감편익	환경비용 절감편익	총편익	할인편익
2002	339.9			339.9	339.9						
2003	682.9			682.9	641.2						
2004	1,680.0	70.9		1,750.9	1,543.7						
2005	1,680.0	106.3		1,786.3	1,478.8						
2006	3,359.9	177.2		3,537.1	2,749.5						
2007	3,359.9			3,359.9	2,452.3						
2008	5,039.9			5,039.9	3,454.0						
2009	6,719.9			6,719.9	4,324.3						
2010	5,039.9			5,039.9	3,045.3						
2011	3,359.9			3,359.9	1,906.3						
2012	3,359.9			3,359.9	1,789.9						
2013			81.8	81.8	40.9	4,163.6	816.0	2.11	–24.3	4,957.4	2,479.8
2014			90.9	90.9	42.7	4,355.8	844.1	2.14	–26.6	5,175.4	2,430.8
2015			109.1	109.1	48.1	4,548.0	872.2	2.18	–28.9	5,393.5	2,378.6
2016			127.3	127.3	52.7	4,740.2	900.3	2.21	–31.2	5,611.5	2,323.7
2017			154.5	154.5	60.1	4,932.4	928.4	2.25	–33.5	5,829.6	2,266.7
2018			181.8	181.8	66.4	5,124.5	956.4	2.28	–35.9	6,047.3	2,207.8
2019			209.1	209.1	71.7	5,316.7	984.5	2.31	–38.2	6,265.3	2,147.8
2020			245.4	245.4	79.0	5,508.9	1,012.6	2.35	–40.5	6,483.4	2,086.9
2021			281.8	281.8	85.2	5,701.1	1,040.7	2.38	–42.8	6,701.4	2,025.5
2022			318.2	318.2	90.3	5,893.2	1,068.8	2.42	–45.1	6,919.3	1,963.7
2023			363.6	363.6	96.9	6,085.4	1,096.9	2.45	–47.5	7,137.3	1,901.9
2024			400.0	400.0	100.1	6,278.2	1,147.4	2.47	–47.8	7,380.3	1,846.6
2025			454.5	454.5	106.8	6,471.0	1,197.9	2.48	–48.1	7,623.3	1,791.0
2026			509.0	509.0	112.3	6,663.7	1,248.4	2.50	–48.4	7,866.2	1,735.3
2027			563.6	563.6	116.7	6,856.5	1,298.9	2.51	–48.8	8,109.1	1,679.7
2028			618.1	618.1	120.2	7,049.3	1,349.4	2.53	–49.1	8,352.1	1,624.5
2029			681.8	681.8	124.5	7,242.0	1,399.8	2.54	–49.4	8,594.9	1,569.7
2030			745.4	745.4	127.8	7,434.8	1,450.3	2.56	–49.7	8,838.0	1,515.5
2031			809.0	809.0	130.3	7,627.5	1,500.8	2.57	–50.1	9,080.8	1,462.1
2032			881.7	881.7	133.3	7,820.3	1,551.3	2.59	–50.4	9,323.8	1,409.6
합계	34,622.1	354.4	7,826.6	42,803.1	25,531.1	119,813.1	22,665.1	47.8	–836.3	141,689.7	38,847.3
B/C		1.52									
NPV		13,316.2									
IRR		10.2%									

풀이

대안1

	비 용 (백만원)					편 익 (백만원)					
연도	공사비	용지보상	유지관리비	총비용	할인비용	통행시간 절감편익	운행비용 절감편익	교통사고 절감편익	환경비용 절감편익	총편익	할인편익
2002	326.8	–	–	326.8	326.8	–	–	–	–		–
2003	656.5	–	–	656.5	616.4	–	–	–	–		–
2004	1,615.1	70.9	–	1,686.0	1,486.5	–	–	–	–		–
2005	1,615.1	106.3	–	1,721.4	1,425.1	–	–	–	–		–
2006	3,230.1	177.2	–	3,407.3	2,648.6	–	–	–	–		–
2007	3,230.1	–	–	3,230.1	2,357.6	–	–	–	–		–
2008	4,845.2	–	–	4,845.2	3,320.6	–	–	–	–		–
2009	6,460.2	–	–	6,460.2	4,157.2	–	–	–	–		–
2010	4,845.2	–	–	4,845.2	2,927.6	–	–	–	–		–
2011	3,230.1	–	–	3,230.1	1,832.6	–	–	–	–		–
2012	3,230.1	–	–	3,230.1	1,720.8	–	–	–	–		–
2013	–	–	81.8	81.8	40.9	3,452.6	700.6	1.89	-22.0	4,133.1	2,067.4
2014	–	–	90.9	90.9	42.7	3,620.2	724.9	1.91	-24.0	4,323.0	2,030.4
2015	–	–	109.1	109.1	48.1	3,787.9	749.1	1.94	-26.0	4,512.9	1,990.3
2016	–	–	127.3	127.3	52.7	3,955.6	773.4	1.97	-27.9	4,703.1	1,947.5
2017	–	–	154.5	154.5	60.1	4,123.3	797.7	2.00	-29.9	4,893.1	1,902.6
2018	–	–	181.8	181.8	66.4	4,291.0	821.9	2.02	-31.8	5,083.1	1,855.8
2019	–	–	209.1	209.1	71.7	4,458.7	846.2	2.05	-33.8	5,273.2	1,807.7
2020	–	–	245.4	245.4	79.0	4,626.4	870.5	2.08	-35.7	5,463.3	1,758.6
2021	–	–	281.8	281.8	85.2	4,794.0	894.7	2.11	-37.7	5,653.1	1,708.6
2022	–	–	318.2	318.2	90.3	4,961.7	919.0	2.13	-39.6	5,843.2	1,658.3
2023	–	–	363.6	363.6	96.9	5,129.4	943.3	2.16	-41.6	6,033.3	1,607.7
2024	–	–	400.0	400.0	100.1	5,289.4	1,003.1	2.17	-41.9	6,252.8	1,564.5
2025	–	–	454.5	454.5	106.8	5,449.4	1,063.0	2.18	-42.1	6,472.5	1,520.7
2026	–	–	509.0	509.0	112.3	5,609.4	1,122.9	2.20	-42.4	6,692.1	1,476.3
2027	–	–	563.6	563.6	116.7	5,769.4	1,182.7	2.21	-42.7	6,911.6	1,431.7
2028	–	–	618.1	618.1	120.2	5,929.3	1,242.6	2.22	-43.0	7,131.1	1,387.0
2029	–	–	681.8	681.8	124.5	6,089.3	1,302.5	2.23	-43.2	7,350.8	1,342.4
2030	–	–	745.4	745.4	127.8	6,249.3	1,362.3	2.24	-43.5	7,570.3	1,298.2
2031	–	–	809.0	809.0	130.3	6,409.3	1,422.2	2.26	-43.8	7,790.0	1,254.3
2032	–	–	881.7	881.7	133.3	6,569.3	1,482.1	2.27	-44.0	8,009.7	1,211.0
합계	33,284.5	354.4	7,826.6	41,465.5	24,625.6	100,564.9	20,224.7	42.2	-736.6	120,095.2	32,820.9
B/C		1.33									
NPV		8,195.3									
IRR		9.0%									

대안2

	비 용 (백만원)					편 익 (백만원)					
연도	공사비	용지보상	유지관리비	총비용	할인비용	통행시간 절감편익	운행비용 절감편익	교통사고 절감편익	환경비용 절감편익	총편익	할인편익
2002	314.9	–	–	314.9	314.9	–	–	–	–		–
2003	632.5	–	–	632.5	593.9	–	–	–	–		–
2004	1,556.1	70.9	–	1,627.0	1,434.5	–	–	–	–		–
2005	1,556.1	106.3	–	1,662.4	1,376.2	–	–	–	–		–
2006	3,112.2	177.2	–	3,289.4	2,556.9	–	–	–	–		–
2007	3,112.2	–	–	3,112.2	2,271.5	–	–	–	–		–
2008	4,668.3	–	–	4,668.3	3,199.3	–	–	–	–		–
2009	6,224.4	–	–	6,224.4	4,005.4	–	–	–	–		–
2010	4,668.3	–	–	4,668.3	2,820.7	–	–	–	–		–
2011	3,112.2	–	–	3,112.2	1,765.7	–	–	–	–		–
2012	3,112.2	–	–	3,112.2	1,657.9	–	–	–	–		–
2013	–	–	81.8	81.8	40.9	2,844.4	811.0	1.76	-16.2	3,641.0	1,821.3
2014	–	–	90.9	90.9	42.7	2,986.3	821.2	1.78	-17.8	3,791.5	1,780.8
2015	–	–	109.1	109.1	48.1	3,128.2	831.4	1.80	-19.5	3,941.9	1,738.4
2016	–	–	127.3	127.3	52.7	3,270.1	841.7	1.82	-21.1	4,092.5	1,694.7
2017	–	–	154.5	154.5	60.1	3,412.0	851.9	1.84	-22.7	4,243.0	1,649.8
2018	–	–	181.8	181.8	66.4	3,554.0	862.1	1.86	-24.3	4,393.7	1,604.1
2019	–	–	209.1	209.1	71.7	3,695.9	872.4	1.88	-25.9	4,544.3	1,557.8
2020	–	–	245.4	245.4	79.0	3,837.8	882.6	1.90	-27.5	4,694.8	1,511.2
2021	–	–	281.8	281.8	85.2	3,979.7	892.8	1.92	-29.1	4,845.3	1,464.5
2022	–	–	318.2	318.2	90.3	4,121.6	903.0	1.94	-30.7	4,995.8	1,417.8
2023	–	–	363.6	363.6	96.9	4,263.6	913.3	1.96	-32.3	5,146.6	1,371.4
2024	–	–	400.0	400.0	100.1	4,375.7	965.6	1.97	-32.6	5,310.7	1,328.8
2025	–	–	454.5	454.5	106.8	4,487.8	1,017.9	1.98	-32.8	5,474.9	1,286.3
2026	–	–	509.0	509.0	112.3	4,600.0	1,070.2	1.99	-33.0	5,639.2	1,244.0
2027	–	–	563.6	563.6	116.7	4,712.1	1,122.5	2.00	-33.3	5,803.3	1,202.1
2028	–	–	618.1	618.1	120.2	4,824.2	1,174.8	2.01	-33.5	5,967.5	1,160.7
2029	–	–	681.8	681.8	124.5	4,936.3	1,227.1	2.02	-33.8	6,131.6	1,119.8
2030	–	–	745.4	745.4	127.8	5,048.5	1,279.4	2.03	-34.0	6,295.9	1,079.6
2031	–	–	809.0	809.0	130.3	5,160.6	1,331.8	2.03	-34.3	6,460.1	1,040.2
2032	–	–	881.7	881.7	133.3	5,272.7	1,384.1	2.04	-34.5	6,624.3	1,001.5
합계	32,069.4	354.4	7,826.6	40,250.4	23,803.1	82,511.5	20,056.8	38.5	-568.9	102,037.9	28,074.8
B/C		1.18									
NPV		4,271.7									
IRR		8.0%									

풀이

◯ 대안3

	비 용 (백만원)					편 익 (백만원)					
연도	공사비	용지보상	유지관리비	총비용	할인비용	통행시간 절감편익	운행비용 절감편익	교통사고 절감편익	환경비용 절감편익	총편익	할인편익
2002	305.9	–	–	305.9	305.9	–	–	–	–		–
2003	614.6	–	–	614.6	577.1	–	–	–	–		–
2004	1,512.0	70.9	–	1,582.9	1,395.6	–	–	–	–		–
2005	1,512.0	106.3	–	1,618.3	1,339.7	–	–	–	–		–
2006	3,023.9	177.2	–	3,201.1	2,488.3	–	–	–	–		–
2007	3,023.9	–	–	3,023.9	2,207.1	–	–	–	–		–
2008	4,535.9	–	–	4,535.9	3,108.6	–	–	–	–		–
2009	6,047.9	–	–	6,047.9	3,891.9	–	–	–	–		–
2010	4,535.9	–	–	4,535.9	2,740.7	–	–	–	–		–
2011	3,023.9	–	–	3,023.9	1,715.6	–	–	–	–		–
2012	3,023.9	–	–	3,023.9	1,610.9	–	–	–	–		–
2013	–	–	81.8	81.8	40.9	2,531.1	655.0	1.70	-16.7	3,171.1	1,586.2
2014	–	–	90.9	90.9	42.7	2,677.3	670.0	1.72	-18.0	3,331.0	1,564.5
2015	–	–	109.1	109.1	48.1	2,823.5	685.0	1.73	-19.4	3,490.8	1,539.5
2016	–	–	127.3	127.3	52.7	2,969.7	700.0	1.75	-20.8	3,650.7	1,511.7
2017	–	–	154.5	154.5	60.1	3,115.9	715.0	1.77	-22.2	3,810.5	1,481.6
2018	–	–	181.8	181.8	66.4	3,262.1	730.1	1.79	-23.6	3,970.4	1,449.6
2019	–	–	209.1	209.1	71.7	3,408.3	745.1	1.81	-24.9	4,130.3	1,415.9
2020	–	–	245.4	245.4	79.0	3,554.5	760.1	1.83	-26.3	4,290.1	1,380.9
2021	–	–	281.8	281.8	85.2	3,700.7	775.1	1.85	-27.7	4,450.0	1,345.0
2022	–	–	318.2	318.2	90.3	3,846.9	790.1	1.87	-29.1	4,609.8	1,308.2
2023	–	–	363.6	363.6	96.9	3,993.1	805.1	1.89	-30.5	4,769.6	1,271.0
2024	–	–	400.0	400.0	100.1	4,101.1	839.6	1.90	-30.6	4,912.0	1,229.0
2025	–	–	454.5	454.5	106.8	4,209.1	874.2	1.91	-30.7	5,054.5	1,187.5
2026	–	–	509.0	509.0	112.3	4,317.1	908.7	1.91	-30.7	5,197.0	1,146.5
2027	–	–	563.6	563.6	116.7	4,425.1	943.2	1.92	-30.8	5,339.4	1,106.0
2028	–	–	618.1	618.1	120.2	4,533.0	977.7	1.93	-30.9	5,481.7	1,066.2
2029	–	–	681.8	681.8	124.5	4,641.0	1,012.3	1.94	-31.0	5,624.2	1,027.1
2030	–	–	745.4	745.4	127.8	4,749.0	1,046.8	1.95	-31.1	5,766.7	988.9
2031	–	–	809.0	809.0	130.3	4,857.0	1,081.3	1.96	-31.2	5,909.1	951.4
2032	–	–	881.7	881.7	133.3	4,965.0	1,115.8	1.96	-31.3	6,051.5	914.9
합계	31,159.8	354.4	7,826.6	39,340.8	23,187.3	76,680.5	16,830.2	37.1	-537.5	93,010.3	25,471.8
B/C		1.10									
NPV		2,284.4									
IRR		7.3%									

3) 종합 결론

구 분	기본안	대안1	대안2	대안3
B/C	1.52	1.33	1.18	1.10
NPV(백만원)	13,316	8,195	4,272	2,284
IRR(%)	10.2	9.0	8.0	7.3

◯ 경제성분석 결과 기본안이 가장 경제성이 있는 것으로 나타남

이야깃거리

1. SOC 민간투자사업 수행시 투입되는 재원의 종류를 구분하고, 각각의 재원에 대해 논해 보자.

2. 최근 국내 SOC 민간투자사업의 재원조달 동향은 어떠한가?

3. 민간투자사업에서 후순위 부채를 사용하는 이유와 이에 따른 장 · 단점은 어떠한 것이 있는가?

4. SOC 민간투자사업의 자본조달방식 중 자기자본으로 조달가능한 재원에는 어떠한 것들이 있으며 그 내용에 관하여 논해 보자.

5. SOC 민간투자사업의 재원조달방식 중 타인자본으로 조달가능한 재원의 종류를 구분하고 각각의 방법에 대하여 논해 보자.

6. SOC 민간투자사업중 천안~논산 고속도로의 자산유동화 과정과 현재 자산운영 방식에 대해 논해 보자.

7. 기관투자로 조달가능한 재원은 무엇이 있으며, 각 기관별로 어떠한 특징이 있는지 생각해 보자.

8. 현재 민간투자사업의 재원조달시 어떠한 문제점이 있는지 논해 보자.

9. SOC 민간투자사업에서 민간투자재원 조달방식의 개선방향에 대해서 논해 보자.

10. 어느 시공사에서 SOC 민간투자사업에 대한 제안서를 정부에 제출하였다. 이 사업체가 선정되기까지는 어떠한 절차가 진행되는지 플로어차트를 그려 보자.

11. 우리나라에서 현재까지 진행된 SOC 민간투자사업의 사례를 몇 가지만 이야기하고, 각각 사업의 운영방식을 간략히 논해 보자.

12. BTL 사업방식의 효과에 대하여 설명해 보자.

13. 민간투자사업에서 BTL사업과 BTO사업의 차이점을 그림을 통해 비교하고, 각각의 사업방식에 따른 장 · 단점을 논해 보자.

14. 경제성분석과 재무성분석에 관하여 설명하고, 각각의 차이점을 비교해 보자.

15. 재무성분석의 3가지 수익률 분석방법에 대하여 간략히 설명하시오.

16. 수익성분석표의 작성순서를 생각해 보자.

17. 손익계산서, 대차대조표, 현금흐름표의 작성순서를 설명해 보자.

18. 재무성분석의 전제적인 순서를 그림으로 설명하시오.

19. 현재 SOC 민간투자사업 중 도로부분의 경제성분석시 편익항목에는 어떠한 것들이 있으며, 각 편익에 대하여 논해 보자.

제 5 부

수요·상권·
도시경제 분석

Ⅰ 수요와 공급원리를 이용하자

Ⅱ 수요는 어떻게 분석하는가?

Ⅲ 상권을 어떻게 분석하는가?

Ⅳ 도시경제분석을 하는 이유는?

I 수요와 공급원리를 이용하자

1. 수 요

1.1 수요곡선

1) 수요량(quantity demanded)

수요량	소비자들이 값을 치르고 구입할 의사와 능력이있는 재화의 양

- 수요량은 가격이 오르면 줄어들고 가격이 내리면 늘어나므로 수요량은 가격과 마이너스 상관관계에 있음

2) 수요의 법칙(law of demand)

수요의 법칙	다른 조건이 불변일 때, 재화의 가격이 상승하면 그 수요량은 감소하는 법칙

◎ 수요표와 수요곡선

오피스텔의 매매가	오피스텔의 수요량
1억 5천만원	10
2억	8
2억 5천만원	6
3억	4
3억 5천만원	2

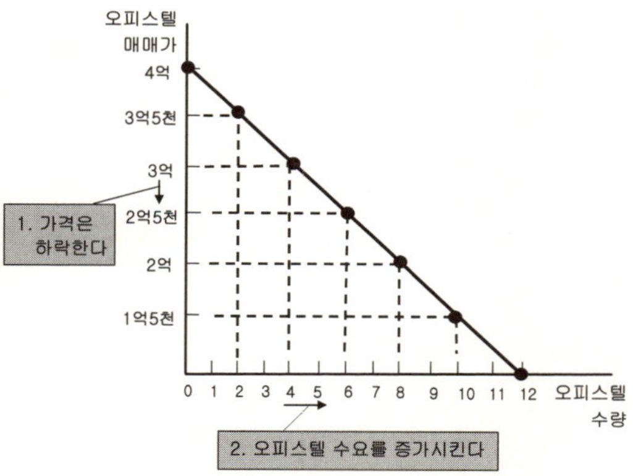

3) 수요표(Demand SChedule)

수요표	재화의 가격과 그 가격에 해당하는 수요량을 나타내는 표

– 소비자의 수요량을 결정하는 다른 변수들은 변함이 없다는 것을 전제로 함

4) 수요곡선(Demand Curve)

수요곡선	재화의 가격과 수요량 사이의 마이너스 상관관계를 보여주는 곡선

1.2 시장수요와 개별수요

- 시장수요는 개별수요의 수평합임
  - 시장수요곡선은 개별수요곡선을 수평으로 더하여 구함
  - 오피스텔 가격이 3억일 때 A지구의 수요량은 4개, B지구의 수요량은 3개
  - → 오피스 시장수요량은 7개임

오피스텔의 매매가	A지역의 수요량		B지역의 수요량		시장 수요량
0	12	+	7	=	19
1억 5천만원	10		6		16
2억	8		5		13
2억 5천만원	6		4		10
3억	4		3		7
3억 5천만원	2		2		4
4억	0		1		1

시장수요는 개별수요의 수평합임

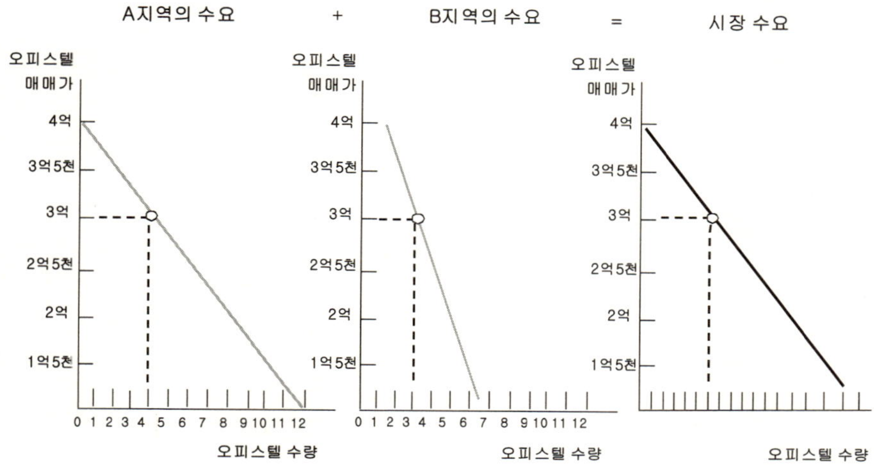

1.3 수요곡선의 이동

수요곡선의 이동

- 주어진 가격에서 소비자들이 사고자 하는 재화의 양을 증가시키는 변화가 일어나면 수요곡선이 오른쪽으로 이동
- 반대로 주어진 가격에서 소비자들이 사고자 하는 재화의 양을 감소시키는 변화가 일어나면 수요곡선이 왼쪽으로 이동

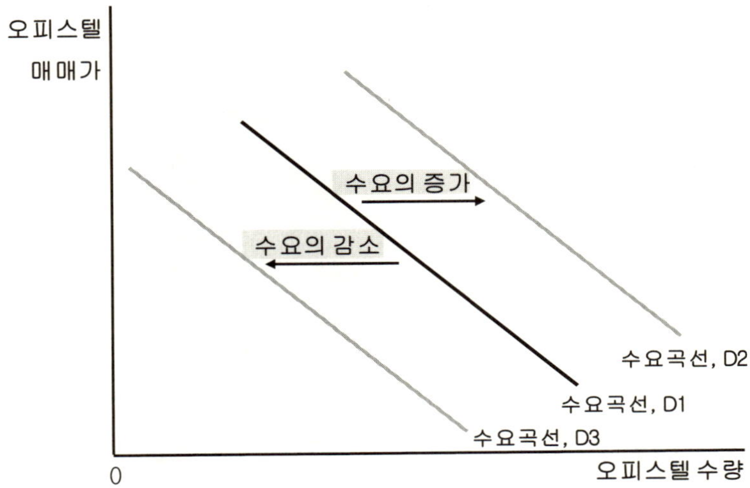

2. 공 급

2.1 공급곡선

1) 공급곡선 : 가격과 공급량의 관계

공급량	판매자가 팔 의사와 능력이 있는 수량
공급의 법칙	다른 조건이 불변일 때, 어느 재화의 가격이 상승하면 그 재화의 공급량이 증가하는 법칙
공급표	어느 재화의 가격과 그 재화의 공급량 사이의 관계를 나타내는 표
공급곡선	어느 재화의 가격과 공급량 사이의 관계를 보여주는 그래프

◎ 공급표와 공급곡선

- 각각 가격에 대한 공급량을 나타냄

예) 아파트 매매가 변화에 따라 공급량이 어떻게 변화하는가를 보여줌

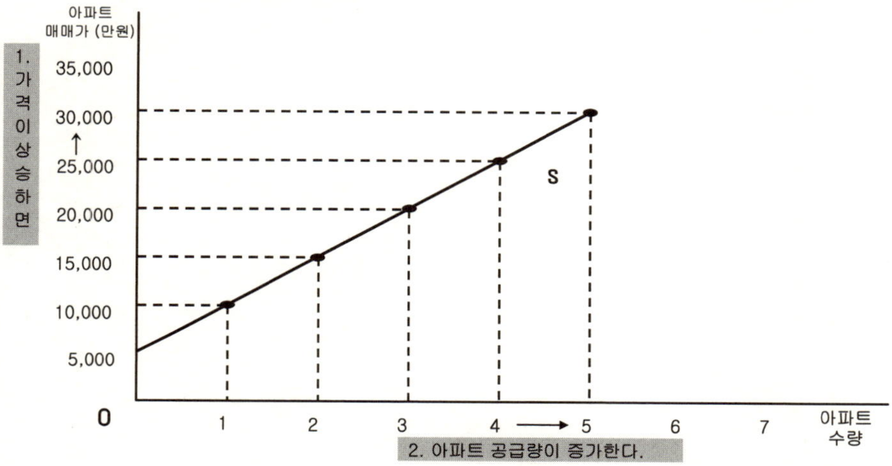

2) 시장공급과 개별 공급

시장공급	모든 판매자들의 개별 공급의 합

◎ 시장공급은 개별공급의 수평합

- 각각의 가격 수준에서 시장공급량은 모든 공급자의 공급량을 합한 수량임 따라서 시장 공급곡선은 개별공급곡선을 수평으로 더하여 구함

예) 아파트 매매가가 2억일 때 A지구의 공급량은 3호, B지구의 공급량은 4호임

→ 따라서 이 가격에서 시장 공급량은 7호임

아파트 가격 (단위 : 만원)	A지구		B지구		시장 공급량(호)
0	0		0		0
5,000	0		0		0
10,000	1		0		1
15,000	2		2		4
20,000	3	+	4	=	7
25,000	4		6		10
30,000	5		8		13

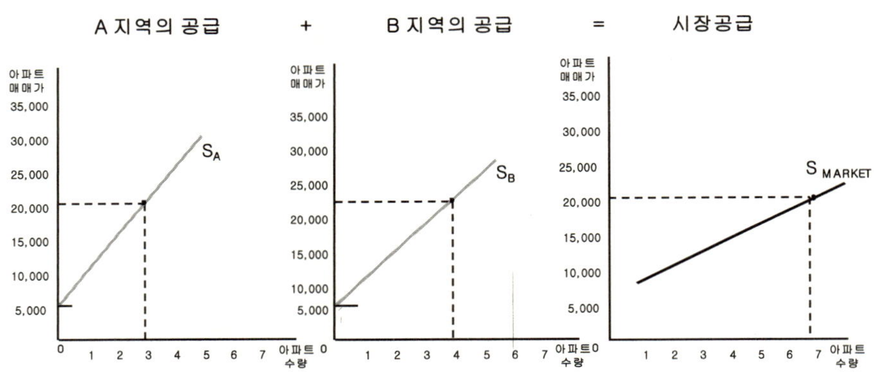

3) 공급곡선의 이동

공급공급	생산자가 각각의 가격 수준에 대해 공급할 의사가 있는 공급량을 나타내는 곡선

- 공급표와 공급곡선

- 주어진 가격에서 생산자들이 팔고자 하는 물건의 양을 증가시키는 변화가 일어나면 공급곡선이 오른쪽으로 이동함
- 반대로 주어진 가격에서 생산자들이 팔고자 하는 물건의 양을 감소시키는 변화가 일어나면 공급곡선이 왼쪽으로 이동함

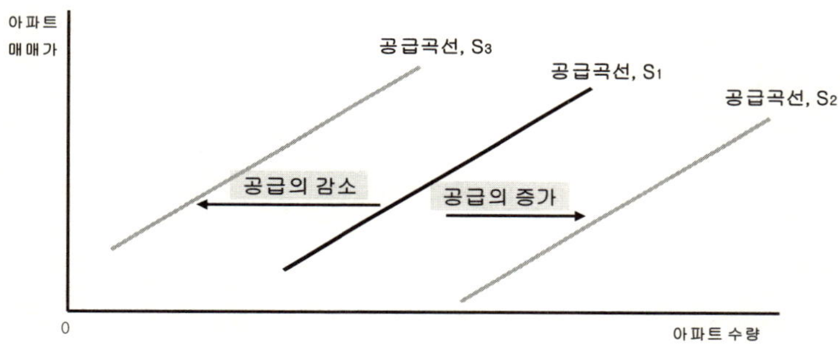

3. 수요와 공급의 결합

3.1 균 형

1) 균형(Equilibrium)의 개념

균형	수요량과 공급량을 일치시키는 가격에 도달한 상태
균형가격	균형점을 일치시키는 가격
균형거래량	균형가격에서 수요량과 공급량

- 균형이 아닌 시장
  - 그림a(공급과잉상태) : 시장가격 〉 균형가격 → 공급량 〉 수요량
  - 그림b(물량부족상태) : 시장가격 〈 균형가격 → 수요량 〉 공급량

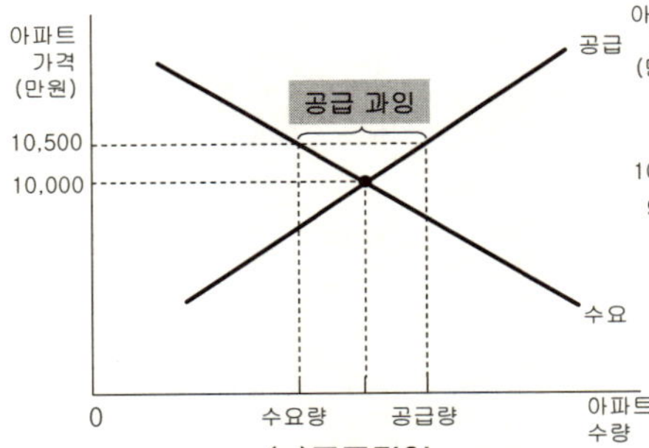

(a)공급과잉

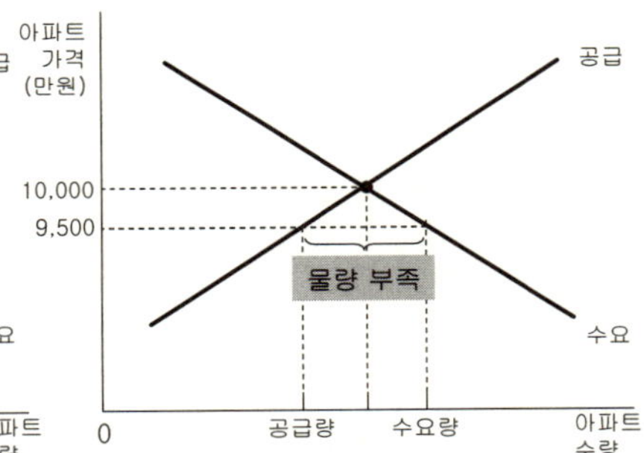

(b)물량부족

3.2 균형의 변화

1) 수요 증가의 경우

- 수요곡선이 오른쪽으로 이동하면 균형가격은 상승하고 균형거래량 역시 증가함

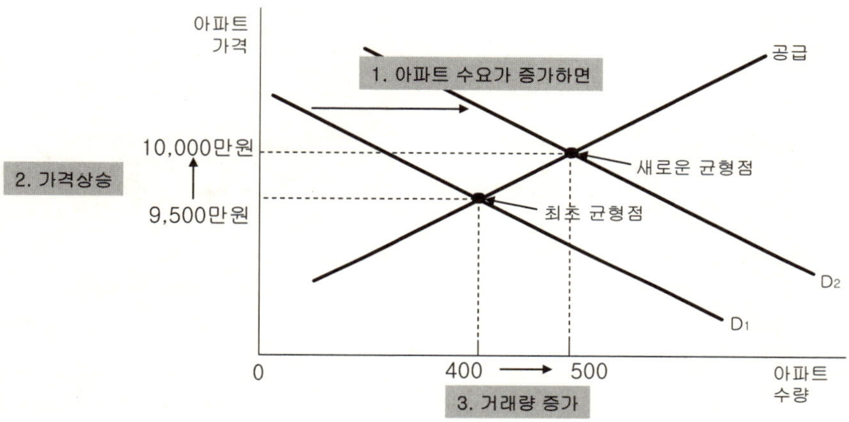

[그림] 수요증가

2) 공급 감소의 경우

- 공급곡선은 왼쪽으로 이동하면 균형가격은 상승하지만 균형거래량은 감소함

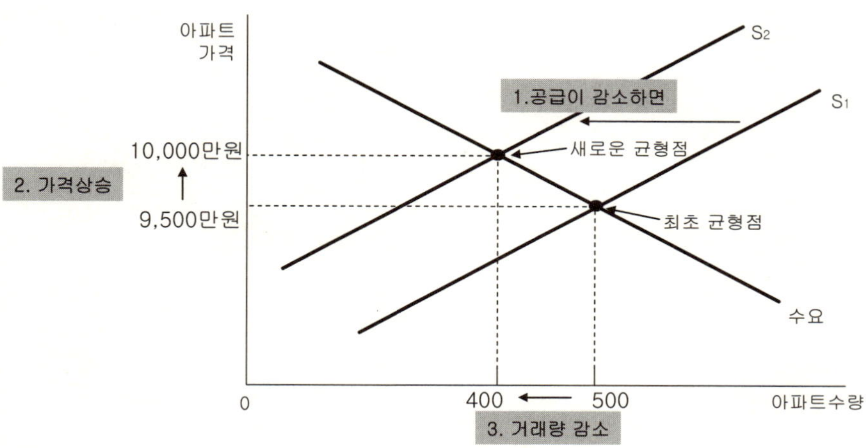

3) 수요곡선과 공급곡선의 동시 이동

- 그림[A] : 균형가격이 P1에서 P2로 상승하면, 균형거래량도 Q1에서 Q2로 증가함
- 그림[B] : 균형가격이 P1에서 P2로 상승하면, 균형거래량은 Q1에서 Q2로 감소함

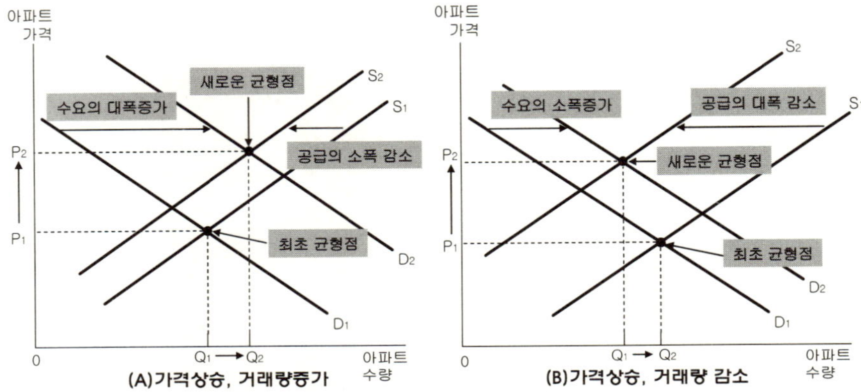

[그림] 수요곡선과 공급곡선의 동시 이동

4. 탄 력 성

4.1 수요탄력성

1) 수요탄력성이란?

탄력성	수요량, 공급량이 결정변수의 변화에 대해 반응하는 정도를 나타내는 지표

- 수요결정변수의 변화에 대해 수요량이 얼마나 변하는지 파악하기 위해 사용

2) 수요의 가격탄력성

- 일반적으로 어느 재화의 가격이 하락함에 따라 그 재화의 수요량은 증가함
- 어느 재화의 가격이 변할 때 그 재화의 수요량이 얼마나 변하는지 나타내는 지표임
- 수요량이 가격변화에 민감하게 변하면 그 재화의 수요는 탄력적이라 하고, 수요량이 약간 변하면 비탄력적이라 함

수요의 가격 탄력성	수요량의 %변화율 / 가격의 %변화율

- 아파트 가격이 10%인상되었는데 아파트 수요자가 20%감소하였을 경우

  $$가격탄력성 = \frac{20\%}{10\%} = 2$$

- 탄력성 〉 1의 경우, 수요가 탄력적이고 가격 변화폭보다 수요량의 변화폭이 더 큼
- 탄력성 〈 1의 경우, 수요가 비탄력적이고 가격 변화폭이 수요량의 변화폭보다 더 작음
- 탄력성 = 1의 경우, 수요량이 가격과 같은 폭으로 변하는데 이를 단위탄력적이라고 함

◎ 수요탄력성의 중간점 공식

- 수요탄력성을 계산할 경우 기준점에 따라 탄력성 값이 바뀌게 됨
- 일반적으로 중간점을 이용한 계산법을 사용함
- 최초의 값(Q1, P1)과 변화 후의 값(Q2, P2)의 중간점을 나누어 변화율을 계산함

수요의 가격 탄력성	$\dfrac{(Q2-Q1)/[(Q2+Q1)/2]}{(P2-P1)/[(P2+P1)/2]}$

3) 다양한 모양의 수요곡선

◎ 수요의 가격탄력성은 수요곡선의 기울기가 급한지 완만한지를 결정함

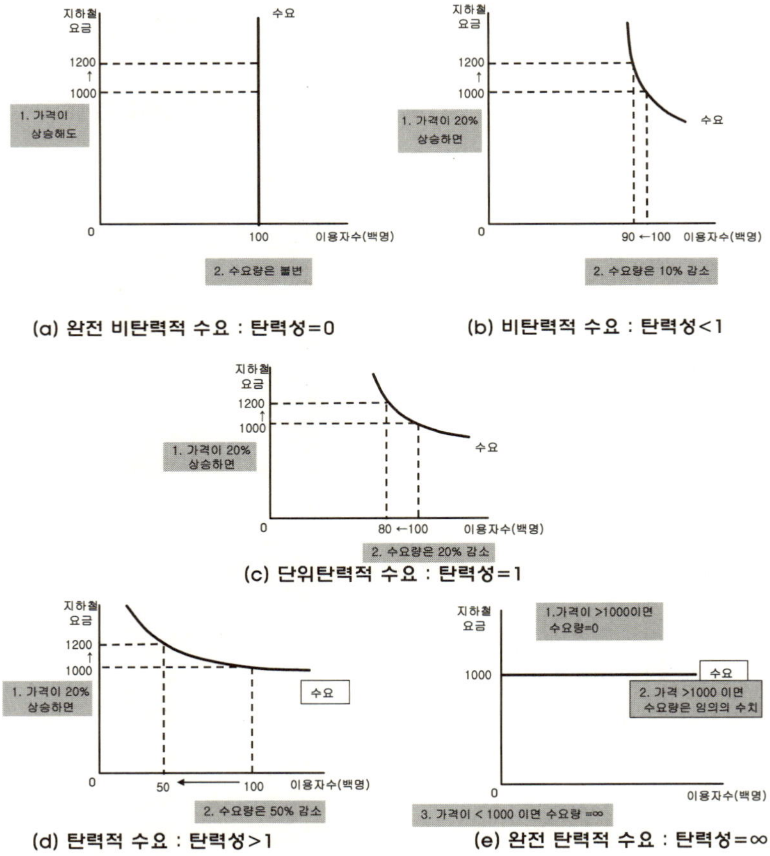

[그림] 수요의 탄력성

4) 총수입과 수요의 가격탄력성

- 어느 재화에 대한 소비자의 지출액이며, 동시에 재화 공급자의 판매수입, P × Q와 같음
- 가격 1,000원, 수요량 만명일 때 총수입은 100,000원임

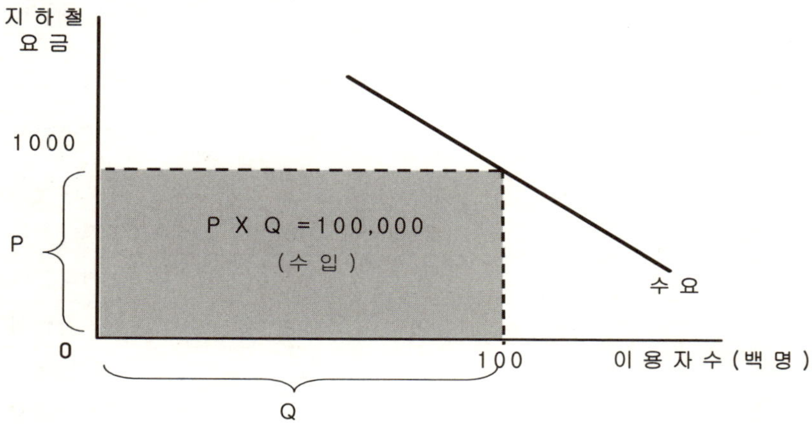

[그림] 총 수입

- 가격 변화가 총수입(가격×수요량)에 미치는 영향은 수요탄력성에 달려 있음

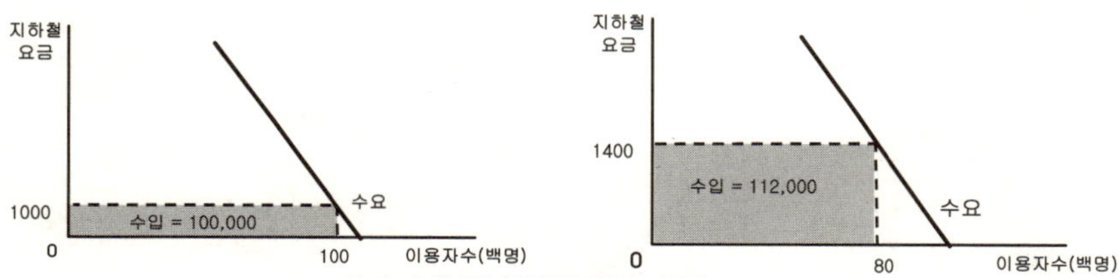

(a) 수요가 비탄력적인 경우

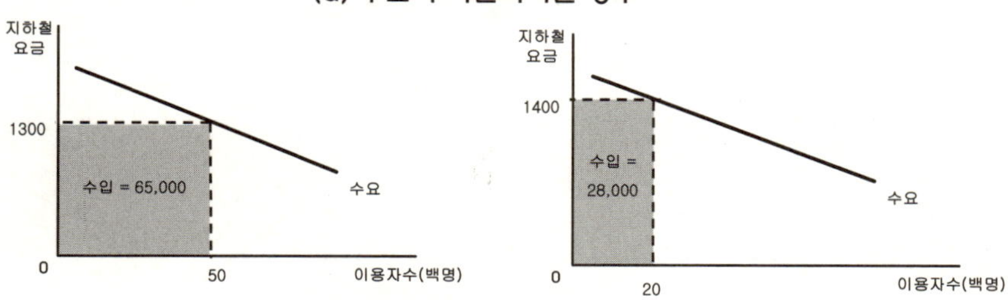

(b) 수요가 탄력적인 경우

[그림] 가격 변화와 총수입의 변화

5) 수요곡선이 직선일 경우 가격탄력성과 총수입

- 주택수요곡선이 직선이면 기울기는 일정하지만 탄력성은 일정하지 않음

주택가격 (억원)	수량 (1,000세대)	총수입 (억원) (가격 × 수요량)	가격 변화율	수요량 변화율	탄력성	설명
7	0	0				
			15%	200%	13.0	탄력적
6	2	12				
			18	67	3.7	탄력적
5	4	20				
			22	40	1.8	탄력적
4	6	24				
			29	29	1.0	단위탄력적
3	8	24				
			40	22	0.6	탄력적
2	10	20				
			67	18	0.3	탄력적
1	12	12				
			200	15	0.1	탄력적
0	14	0				

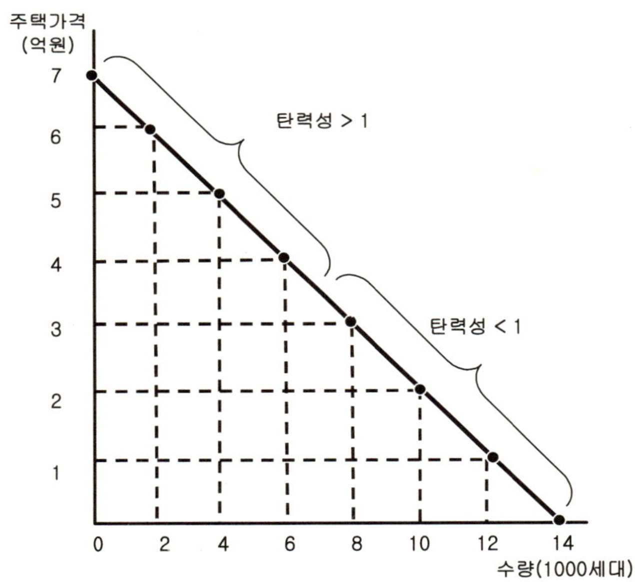

[그림] 직선인 주택수요곡선의 탄력성

6) 다른 수요탄력성

- 수요의 소득탄력성
  - 소비자들의 소득이 변할 때 어느 재화의 수요량이 얼마나 변하는지를 나타내는 지표
  - 대부분의 재화는 정상재이므로 소득이 상승이면 수요량도 증가, 소득탄력성은 양수임

수요의 소득 탄력성	수요량의 %변화율 / 소득의 %변화율

- 수요의 교차탄력성
  - 한 재화의 가격이 변할 때 다른 재화의 수요량이 얼마나 변하는지를 나타내는 지표
  - 교차탄력성의 부호가 양수일 때 → 대체재, 부호가 음수 → 보완재

Ⅱ 수요는 어떻게 분석하는가?

1. 수요분석방법

1.1 시계열 수요분석

1) 개요

시계열 분석	- 시간적인 순서에 따른 연속적 자료에 의한 분석을 시계열 분석이라 함 - 요인들 간의 상호의존관계를 분석하며, 변화형태를 일으키게 하는 요인에 대하여 알 수 있음 - 시계열 자료 분석 기법은 다음과 같음

분석방법	특징		
	분석모형	용도	장·단점
평균치 산정방법	이동평균법	규모가 작은 신제품 시장예측 [소폭적 변동의 도시 및 부동산 시장변화]	배우기 매우 쉽고 결과해석이 용이
	지수평활법		
장래 사회경제 지표예측	선형식	사회경제지표의 성장이 항상 같은 비율로 변화하는 관점임	무한히 계속되는 사회경제지표의 성장을 현실적으로 받아들이기 어려움
	지수식		
	로지스틱	-인구추정식에서 가장 널리 쓰이는 모형임 -지역성장의 일반적인 행태를 나타내는데 용이함	-계수값을 산출하는데 복잡함 -상한치를 결정하는데 어려움
	콤페르츠		

2) 종류 및 분석방법

- 과거 시계열 자료를 이용하여 분석하는 방법은 크게 두 가지로 구분됨
- 평균치 산정방법
- 장래 사회경제지표 예측방법

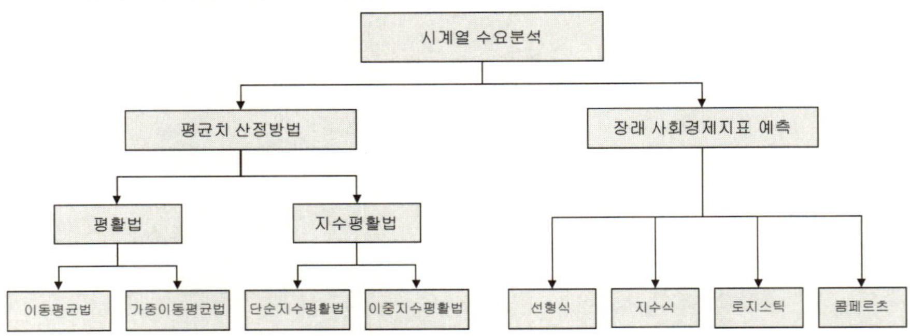

3) 평균치 산정방법

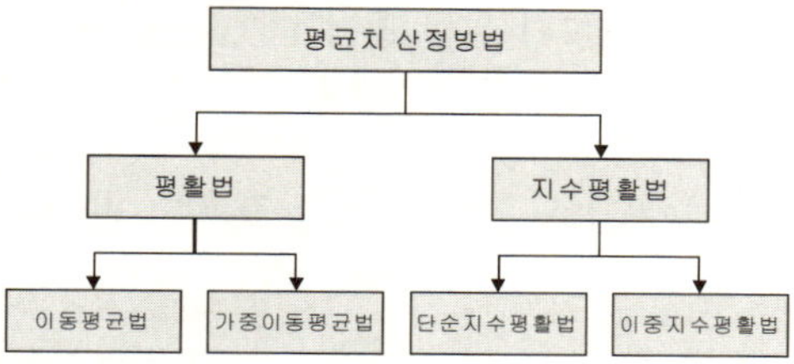

평활법

- 과거 시계열의 관측 값들의 단순평균 또는 가중평균을 이용하여 확률오차를 평준화하는 방법
- 도출된 평활 예측 값들이 비교적 정확하며, 적용이 쉽고 계산이 간단함
- 평활법의 분석방법에는 이동평균법과 가중이동평균법이 있음

(1) 이동평균법

- 가장 널리 이용되고 있는 평활법 중의 하나임
- t기의 예측 값을 그 앞의 n기의 수요로 평균하여 구하는 방식

$$Y'_{t}=\frac{\sum Y_{t-i}}{n}$$

Y'_t= 기간 t의 수요예측 값
$_{t-i}$= [t−i]기간의 실제 수요량
n= 기간수

TIP

□ 관측기간의 수가 너무 적으면 실제수요의 변동이 예측값에 큰 영향을 받음
□ 관측기간의 너무 많으면 적은 영향을 미치게 됨

예제

어느 해 주택수요량이 아래의 표와 같다. 단순 3개월 이동평균을 이용하여 이듬해 4월과 5월 주택수요와 9개월 이동평균에 의한 10월과 11월 주택수요를 예측하라.

풀이

어느해		이듬해	
월	주택수요	단순3개월 이동평균에 의한 수요예측	단순9개월 이동평균에 의한 수요예측
1	290		
2	240		
3	250		
4	243	260(주1)	
5	265	244(주2)	
6	270	253	
7	280	259	
8	290	272	
9	255	280	
10	243	275	265(주3)
11	221	263	260(주4)
12	240	240	257

주 1]

$$Y'_{4월}=\frac{290+240+250}{3}=260$$

주 2]

$$Y'_{5월}=\frac{240+250+243}{3}=243$$

주 3]

$$Y'_{10월}=\frac{290+240+250+\cdots+255}{9}=265$$

주 4]

$$Y'_{11월}=\frac{240+250+243+\cdots+255+243}{9}=260$$

(2) 가중이동평균법

- 단순이동평균법의 단점을 보완하기 위한 것임
- t기의 수요는 그 앞의 t–1기에 의해 많은 영향을 받고 t–2기에 의해서는 그보다 덜 영향을 받는다고 볼 수 있음
- 이러한 방법은 예측시기와 가까운 쪽에 더 큰 가중치를, 먼 쪽에 더 작은 가중치를 부여하는 방법

$$Y'_t = \sum W_{t-i} Y_{t-i}$$

Y' = 기간 t의 수요예측 값
W_{t-i}= [t–i] 기간에 부여된 가중치
Y_{t-i} = [t–i] 기간의 실제 값

TIP

□ 전반적으로 이동평균법의 계산이 간단한 관계로 널리 이용되고 있음
□ 하지만 시계열 자료가 선형을 이루고 있으면 정확성이 떨어짐
□ 변화가 심한 시계열 자료에서 이 방법을 이용하는 것이 바람직함

예제

2007년 주택수요량이 아래의 표와 같다. 단순 3개월 가중이동평균에 의한 2008년 4월의 주택수요를 예측하라.

풀이

2007년		2008년
월	주택수요	단순3개월 이동평균에 의한 수요예측
1	290	
2	240	
3	250	
4	243	260(주1)
5	265	244
6	270	253
7	280	259
8	290	272
9	255	280
10	243	275
11	221	263
12	240	240

가장 가까운 달에 0.6, 그 다음달에 0.3, 가장 먼 달에 0.1의 가중치를 부여하여 계산함

주 1]

$$Y'_{4월} = 0.6(250) + 0.3(240) + 0.1(290) = 251$$

지수평활법

- 단순이동평균법과 가중이동평균법이 지닌 결점을 제거한 수용분석방법임
- 지수평활법은 최근의 데이터에 보다 큰 가치를 부여하여 수요의 최근 변화에 민감하도록 구성되어짐
- 지수평활법은 단기 예측시 가장 많이 사용하는 방법이며 방법의 장점은 다음과 같음

TIP

- □ 지수적 모형은 정확성이 높음
- □ 사용자가 모형을 쉽게 이해할 수 있음
- □ 컴퓨터의 기억장소를 많이 요구하지 않음
- □ 지수적 모형의 설정이 비교적 쉬움
- □ 모형을 사용하는데 필요한 계산이 많지 않음
- □ 모형의 정확성을 테스트하기가 쉬움

(1) 단순지수평활법

- 단순이동평균의 단점을 개선시킨 시계열 분석방법
- 수요예측을 위해서 3가지의 자료가 필요[전기의 관찰값, 평활계수]
- 단순지수평활법을 수학적으로 표현하면 다음과 같음

$$Y'_t = Y'_{t-1} + \alpha(Y_{t-1} - Y'_{t-1})$$

Y'_t = 기간 t의 수요 예측값
Y'_{t-1}= [t-1]기간의 예측값
Y_{t-1} = [t-1]기간의 실제 값
α = 지수평활 계수 [0〈α〈1]

TIP

- □ 최초의 수요 예측값을 구하기 어려우며, 평활계수를 결정하는데 반복적인 시행착오를 거침

예제

어느 해 B시의 주택수요량이 1,000세대라고 예측하였으나, 실제 주택수요량은 950세대였다. 이때 이듬해의 수요는 얼마나 될 것인지를 예측하여 보아라.

풀이

Step 1] 최초의 Y'_{t-1}값을 결정(위의 식에서는 1,000세대라 주어짐)

Step 2] 평활계수를 결정

(평활계수값은 산업마다 나라마다 차이가 있어 반복적인 시행착오를 거쳐 가장 적절한 값을 추정해야 함. 하지만, 본 예제에서는 수요오차의 30%를 과거수요추세 패턴에 영향을 받을 것이라 가정하였음)

$$Y'_{t-1}=1,000\text{세대}+0.3(950\text{세대}-1,000\text{세대})=985\text{세대}$$

(2) 이중지수평활법

- 이동평활법이 가진 단점을 보완시켜 선형추세요인이 포함된 예측
- 3개의 관측값과 평활계수 α가 필요함
- 관찰시점이 멀어짐에 따라 예측에 영향을 미치는 비중은 줄어듦을 전제로 하고 있음
- 이중지수평활법의 풀이과정을 살펴보면 다음과 같음

1단계) : 단순지수평활법에 의해 (t-1)의 추세값을 감안한 t기간의 예측값을 산출

$$Y'_t = \alpha Y_{t-1} + (1-\alpha)(Y'_{t-1} + T_{t-1})$$

단, T_{t-1}: 전기의 추세값

2단계) : 기간 t의 지수평활추세를 평활계수β를 사용하여 산출

$$T_t = \beta(Y'_t - Y'_{t-1}) + (1-\beta)T_{t-1}$$

3단계) : 기간 t의 추세조정예측 값을 다음과 같이 계산함

추세조정 예측값 = $Y'_t + T_t$

4) 장래 사회경제지표 예측

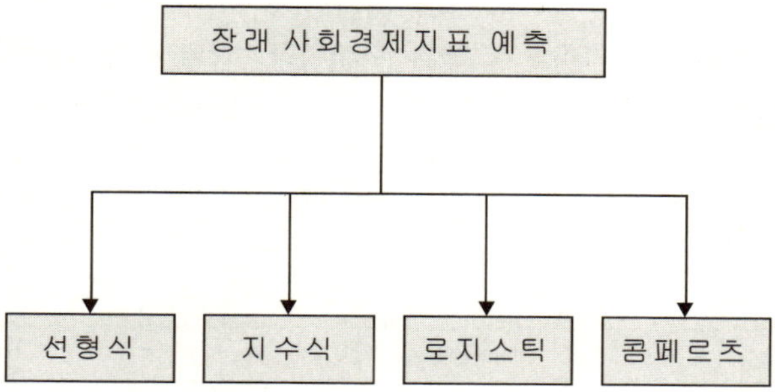

- 과거 시계열의 관측 값들을 이용하여 장래 나타날 현상을 예측하는 방법
- 시계열자료의 변화에 적합한 예측식을 적용하는 것이 중요함
- 사회경제지표 예측에 있어 과거자료의 수집이 어려운 경우 발생
- 평활법에 비하여 사회현상을 보다 정확히 나타낼 수 있는 장점이 있음

(1) 선형식

- 가장 단순하면서도 널리 사용되는 추정식의 형태로 선형식임
- 선형식의 형태 → $P_t = a + bt$

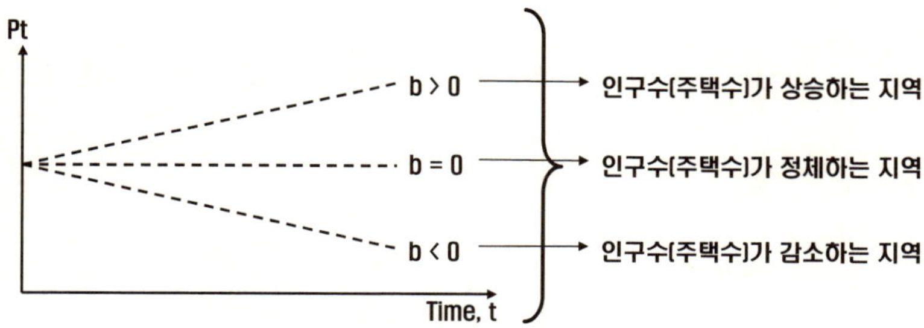

예제

어느 도시의 10년 동안의 아파트가 증가 추세이다. 선형식 예측모형을 이용하여 2005년 아파트 세대수를 추정하여라.

[단위 : 천가구]

연도[X]	1990	1995	2000
아파트 세대수[Y]	50	55	65

풀이

- Step 1 : 최소자승법공식
  Y=a+bX 에서
- Step 2 : 선형식 도출

	X	Y	X^2	XY
	90	50	8,100	4,500
	95	55	9,025	5,225
	100	65	10,000	6,500
Σ	285	170	27,125	16,225

여기서, n=3

$$(\sum X)^2 = 285^2 = 81225$$

$$\sum X \sum Y = 48450$$

- Step 3 : a, b 파라미터 산출
  → a : −85.8, b :1.5
- Step 4 : 2005년 아파트 세대수 산출
  → Y=−85.8+1.5(105)=71.7
- Step 5 : 결과 해석
  → 2005년 이 도시의 아파트 세대수는 71,700세대로 추정되었음

(2) 지수곡선식

$$P_t = a \cdot b^x$$

여기서, Pt : t시점의 인구수(주택수)
a : 상수항
b : 변수의 계수값

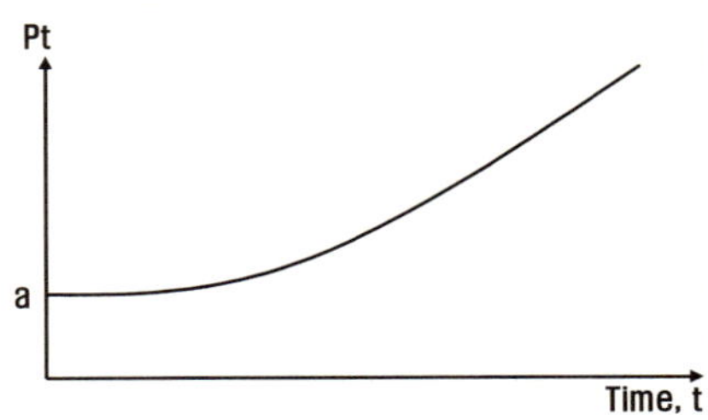

$$P_t = a \cdot b^x \xrightarrow{\text{Log화}} LogP_t = \log a + X \log b$$

$$\left.\begin{array}{c} LogP_t = P'_t \\ Loga = A \\ Logb = B \end{array}\right\} \text{치환}$$

$$LogP_t = \log a + X \log b \longrightarrow P'_t = A + BX$$

- 성장률이 일정할 때 사용하며 외삽법 중 널리 이용되는 추정법임

예제

어느 도시의 10년 동안의 아파트 증가 추세이다. 지수곡선식 예측모형을 이용하여 2005년 아파트 세대수를 추정하여라.

[단위 : 천가구]

연도[X]	1990	1995	2000
아파트 세대수[Y]	50	55	65

풀이

-Step 1: Excel 코딩 -Step 2: 그래프 작성 -Step 3: 추세선추가

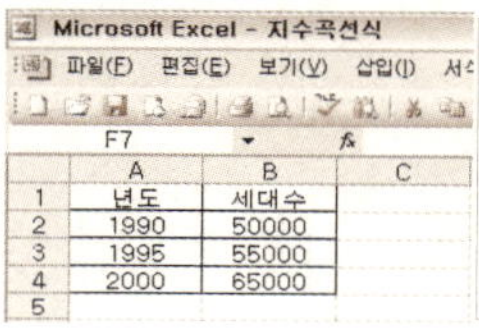

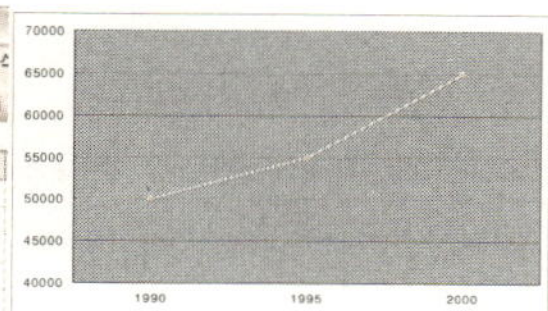

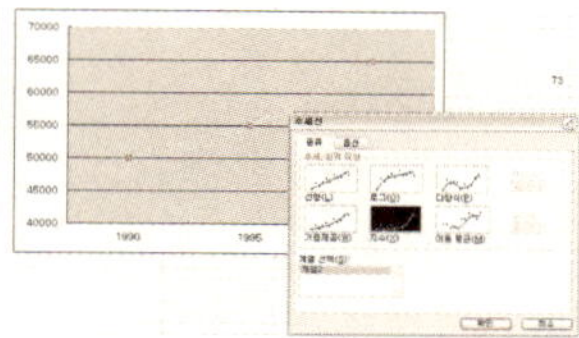

-Step 4: 지수곡선식을 나타냄 -Step 5: 산출식을 이용한 가구수예측

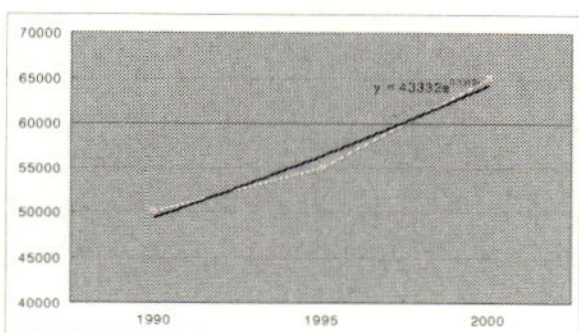

$$Y = 43332 \times e^{(0.1312 \times 4)} = 73236$$

→2005년 이 도시의 아파트세대수는 73236세대로 추정되었음

(3) 로지스틱 곡선식

- K라는 상한치를 이용하여 인구, 주택수, 경제, 자동차규모, GRP 등을 추정하는데 이용함

$$P_t = \frac{K}{1+be_{-at}}$$

여기서, P_t : t시점의 인구수(주택수)

a, b : 파라미터

K : 상한치

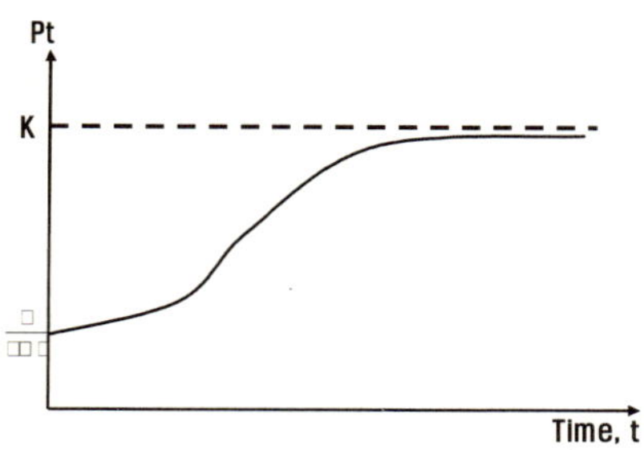

예제

어느 도시의 10년 동안의 아파트 증가 추세이다. 로지스틱곡선 예측 모형을 이용하여 2005년 아파트 세대수를 추정하여라.

[단위 : 천가구]

연도[X]	1990	1995	2000
아파트 세대수[Y]	50	55	65

풀이

- Step 1 : K값 설정 → 이 도시의 최대 아파트 수용능력은 10만 세대임
- Step 2 : a, b 파라미터 산출
  → a : 0.062, b : 147.92
- Step 3 : 2005년 아파트 세대수 산출
  → $Y = \dfrac{100}{1 + 147.92e^{-0.062 \times 105}} = 81952$
- Step 4 : 결과해석
  → 2005년 이 도시의 아파트 세대수는 81,952세대로 추정되었음

(4) 콤페르츠 곡선식

- K라는 상한치를 이용하여 인구, 주택수, 경제, 자동차규모, GRP 등을 추정하는데 이용함. 로지스틱 곡선식과 유사함
- 콤페르츠 곡선의 형태 → $P_t = Ka^{bt}$ 여기서, P_t : t시점의 인구수(주택수)
  a, b : 파라미터
  K : 상한치

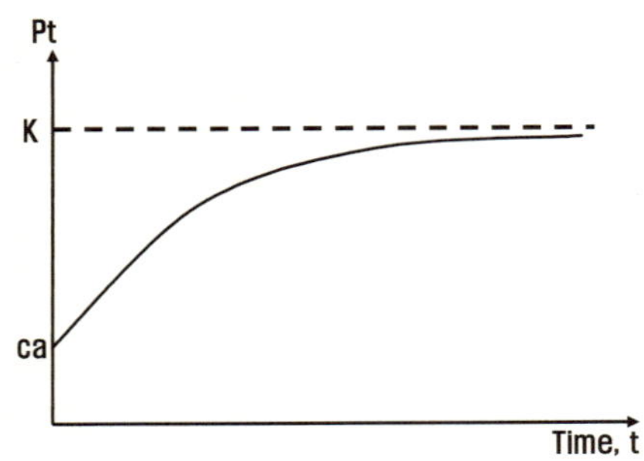

예제

어느 도시의 10년 동안의 아파트 증가 추세이다. 콤페르츠 예측 모형을 이용하여 2005년 아파트 세대수를 추정하여라.

[단위 : 천가구]

연도[X]	1990	1995	2000
아파트 세대수[Y]	50	55	65

풀이

- Step 1 : K값 설정 → 이 도시의 최대 아파트 수용능력은 10만 세대
- Step 2 : a, b 파라미터 산출
  → a : 1.38×10^{-15}, b : 0.00885
- Step 3 : 2005년 아파트 세대수 산출
  → $Y=100(1.38\times10^{-15})^{0.00885(105)}=82743$
- Step 4 : 결과해석
  → 2005년 이 도시의 아파트 세대수는 82,743세대로 추정되었음

Ⅲ 상권을 어떻게 분석하는가?

1. 상권분석

1.1 거시적 수요추정법

◎ 광역적 접근

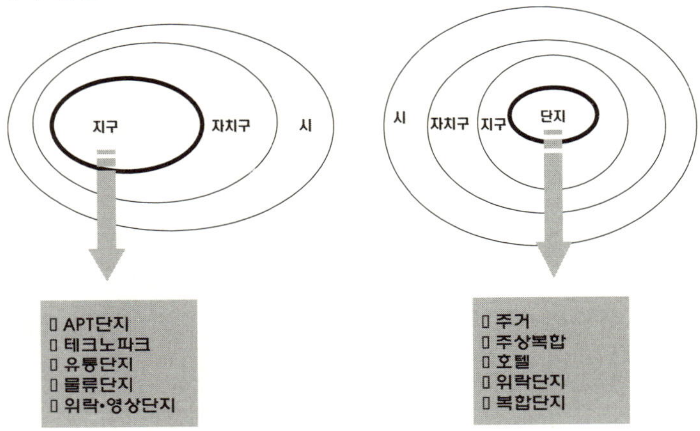

[그림] 지구유형별 공간적 위상

- A지구의 광역적 접근에 따른 거시적 수요추정법에서는 업무·상업·주거기능을 개발기본요소로 설정하고 도시 전체 개발수요추정을 기본으로 A지구 개발수요 분담량을 추정

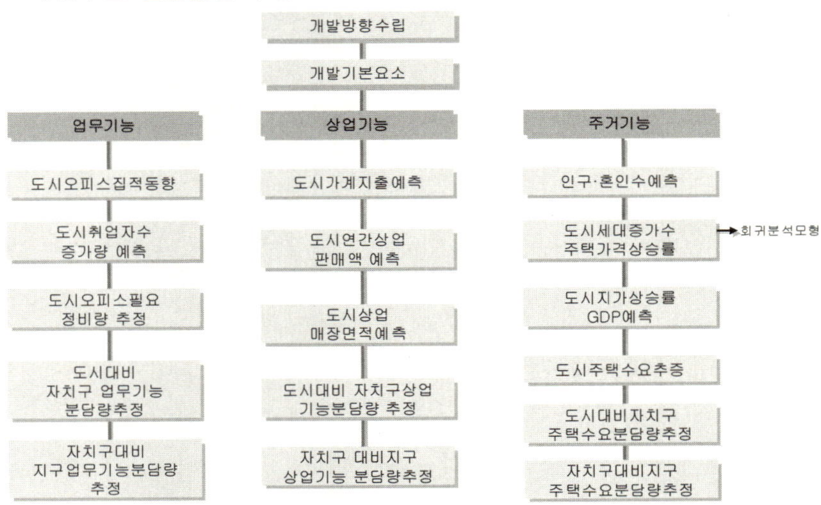

업무기능 개발 수요추정

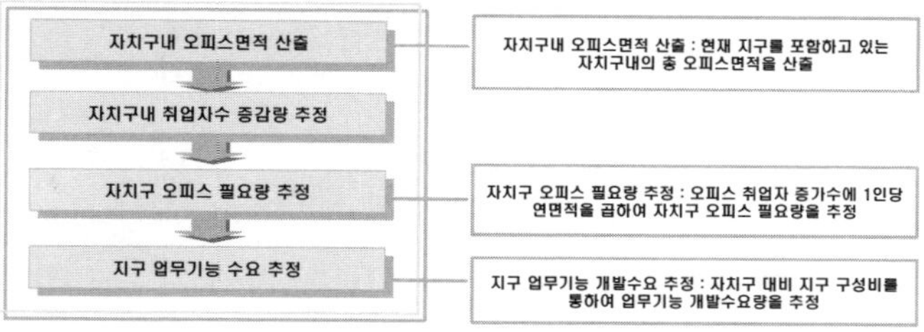

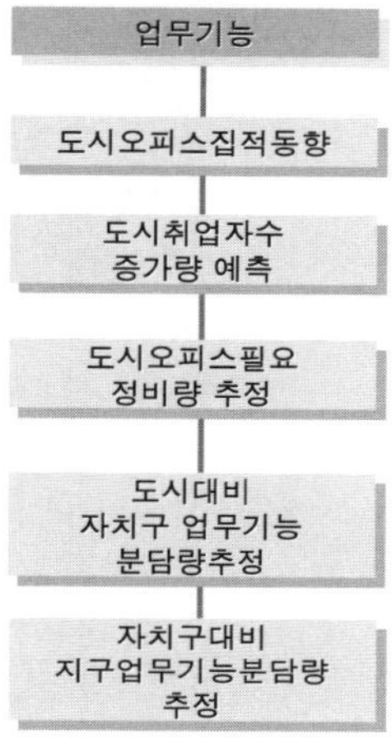

- 도시전체의 오피스 집적 동향을 바탕으로 취업자수 증가량과 오피스 필요 정비량을 추정함으로써 개발 수요추정

- 도시 업무기능 개발 수요량에서 자치구의 업무시설 분담량을 추정한 후 자치구 대비 지구 업무분담률을 통하여 개발 수요를 추정

상업기능 개발 수요 추정

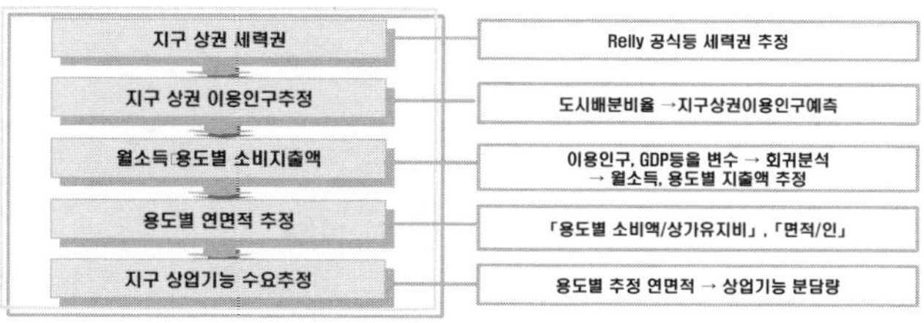

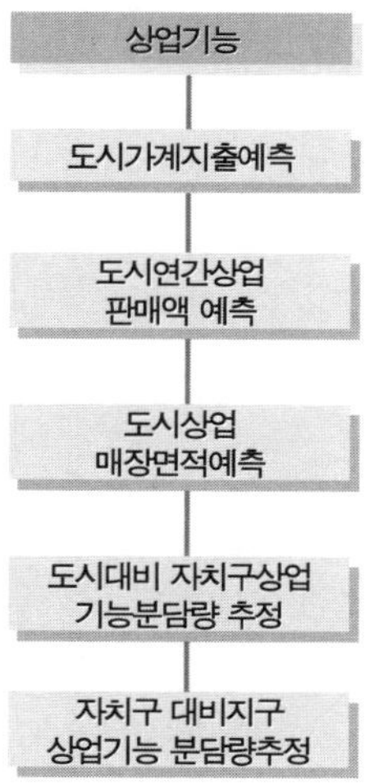

- 우선 1인당GDP, 구매·오락관련 지출, 세대수, 연간 상업판매역, 매장 효율의 5가지 규정요인을 바탕으로 가계소비지출, 상업판매액, 상업매장면적을 예측하여 도시전체 상업기능의 개발수요를 추정

- 여기에 자치구 상업기능의 분담률을 조정하여 자치구의 상업기능 개발 수요를 추정하고 자치구 대비 지구 상업기능 분담률을 적용하여 지구상업기능 개발수요를 추정

주거기능 개발 수요 추정

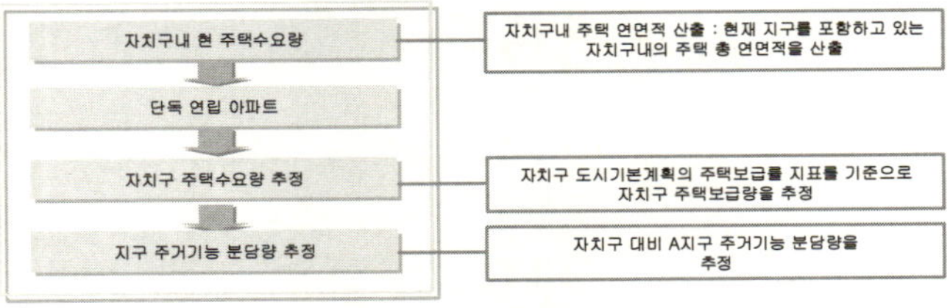

- 결혼건수, 세대증가수, 주택가격, 지가, GDP실질 상승률을 규정요인으로 하여 우선 도시 전체 주거기능의 개발 수요를 추정

- 자치구 분담률을 적용하여 자치구의 주택수요를 추정하여, 자치구의 주택수요량을 바탕으로 자치구 대비 지구 주택수요분담률을 적용하여 지구 주택수요 분담량을 추정

1.2 Huff의 확률모형

1) Huff 확률모형의 정의

Huff의 확률모형	Huff모형은 기본의 중력모형에 효용이론을 도입하여 상권의 영역이 확정적인 것이 아닌 확률적 개념으로 설명

→ i지역의 소비자가 j지역의 상업시설을 이용하는 것에 대해 느끼는 효용을 중력모형에 의하여 구하고, 소비자가 시장지역 내 특정 상가를 방문할 확률은 해당상가 효용에 대한 모든 상가들의 효용합의 비로 구함

중력모형

$$P_{ij}^{\ t} = \frac{\dfrac{S^{t}{}_{j}}{T_{ij}^{\ \lambda}}}{\displaystyle\sum_{j=0}^{\infty} \frac{S_j}{T_{ij}^{\ \lambda}}}$$

P_{ij}^{t} = i 지역 사람 → j지역 t상품을 살 확률

S_j^t = j 지역·t상품의 상거래 규모

T_{ij} = i ↔ j 간의 시간

λ = 저항계수

2) Huff의 확률모형의 예제

예제

잠재적 소비자의 인구가 20,000명인 AwI역에서 1㎞ 떨어진 B지점에서 백화점이 위치하고 있다. 이때 1.5㎞ 떨어진 C지점에 새로운 백화점이 생겨난다면 C지점 백화점을 이용할 확률과 이용자는 얼마일까? 여기서 B와 C의 매장 면적은 각각 5,000㎡, 8,000㎡이다.(저항계수는 2)

풀이

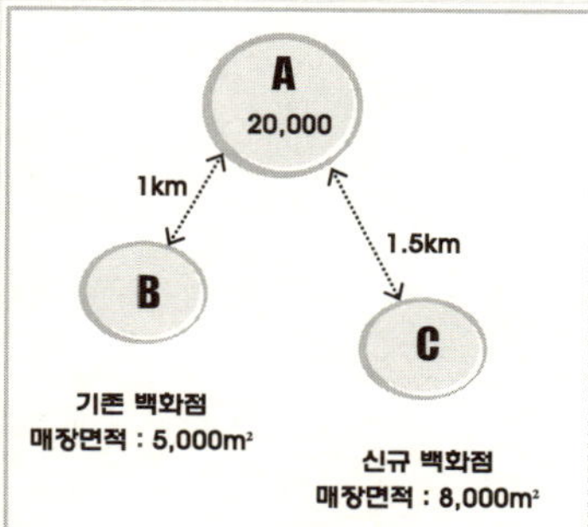

$$P_{ij}^{t} = \frac{\dfrac{8,000}{1.5^2}}{\dfrac{5,000}{1^2} + \dfrac{8,000}{1.5^2}}$$

$$= 41.56\ \%$$

저항계수는 2라 가정

➢ 이용인구 = 20,000 x 41.56% = 8,312명

1.3 Reliy 소매중력모형

1) Reliy 소매중력모형의 정의

Reliy 소매중력모형	Reliy모형은 중력모형을 이용하여 소비자의 구매선호도를 분석하는 기법으로 상권분석에 폭넓게 이용됨

→ 3개 지역 A, B, C가 있을 때 A에서 거주하고 있는 소비자들의 B와 C지역에 대한 구매선호도는 B, C 지역의 인구에 비례하고 거리 또는 시간에 반비례함

$$\left(\frac{B_B}{B_B}\right)=\left(\frac{P_B}{P_B}\right)\left(\frac{D_C}{D_B}\right)^2$$

$\frac{B_B}{B_C}$ = A지역 소비자의 B,C지역에 대한 구매선호비율

B_B = A지역 소비자의 B지역에 대한 인구수

P_B = B지역의 인구수

D_C = A지역에서 C지역까지의 거리(시간)

2) Reliy 소매중력모형의 예제

예제

A도시가 인구 8,000명이고, B도시가 250,000명, C도시가 150,000명이다. A~B지점까지는 30분이 소요되고 A~C지점까지는 15분이 걸린다. 이 경우 A도시 소비자의 도시 B와 C에 대한 소비선호 비율은?

풀이

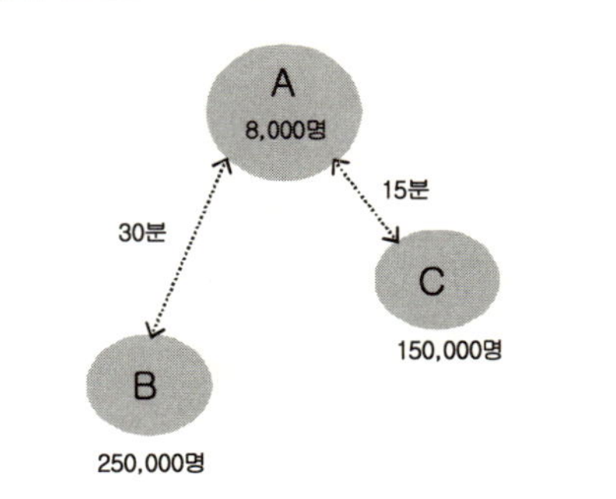

$$\left(\frac{B_B}{B_C}\right)=\left(\frac{250{,}000}{150{,}000}\right)\left(\frac{15}{30}\right)^2$$

$$= 0.42$$

B지점 선호도 : C지점 선호도

= 0.42 : 1

1.4 Converse 상권분기점법

1) Converse 상권분기점법의 정의

Converse 상권분기점법	- Reliy모형의 기본적인 개념을 연장시켜 상권이 분기점, 즉 세력권을 산출해내는 방법 - 양쪽 세력권의 분기점에서의 두 상점에 대한 구매선호도는 같다는 가정

→ 계산이 용이하며, 특히 다른 자료를 이용할 수 없거나 자료를 입수하는데 드는 비용이 너무 클 경우 이를 이용하여 쉽게 상권을 추정할 수 있음

$$D = \frac{D_B + D_C}{1 + \sqrt{\frac{P_B}{P_C}}}$$

D = 상권의 분기점
D_B = B지점까지의 시간
D_C = C지점까지의 시간
P_B = B지역의 인구
P_C = C지역의 인구

2) Converse 상권분기점법의 예제

예제

A도시가 인구 8,000명이고, B도시가 250,000명, C도시가 150,000명이다. A~B지점까지는 30분이 소요되고 A~C지점까지는 15분이 걸린다. 이 경우 상권의 분기점은 어느 지점이 되는가?

풀이

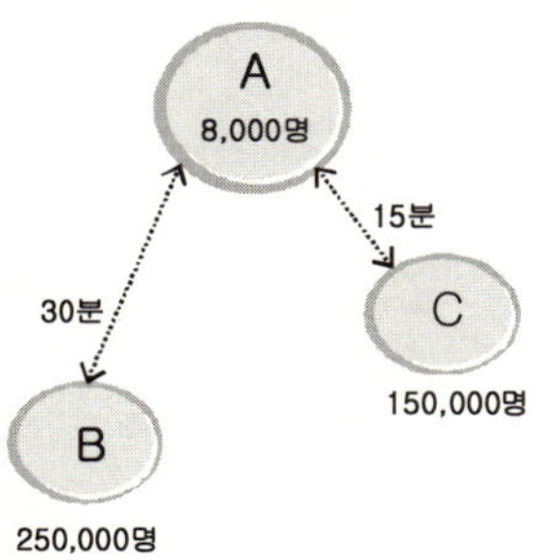

$$D_B = \frac{30 + 15}{1 + \sqrt{\frac{25}{15}}} = 19.63 \text{ 분}$$

Ⅳ 도시경제분석을 하는 이유는?

1. 도시경제분석 기법

1.1 도시경제분석 기법의 개요

◎ 도시경제분석의 정의

도시경제 분석	도시공간의 활용상 발생되는 다양한 문제점의 해결방법론을 지역 경제분석모형이라 함

◎ 분석기법의 기본논리

- 경제활동은 일정한 공간에서 이루어짐
- 공간의 질적(위치, 접근성 등) 면과, 양적(토지) 면에서 제한됨

◎ 도시경제분석의 방법론

- 지역자체의 경제적 특성 분석 방법
- 지역경제의 공간적인 분포특성 방법
- 도시간의 상호작용 특성 분석

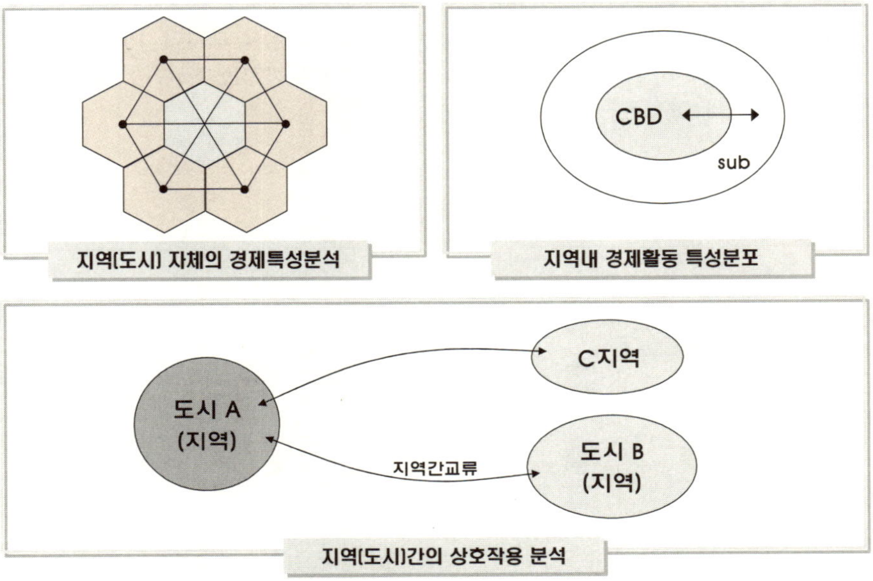

지역(도시) 자체의 경제특성분석

지역내 경제활동 특성분포

지역(도시)간의 상호작용 분석

1.2 도시경제 성장분석

1) 경제기반 모형

경제기반 모형	- 지역의 경제구조를 파악하고 이를 이용하여 지역의 성장 특성을 파악하는데 이용 - 지역의 기반부문산업의 고용 혹은 생산특성에 따라 지역 전체의 파급효과 파악

모형의 활용

- 기반부문의 산업파악
- 지역의 기반 혹은 비 기반부문의 산업특성을 통한 지역 산업구조 파악
- 지역간 산업특성의 비교
- 생산활동이 변경되는 경우 이에 따른 지역의 경제활동 변화 예측
- 불완전한 지역경제 자료 보완

모형의 전제

- 지역 내의 산업은 기반부문(basic sector)과 비기반부문(non-basic sector)으로 구분
- 기반부문의 생산물은 지역외 수출만 함
- 지역 내 생산으로 수입을 대처하지 못함
- 기반산업의 생산은 비 기반분야의 생산활동에 영향을 끼침
- 추계기간 동안 매개변수와 승수의 값은 일정

기반산업과 비기반산업의 분류

- 면접 및 설문을 이용하는 방법
- 입지상을 이용하여 분석(location quotient analysis)하는 방법
- 회귀분석 등의 이론적인 기법을 활용하는 방법
- 입지상 분석은 지역의 산업구분에 널리 사용하는 방법

입지상 분석

입지상 분석	- 도시의 성장을 다루는 하나의 기법 - 일정한 지역의 기반산업과 비 기반산업을 분류하는데 유용하게 사용 - 고용, 부가가치, 생산액, 지불임금, 생산물량을 기본자료로 활용

$$LQ_{ij} = \frac{E_{ij}}{\sum_i E_i} / \frac{E_j}{\sum_j E_j}$$

LQ_{ij} : i지역의 j산업의 입지상

E_{ij} : i지역 j산업의 고용자수(생산액, 임금 등)

$\sum_i E_i$: i지역의 고용자수(생산액, 임금 등)

E_j : 전국의 j산업의 고용자수(생산액, 임금 등)

$\sum_j E_j$: 전국의 고용자수(생산액, 임금 등)

$LQ_{ij} < 1$	: j산업은 i지역에서 비기반산업임
$LQ_{ij} > 1$	: j산업은 i지역에서 기반산업임
$LQ_{ij} = 1$	: 자급자족임

◎ 경제기반분석

- 지역의 경제적인 특성분석을 기반부문과 비기반부문의 산업특성을 활용하는 경우 B/N비 또는 승수 분석법이 있음

(1) B/N 비

B/N비	해당지역의 산업특성을 다른 지역과 비교하는 경우 비교적 간략하게 산출

$$B/N = \frac{E_B}{E_N}$$

E_B : 기반부문의 고용자수(생산액 혹은 임금 등)

E_N : 비기반부문의 고용자수(생산액 혹은 임금 등)

B/N 〉 1	다른 지역에 비해 기반부문 산업이 활성화된 지역
B/N 〈 1	다른 지역에 비해 기반부문산업이 취약한 지역

(2) 경제기반승수분석

경제기반승수 분석	지역의 경제기반승수가 일정한 경우 경제기반모형을 통하여 산출된 기반부문과 비 기반부문의 특성치를 이용하여 지역의 경제적인 특성분석

$$E_T = m \cdot E_B \quad \rightarrow \quad m = \frac{E_T}{E_B} = \frac{1}{E_B/E_T} = \frac{1}{1 - \frac{E_N}{E_T}}$$

E_T : 지역의 총 고용자수(생산액 혹은 임금 등)

m : 경제기반승수

E_B : 기반부문의 고용자수(생산액 혹은 임금 등)

E_N : 비기반부문의 고용자수(생산액 혹은 임금 등)

◎ 모형의 장점

- B/N비 혹은 경제기반승수는 계산이 용이하여 실제 분석에 쉽게 적용
- 자료가 부족하여도 B/N비만 예측할 수 있다면 산업의 신설 혹은 확장의 효과를 쉽게 분석할 수 있음
- 비교적 자료 취득이 용이한 고용자료 등을 이용하여 도시경제의 예측가능

◎ 모형의 단점

- 기반활동만이 도시경제의 원동력이라는 편중된 생각에 기본을 두고 있음
- 기반부문과 비기반부문을 명백하게 구분하는 방법론 정립이 어려움
- 기반, 비기반산업의 구분이 어려운 지역에서는 모형의 설득력이 떨어짐
- 도시경제규모의 변동과정을 구체적으로 설명하지 못함
- 산업 간의 생산성 차이를 충분히 수용하지 못하고 고용 인구를 통한 분석이 위주

예제

다음 표는 도시 A의 산업별 생산액과 전국의 산업별 생산액을 나타낸 것이다. 이 표를 이용하여 도시A의 기반산업을 파악하고 해당산업비(B/N비)와 경제기반승수를 산출하여라.

A시의 산업별 생산액

지역＼산업	철강	섬유	화학	식품	건설	항공	재정	금융	정보	전자	관광	기타	계
도시A	19	5	22	14	1	10	15	6	16	8	3	20	139
전국	661	570	719	707	727	568	506	496	161	614	603	1,523	7,855

풀이

① 입지상 계산

-입지상을 구해 해당 도시의 기반산업분류를 할 수 있음

-해당도시의 입지상을 생산액을 통하여 분류하면 다음 표와 같음

-계산 : $LQ_{i,j} = \frac{E_{ij}}{\sum_i E_i} / \frac{E_j}{\sum_j E_j}$ 철강산업 입지상 $= \frac{19}{139} / \frac{661}{7855} = \boxed{1.624}$

해석:
1보다 크므로 철강산업은 이 지역에서 기반산업임

	철강	섬유	화학	식품	건설	항공	재정	금융	정보	전자	관광	기타	계
생산액 비교	0.029	0.009	0.030	0.20	0.001	0.018	0.30	0.012	0.099	0.013	0.005	0.013	0.018
입지상	1.624	0.495	1.729	1.119	0.077	0.994	1.675	0.683	5.615	0.736	0.281	0.742	-

	철강	섬유	화학	식품	건설	항공	재정	금융	정보	전자	관광	기타	계
도시A 생산액	19	5	22	14	1	10	15	6	16	8	3	20	139
입지상	1.624	0.495	1.729	1.119	0.077	0.994	1.675	0.683	5.615	0.736	0.281	0.742	–

② 기반 부문 생산액 구하기

– 입지상이 1미만인 산업은 해당도시에서 자급자족되지 않는 비기반분야

– 입지상이 1이상인 산업은 1보다 큰 부분에 대한 기반산업

– 기반산업부문의 생산액은 입지상에 바탕을 둔 아래의 식을 이용하여 구할 수 있음

$$i\text{산업의 기반부문 생산액} = \sum_i \text{기반부문 생산액}_{i\text{산업}}$$

$$\text{기반부문 생산액}_{i\text{산업}} = \frac{(\text{입지상}_i - 1)}{\text{입지상}_i} \cdot i\text{산업의 생산액} \quad \text{(입지상이 1보다 큰 경우)}$$

$$\text{기반부문생산액}_{i\text{산업}} = 0 \quad \text{(입지상이 1보다 작은 경우)}$$

계산 :

$$\frac{(1.624-1)}{1.624} \cdot 19 + \frac{(1.729-1)}{1.729} \cdot 22 + \frac{(1.119-1)}{1.119} \cdot 14 + \frac{(1.675-1)}{1.675} \cdot 15 + \frac{(5.615-1)}{5.615} \cdot 16 = 37.266$$

기반산업 생산액

③ 기반산업비(B/N비) 구하기

– 기반산업의 생산액은 37.266이 되므로 이는 전체산업의 총생산액 139의 26.81%가 됨을 알 수 있음

$$\frac{37.266}{139} \times 100 = 26.81\%$$

– B/N은 기반분야의 산업생산액과 비기반분야의 산업생산액의 비율이므로 0.366이 됨

$$\frac{37.266}{139 - 37.266} = 0.366$$

해석:
1보다 작으므로, 이 지역은 기반부문 산업이 취약함

④ 경제기반승수 산출

– 경제승수는 기반산업이 전체산업에서 차지하는 비율의 역수와 같으므로 3.73이 됨

$$\frac{100}{26.81} = 3.73$$

2) 투입-산출모형(Regional Input-Output Model)

투입산출 모형 (Regional Input-Output Model)	- 지역산업연관모형이라고 불리며, 지역적인 차원에서 산업부문간 경제활동의 상호의존관계를 설명 - 최종수요의 규모변동에 따른 경제적 파급효과를 분석하는 유용하게 이용 - "각각의 산업에서의 생산물은 다른 산업의 생산을 위하여 소요되는 상품과 최종소비자가 소비하는 상품의 양의 합과 동일하다" 는 데에서부터 출발함

모형의 활용

- 지역산업연관표를 작성하여 이루어짐
- 지역산업연관표는 각 산업의 산출이 다른 산업부분에 어떻게 배분되는지와 각각의 산업이 어떠한 투입물을 필요로 하는지 파악하는데 활용 할 수 있음
- 산업부문간의 경제적 상호의존관계를 나타내는 지역계정이며, 지역의 경제특성인 산업구조를 보여 주는 분석도라 할 수 있음

모형의 전제

- 분석기간 동안에 교역계수(trade coefficients)들은 변하지 않음
- 각각의 산업들은 각기 하나의 동질의 생산함수를 가지고 있음
- 각 산업의 생산은 규모에 대한 수익불변의 조건이 이루어짐
- 각각의 산업은 하나의 동질의 상품만을 생산함
- 지역 내 산업의 생산에 있어 외부효과(규모의 경제 혹은 규모의 비경제)는 없음

투입-산출모형(Regional Input-Output Model)식

$$x_i = \sum_{j=1}^{n} |(a_{ij}x_j + y_i)| (i = 1,2,3,.....,n)$$

x_i : i 산업의 생산물

a_{ij} : j 산업의 생산을 위해 i 산업에 생산물을 투자하는 비율

y_{ij} : i 산업 생산물의 소비자 최종소비

n : 지역 내 산업의 수

모형의 장점

- **시계열적 분석에서는 지역간 및 지역 내의 산업연관 관계의 파악이 가능함**
- **중간수요와 최종수요로 수요를 이분화하여 각 수요부문이 지역경제에 미치는 영향을 구체적으로 파악할 수 있음**
- **장래의 수요변화에 따른 고용승수효과 측정이 가능**

모형의 단점

- **산업관계(생산 및 수요의 연관관계)가 불변이라는 가정에서 모형의 기초를 두고 있음 → 재화와 용역의 가격이 불변이라는 가정을 바탕에 두고 있음**
- **현실적으로 산업부문을 정확하게 구분하는 것은 어렵고 전문적인 지식을 요구함**
- **자료수집에서 까다로운 현장조사를 필요로 하고 많은 경비가 요구 됨**

예제

K시의 산업특성을 생산과 서비스 산업으로 구분하여 이들의 산업간 투입산출의 특성을 살펴본 결과 아래의 결과를 얻었다.

① 이를 통하여 산업연관표를 완성하여라.
② 완성된 산업연관표를 활용하여 투입계수 행렬을 구하여라.
③ 생산부문에 투자를 10단위 증가하는 경우와 서비스부문에 10단위 증가하는 경우의 차이점을 파악하여라.

투입 \ 산출		내생부문		최종수요	총산출물
		생산	서비스		
내생부문	생산	300.73	39.08		
	서비스	206.41	88.86		
지불부문		89.64	41.22		
총투입물					

풀이

- I-O 분석 시 산업을 여러 종류로 분류하면 다차원행렬연산과정이 필요하기 때문에 수작업이 어렵고 컴퓨터를 이용하여야 하지만 산업분류가 2~3개 정도로 간단하면 수작업을 통한 분석이 가능함
- 산업연관표의 특성상 부분별 투입량과 산출량이 동일함. 최종수요는 총산출에서 내생부문의 소요량을 감하면 구할 수 있다. 즉 아래의 식을 통하여 구할 수 있음

$$최종수요_{i산업} = 총산출량_{i산업} - \sum_{j=1}^{n} 내생부문의\ 소비_{i산업에서 소비되는}$$

투입 \ 산출		내생부문		최종수요	총산출물
		생산	서비스		
내생부문	생산	300.73	39.08	256.97	596.78
	서비스	206.41	88.86	−126.11	169.16
지불부문		89.64	41.22		
총투입물		596.78	169.16		

596.78−(300.73+39.08)=256.97
169.16−(206.41+88.86)=−126.11 때문에

– 위의 산업연관표에 근거하여 지역의 투입계수행렬의 인수들은 총 투입의 각 내생부문에 대한 유입량의 비율로 다음과 같이 구할 수 있음

투입 \ 산출		내생부문		최종수요	총산출물
		생산	서비스		
내생부문	생산	300.73	39.08	256.97	596.78
	서비스	206.41	88.86	-126.11	169.16
지불부문		89.64	41.22		
총투입물		596.78	169.16		

$$투입계수_{ij} = \frac{소비량_{ij}}{소비량_j} \times 100 \qquad \frac{300.73}{596.78} \times 100 = 50.39$$

투입 \ 산출		내생부문	
		생 산	서비스
내생부문	생산	50.39	23.10
	서비스	34.58	52.53

– 생산 부문에 10이 추가 투입된 경우

기 존

투입 \ 산출		내생부문		최종수요	총산출물
		생산	서비스		
내생부문	생산	300.73	39.08	256.97	596.78
	서비스	206.41	88.86	-126.11	169.16
지불부문		89.64	41.22		
총투입물		596.78	169.16		

추 가

투입 \ 산출		내생부문		최종수요	총산출물
		생산	서비스		
내생부문	생산	310.73	39.08	256.97	606.78
	서비스	206.41	88.86	-126.11	169.16
지불부문		89.64	41.22		
총투입물		606.78	169.16		

$$투입계수_{ij} = \frac{소비량_{ij}}{소비량_j} \times 100 \rightarrow \frac{310.73}{606.78} \times 100 = 51.21$$

기존

		내생부문	
		생 산	서비스
내생부문	생산	50.39	23.10
	서비스	34.58	52.53

∴ 51.21은 50.39보다 0.82의 수요가 더 발생

- 서비스 부문에 10이 추가 투입의 경우

기 존

투입 \ 산출		내생부문 생산	내생부문 서비스	최종수요	총산출물
내생부문	생산	300.73	39.08	256.97	596.78
	서비스	206.41	88.86	-126.11	169.16
지불부문		89.64	41.22		
총투입물		596.78	169.16		

추 가

투입 \ 산출		내생부문 생산	내생부문 서비스	최종수요	총산출물
내생부문	생산	300.73	39.08	256.97	606.78
	서비스	206.41	98.86	-126.11	179.16
지불부문		89.64	41.22	.	
총투입물		596.78	179.16		

$$투입계수_{ij} = \frac{소비량_{ij}}{소비량_{j}} \times 100 \qquad \frac{98.86}{179.16} \times 100 = 55.17$$

		내생부문 생 산	내생부문 서비스
내생부문	생산	50.39	23.10
	서비스	34.58	52.53

∴ 55.17은 52.53보다 2.64의 수요가 더 발생

→ 생산부문 추가 투입되는 것보다, 서비스 부문에 추가 투입되는 것이 이득

3) 신고전 성장모형

신고전 성장모형	- 공급측면에서 노동과 자본의 결합특성의 분석을 통해 지역의 경제성장을 규명하는데 관심을 가지고 모형전개 - 일반적인 방법으로는 생산요소와 산출물간의 관계를 나타내는 Cobb-Douglas 생산함수를 이용한 분석법이 있음

◎ 모형의 전제

- 지역의 저축률은 일정하고 이에 따라 축적된 저축은 모두 투자로 흡수
- 지역의 노동은 일정하게 증가함
- 저축된 자본은 그 가치를 일정하게 유지
- 자본과 노동의 생산탄력성의 합은 1
- 규모의 수익률은 지속적이며 일정함
- 완전 경쟁이 이루어져야 함

◎ 모형의 세부적 활용

- 지역의 생산력(노동, 자본)에 의해 지역이 성장한다고 보고 이를 파악하는 것을 모형의 목적으로 하고 있음

〈Cobb-Douglas 생산함수〉

$$Y = AL^{\alpha}K^{\beta}$$	Y : 지역의 생산 A : 기술적인 특성치로 지역의 생산력과 지역의 생산과의 관계 L : 지역의 노동 K : 지역의 자본 α : 노동의 생산탄력성 β : 자본의 생산 탄력성

- Cobb-Douglas를 편미분
- 지역생산의 변화율을 지역의 기술적인 특성, 노동, 자본의 변화율의 선형관계로 나타냄

$$\frac{\delta Y}{Y} = \frac{\delta A}{A} + \alpha(\frac{\delta L}{L}) + \beta(\frac{\delta K}{K})$$

- 신고전 성장모형을 활용해서 지역의 경제성장 특성을 파악하기 위해서는 지역의 개략적 산업관련특성의 자료가 우선적으로 필요함

◎ 모형의 장점

- 국가전체적인 측면에서 지역의 경제성장 특성을 파악할 수 있음
- 생산요소들의 변화가 지역의 산출에 미치는 영향을 직접 파악할 수 있음
- 명확하고 비교적 정확한 예측결과를 유도할 수 있음

◎ 모형의 단점

- 구체적이고 미시적인 지역의 경제특성관련 정보를 제공하지 못함
- 지역의 고용수준을 구체적으로 모형에 활용하지 못함
- 지역의 생산관계 및 생산성의 현격한 변화(지역의 혁신 및 기술의 진보)를 고려할 수 없음

예제

Cobb-Douglas 생산함수를 변형하면 지역의 경제성장특성을 다음과 같이 예측할 수 있었다.

$$Y = A \cdot L^{\alpha} \cdot K^{\beta} \cdot I^{\gamma}$$

여기서 Y : 지역소득(GDP)
L, K, I : 노동, 자본, 하부구조
A, α , β , γ : 파라미터

지역 A의 노동력, 자본 및 하부구조의 투자액을 종합적으로 조사하고 지역의 경제성장 특성을 살펴본 결과 아래의 표에 나타나는 바와 같은 결과를 얻었다.

다음의 표를 이용하여 Cobb-Douglas 생산함수를 구축하고, 구축된 모형을 통하여 5년 후 현재의 노동력이 -5%, 자본이 +15%, 하부구조 투자가 +15% 증가하는 경우, 지역의 GDP를 산출하여라.

지역A의 과거 10년간의 경제 지표

연도	GDP(Y)	노동력(L)	자본(K)	하부구조(I)
-9	363,873	119,658	83,223	105,117
-8	486,392	114,986	92,189	113,526
-7	515,089	115,446	100,486	114,775
-6	586,172	116,023	105,109	117,989
-5	684,062	126,929	114,569	122,000
-4	790,092	131,245	110,215	131,028
-3	905,446	128,095	117,269	125,656
-2	985,125	119,897	121,490	129,300
-1	1,124,864	120,736	130,359	142,230
기준년도	1,305,094	122,427	123,190	146,071

풀이

$$\frac{\delta Y}{Y} = \frac{\delta A}{A} + \alpha\left(\frac{\delta L}{L}\right) + \beta\left(\frac{\delta K}{K}\right)$$

위의 자료를 이용하여 각각의 변수 값을 구하여 회귀분석에 사용할 변수 도출 회귀분석에 적용할 변수 도출

예〉

$$\frac{\delta L}{L} = \frac{114,986 - 119,658}{119,658} = -0.039$$

■ 회귀분석에 적용할 변수 도출

연도	$\frac{\delta Y}{Y}$	$\frac{\delta L}{L}$	$\frac{\delta K}{K}$	$\frac{\delta I}{I}$
-9~-8	0.337	-0.039	0.108	0.080
-8~-7	0.059	0.004	0.090	0.011
-7~-6	0.138	0.005	0.046	0.028
-6~-5	0.167	0.094	0.090	0.034
-5~-4	0.155	0.034	-0.038	0.074
-4~-3	0.146	-0.024	0.064	-0.041
-3~-2	0.088	-0.064	0.036	0.029
-2~-1	0.152	0.007	0.073	0.100
-1~-0	0.150	0.014	-0.055	0.027

■ 다중회귀분석결과

Variable	Coefficient	P-Value	R^2
α(노동계수)	0.223756	0.7806	0.6251
β(자본계수)	0.769035	0.2170	
γ(하부구조계수)	1.511936	0.0789	

Cobb-Douglas 생산함수는 아래의 식과 같이 나타낼 수 있음

$$Y = 1.339 \cdot 10^{-07} \cdot L^{0.2237} \cdot K^{0.7690} \cdot I^{1.5119}$$

4) 변이-할당모형(Shift-Share Analysis)

변이 할당모형 (Shift-Share Analysis)	- 경제성장효과, 구조적 성장효과, 입지여건효과 선형적인 관계로 나타냄 - 변이할당모형은 도시의 성장패턴을 파악할 수 있음

◎ 모형의 장점

- 도시 산업성장을 시간적, 공간적 차원을 동시에 고려가능
- 모형이 비교적 간단하고 이해하기 쉬우며 단기간에 분석가능
- 두개 시점의 자료만 확보하면 동적인 변화를 분석할 수 있음
- 도시산업에 대한 정책을 손쉽게 도출가능

◎ 모형의 단점

- 연관성을 고려하지 않아 세부적인 분석이 어려움
- 생산관계 및 생산성을 고려하지 않아 실업문제 등을 설명하지 못함
- 구조적 특성 및 성장요인에 대한 설명이 미흡하여 예측수단으로 기능이 약함

모형의 형태

- 도시의 산업성장은 전국경제성장효과와 지역의 산업구조효과, 지역의 입지적인 여건효과에 의해 발생되어짐

$$TG_i = Ne + Ie + Re = U_{ij}(0) - U_{ij}(t)$$

TG_i : 지역의 i산업의 총 성장	Re : 지역입지효과
Ie : 산업구조효과	$U_{ij}(0)$: 기준연도(0)의 j도시의 i산업의 부가가치 또는 고용자수
Ne : 전국의 경제성장효과	$U_{ij(t)}$:목표연도(t)의 j도시의 i산업의 부가가치 또는 고용자수

$$Ne = U_{ij}(0)\frac{U(t) - U(0)}{U(0)}$$

$$Ie = U_{ij}\left[\frac{U_i(t)}{U_i(0)} - \frac{U(t)}{U(0)}\right]$$

$$Re = U_{ij}(0)\left[\frac{U_{ij}(t)}{U_{ij}(0)} - \frac{U_i(t)}{U_i(0)}\right]$$

Re, Ie, Ne=전국의 경제성장효과, 도시입지효과, 산업구조효과
$U_{ij}(0)$=기준연도(0)의 j도시의 i산업의 부가가치 또는 고용자수
$U_{ij(t)}$=목표연도(t)의 j도시의 i산업의 부가가치 또는 고용자수
$U(0)$=기준연도(0)의 국가 전체의 부가가치 또는 고용자수
$U(t)$=목표연도(t)의 국가 전체의 부가가치 또는 고용자수
$U_i(0)$=기준연도(0)의 i산업의 부가가치 또는 고용자수
$U_i(0)$=목표연도(j)의 i산업의 부가가치 또는 고용자수

모형의 형태(2)

- 보다 세부적으로 도시의 산업성장효과를 산출하면 다음과 같음

$$Ne = U_{ij}(0)\frac{U(t) - U(0)}{U(0)} \qquad Ie = U_{ij}\left[\frac{U_i(t)}{U_i(0)} - \frac{U(t)}{U(0)}\right]$$

$$Re = U_{ij}(0)\left[\frac{U_{ij}(t)}{U_{ij}(0)} - \frac{U_i(t)}{U_i(0)}\right]$$

Re, Ie, Ne=전국의 경제성장효과, 도시입지효과, 산업구조효과
$U_{ij}(0)$=기준연도(0)의 j도시의 i산업의 부가가치 또는 고용자수
$U_{ij(t)}$=목표연도(t)의 j도시의 i산업의 부가가치 또는 고용자수
$U(0)$=기준연도(0)의 국가 전체의 부가가치 또는 고용자수
$U(t)$=목표연도(t)의 국가 전체의 부가가치 또는 고용자수
$U_i(0)$=기준연도(0)의 i산업의 부가가치 또는 고용자수
$U_i(0)$=목표연도(j)의 i산업의 부가가치 또는 고용자수

예제

다음은 A시 i산업의 총생산을 표로 나타낸 것이다. 변이-할당모형을 이용하여 지역산업의 전국경제성장효과(Ne), 산업구조효과(Ie)와 지역입지효과(Re)를 산출하여라.

구　분	기준연도[억]	10년 후[억]
전국 모든 산업의 총생산	10,000	43,000
전국 i산업의 총생산	500	1,800
A시의 i산업 총생산	100	600

산출된 전국경제성장효과(Ne), 산업구조효과(Ie)와 지역입지효과(Re)를 바탕으로 지역의 i산업의 총 성장을 분석하고 그들의 영향에 대하여 논하라.

풀이

- 전국경제성장효과(Ne), 산업구조효과(Ie)와 지역입지효과(Re)는 앞서 제시한 식을 이용하여 산출하면 다음과 같음

$$\text{전국경제성장효과}(Ne) = 100 \times \left[\frac{43000 - 10000}{10000}\right] = 330$$

$$\text{산업구조효과}(Ie) = 100 \times \left[\frac{1800}{500} - \frac{43000}{10000}\right] = -70$$

$$\text{지역입지효과}(Re) = 100 \times \left[\frac{600}{100} - \frac{1800}{500}\right] = 240$$

'i' 산업의 총성장은 $'Ne + \leq + Re = 330 + (-70) + 240 = 550'$이 됨을 알 수 있음

- 'i'산업에 긍정적인 영향을 미치는 요인은 Ne(전국경제성장효과), Re(지역입지효과)가 있으며, 부정적인 영향을 미치는 것으로는 Ie(산업구조효과)가 있음
- 따라서 지역에서 i 산업이 성장하기 위해서는 산업구조적인 개선이 필요함

1.3 도시경제 분포모형

도시경제 분포모형	- 도시 내 소득분포 혹은 산업의 분포를 분석하여 지역의 경제적 특성을 알아보는 분포모형 - 도시 소득의 지역별, 계층별 분포특성을 모형을 통하여 나타낼 수 있음

산업집중 분석

- 지역산업의 고용이나, 지역의 산업생산비의 구성을 통하여 분석이 가능
- 분석방법으로는 집중계수, 특화계수, 업종입지 연관도 및 산업의 구조적인 지표를 통한 분석이 있으며 집중계수와 특화계수가 가장 많이 이용됨

(1) 집중계수(Coefficient of Localization)

집중계수 (Coefficient of Localization)	- 일정한 시점의 특정한 지역의 특정산업의 심층 정도를 고용자수나 생산액을 통하여 분석하는 것임 - 지역의 집중계수가 클수록 지역의 심층은 심화된 것이며, 0과 1사이의 값을 취함

$$C^k = \frac{1}{2}\sum_i \left| \frac{e_i^k}{e^k} - \frac{e_i}{e} \right|$$

e_i^k:일정시점에 지역 i의 업종 k의 생산액 또는 고용자수

e^k:일정 시점에 전국의 업종 k의 생산액 또는 고용자수

e_i:일정 시점에 지역 i의 총생산액 또는 총 고용자수

e:일정 시점에 전국의 총생산액 또는 총 고용자수

(2) 특화계수(Coefficient of Specialization)

특화계수 (Coefficient of Specialization)	- 어떤 산업이 그 도시에서 중요한 위치를 차지하고 있는지를 분석하는 방법 - 지역을 고정하고 지역의 산업을 다른 지역의 산업과 비교함으로써 도시에서 특화된 산업을 찾음 - 집중계수와 마찬가지로 0과 1사이의 값을 가지며, 값이 클수록 산업의 지역특화가 크다는 것을 보여줌

특화계수를 나타내는 식

$$C_i = \frac{1}{2}\sum_i \left| \frac{e_i^k}{e^k} - \frac{e_i}{e} \right|$$

TIP

- 특정 지역간 보다 세부적인 산업의 연관성은 "입지관련도" 분석을 통하여 알 수 있음 (단 일시점을 근거로 분석)
- 특정산업간의 산업구조의 유사성은 "산업구조의 유사성"에 근거하여 알 수 있음
- 일정기간 동안의 산업특성변화는 "구조변동척도"와 "입지변동계수"를 통하여 파악

- 집중계수와 특화계수에 바탕을 두고 지역의 산업 집중 특성을 분석하는 방법을 도식화하면 다음과 같음

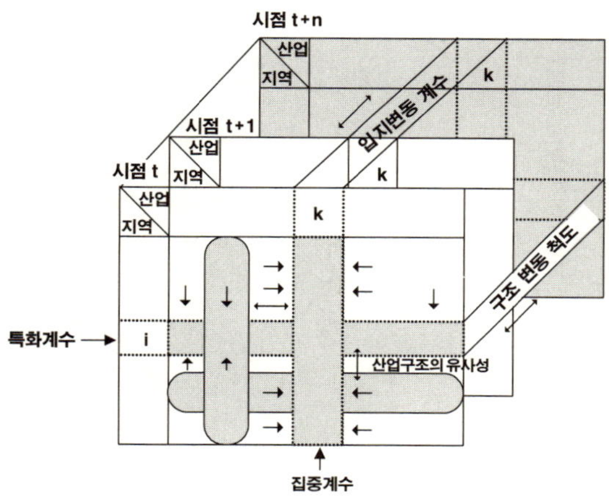

예제

다음 표는 A시를 10개의 지역으로 나누어 이에 대한 지역의 산업 생산액을 조사한 자료이다. 이를 통하여 각 산업의 집중계수와 각 지역의 특화계수를 구하고 산출된 결과에 대하여 논하라.

산업 / 지역	철강	섬유	화학	식품	건설	항공	재정	금융	정보	전자	기타	계
1	13,626	1,551	9,464	9.829	20,725	19,219	5,990	6,924	12,037	16,641	17,800	133,806
2	18,047	2,996	10.759	486	6,995	9,905	4,222	6,508	2,574	20,045	17,121	99,658
3	6,404	2,735	12,890	4,293	19,685	23,716	3,483	953	1,048	23,417	9,787	108,411
4	15,654	2,810	3,498	10,724	15,368	3,120	2,426	3,853	3,599	5,756	18,404	85,212
5	21,796	705	611	900	9,933	24532	3,051	3,040	11,262	16,610	10,453	102,893
6	16,952	254	7,165	3,630	24,546	3051	3,044	4,247	8,946	8,971	10,076	94,208
7	7,396	1,235	8,692	1,149	1,768	16579	4,904	6,150	8,817	15,449	17,775	89,914
8	20,775	2,489	10,309	5,729	20,569	26661	1,447	4,824	13,556	20,923	17,410	14,4692
9	17,959	540	7,567	8,989	8,776	18147	3,111	5,529	11,004	15,480	478	97,580
10	7,280	974	9,456	9,520	2,652	10770	2,068	1,710	3,098	13,551	6,491	67,570
계	145,889	16,289	80,411	55,249	130,017	160,026	33,746	43,738	75,941	15,663	125,795	1,023,944

풀이

산업 / 지역	철강	섬유	화학	식품	건설	항공	재정	금융	정보	전자	기타	계
1	13,626	1,551	9,464	9.829	20,725	19,219	5,990	6,924	12,037	16,641	17,800	133,806
2	18,047	2,996	10.759	486	6,995	9,905	4,222	6,508	2,574	20,045	17,121	99,658
3	6,404	2,735	12,890	4,293	19,685	23,716	3,483	953	1,048	23,417	9,787	108,411
4	15,654	2,810	3,498	10,724	15,368	3,120	2,426	3,853	3,599	5,756	18,404	85,212
5	21,796	705	611	900	9,933	24532	3,051	3,040	11,262	16,610	10,453	102,893
6	16,952	254	7,165	3,630	24,546	3051	3,044	4,247	8,946	8,971	10,076	94,208
7	7,396	1,235	8,692	1,149	1,768	16579	4,904	6,150	8,817	15,449	17,775	89,914
8	20,775	2,489	10,309	5,729	20,569	26661	1,447	4,824	13,556	20,923	17,410	14,4692
9	17,959	540	7,567	8,989	8,776	18147	3,111	5,529	11,004	15,480	478	97,580
10	7,280	974	9,456	9,520	2,652	10770	2,068	1,710	3,098	13,551	6,491	67,570
계	145,889	16,289	80,411	55,249	130,017	160,026	33,746	43,738	75,941	15,663	125,795	1,023,944

산업	철강	섬유	화학	식품	건설	항공	재정	금융	정보	전자	기타
집중계수	0.1525	0.2494	0.1628	0.3318	0.2152	0.1556	0.1321	0.1730	0.2165	0.1135	0.1662

$$C^k = \frac{1}{2}\left|\frac{e_i^k}{e^k} - \frac{e_i}{e}\right| = \frac{1}{2}\left|\left(\frac{13626}{145889} - \frac{133806}{1023944}\right) + \left(\frac{18047}{145889} - \frac{99658}{1023944}\right) + \cdots + \left(\frac{7280}{145889} - \frac{67570}{1023944}\right)\right| = 0.1525$$

각 산업의 집중계수

산업	철강	섬유	화학	식품	건설	항공	재정	금융	정보	전자	기타
집중계수	0.1525	0.2494	0.1628	0.3318	0.2152	0.1556	0.1321	0.1730	0.2165	0.1135	0.1662

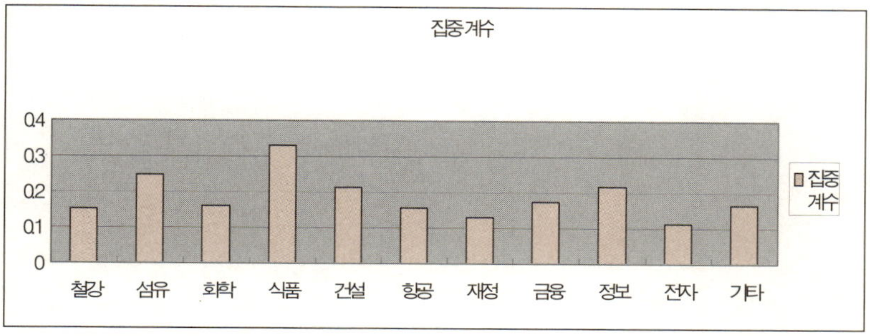

- 산업의 특화계수를 통해 볼 때 지역의 산업집중성향이 강한 산업이 식품업임을 알 수 있음

- 지역의 특화계수를 산출하면

지역＼산업	철강	섬유	화학	식품	건설	항공	재정	금융	정보	전자	기타	계
1	13,626	1,551	9,464	9.829	20,725	19,219	5,990	6,924	12,037	16,641	17,800	133,806
2	18,047	2,996	10.759	486	6,995	9,905	4,222	6,508	2,574	20,045	17,121	99,658
3	6,404	2,735	12,890	4,293	19,685	23,716	3,483	953	1,048	23,417	9,787	108,411
4	15,654	2,810	3,498	10,724	15,368	3,120	2,426	3,853	3,599	5,756	18,404	85,212
5	21,796	705	611	900	9,933	24532	3,051	3,040	11,262	16,610	10,453	102,893
6	16,952	254	7,165	3,630	24,546	3051	3,044	4,247	8,946	8,971	10,076	94,208
7	7,396	1,235	8,692	1,149	1,768	16579	4,904	6,150	8,817	15,449	17,775	89,914
8	20,775	2,489	10,309	5,729	20,569	26661	1,447	4,824	13,556	20,923	17,410	14,4692
9	17,959	540	7,567	8,989	8,776	18147	3,111	5,529	11,004	15,480	478	97,580
10	7,280	974	9,456	9,520	2,652	10770	2,068	1,710	3,098	13,551	6,491	67,570
계	145,889	16,289	80,411	55,249	130,017	160,026	33,746	43,738	75,941	15,663	125,795	1,023,944

지역	1	2	3	4	5	6	7	8	9	10
특화계수	0.15497	0.26444	0.24239	0.26218	0.23589	0.17211	0.21459	0.14148	0.19159	0.15936

$$C_i = \frac{1}{2}\sum_i \left| \frac{e_i^k}{e^k} - \frac{e_i}{e} \right| C^k = \frac{1}{2}\left| \left(\frac{13626}{145889} - \frac{133806}{1023944}\right) + \left(\frac{1551}{16289} - \frac{133806}{1023944}\right) + \cdots + \left(\frac{17800}{125795} - \frac{133806}{1023944}\right) \right| = 0.15497$$

〈지역의 특화계수〉

지역	1	2	3	4	5	6	7	8	9	10
특화계수	0.15497	0.26444	0.24239	0.26218	0.23589	0.17211	0.21459	0.14148	0.19159	0.15936

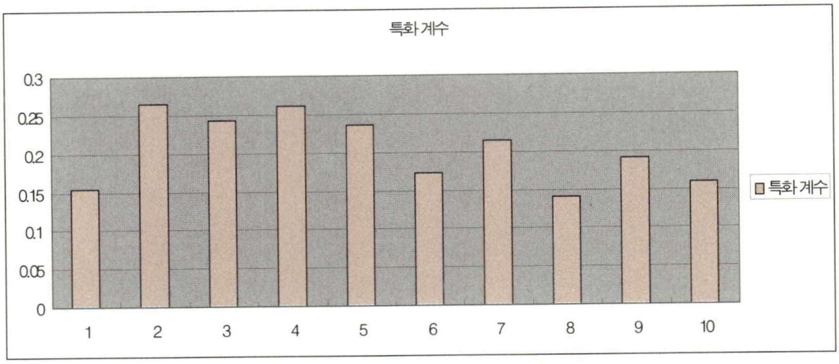

- 지역의 특화정도에 있어서는 2번 지역이 다른 지역에 비해 산업이 가장 특화되어 있다는 것을 정량적으로 파악할 수 있다. 그러나 전체적으로 A시의 산업집중 및 지역특화계수가 0.35미만으로 산업이 시 전역에 고르게 분산된 것을 알 수 있음

1.4 인프라 용량을 고려한 개발밀도 산정

개념

- 도심 내 건물의 건축시 주변 인프라 용량을 고려한 개발밀도 산정이 필요함
- 이중 한 가지 방법으로 여유교통량을 이용한 개발밀도 산정방법이 있음
- 여유용량(K)과 시설별 유발교통량(Q)을 비교하여 개발 가능한 개발밀도(연면적, 용적률)를 산정함

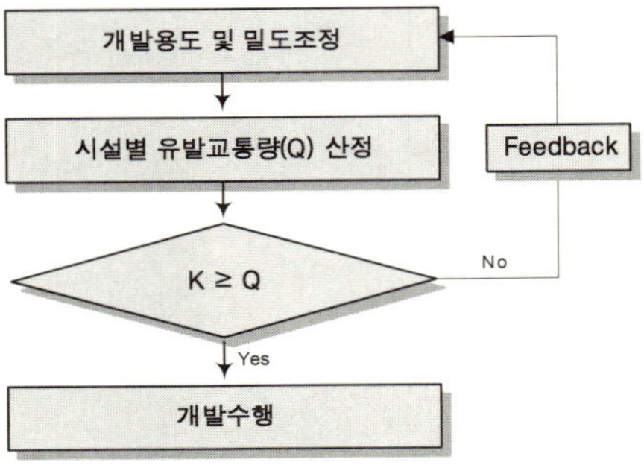

예제

어느 부도심 지구의 건물을 재건축하고자 한다. 주변도로의 교통량을 분석해 보니 여유교통량이 5,625대/시로 나타났다. 해당부지의 특성상 여유교통량의 20% 수준까지만 통행유발이 허용된다.

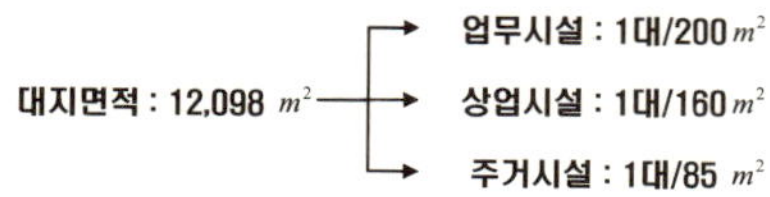

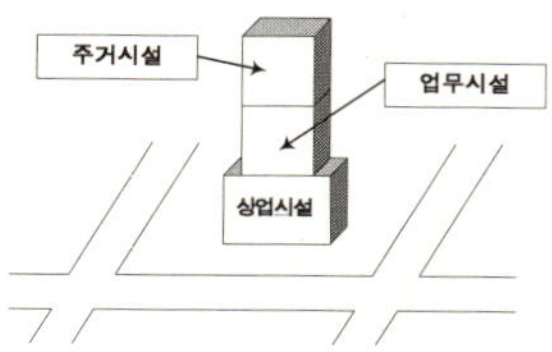

여기서 교통용량이 허용되는 용도별 개발규모와 용적률은 얼마인가?

풀이

- 업무 = X , 판매 = Y, 주거 = Z 로 설정함
- X/200+Y/160+Z/85=5,625*0.2=1,125
- 만약에 주거시설로만 건물을 지을 경우에는 95,625㎡가능하며, 이때 용적률은 790%가 됨

$$0+0+\frac{Z}{85}=1,125 \qquad Z(\text{연면적}) = 95,625㎡$$

$$\text{용적률} = \frac{95,625}{12,098}\times 100 = 790.4\%$$

연면적	Y(판매)										
		0	20000	40000	60000	80000	100000	120000	140000	160000	180000
	0	95625	85000	74375	63750	53125	42500	31875	21250	10625	0
	20000	87125	76500	65875	55250	44625	34000	23375	12750	2125	
	40000	78625	68000	57375	46750	36125	25500	14875	4250		
	60000	70125	59500	48875	38250	27625	17000	6375			
	80000	61625	51000	40375	29750	19125	8500				
	100000	53125	42500	31875	21250	10625	0				
X(업무)	120000	44625	34000	23375	12750	2125					
	140000	36125	25500	14875	4250						
	160000	27625	17000	6375			Z(주거)				
	180000	19125	8500								
	200000	10625	0								
	220000	2125									
	225000	0									

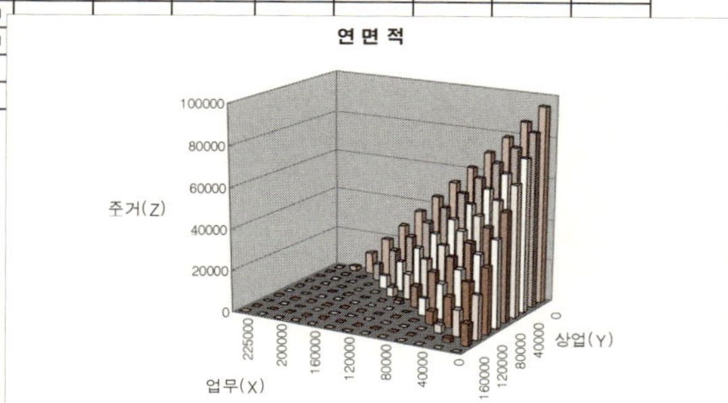

용적율	Y(판매)										
		0	20000	40000	60000	80000	100000	120000	140000	160000	180000
X(업무)	0	790.4	867.9	945.4	1023.0	1100.0	1177.8	1255.3	1332.8	1410.3	1487.8
	20000	885.4	962.9	1040.0	1118.0	1195.0	1272.9	1350.4	1427.9	1505.4	
	40000	980.5	1058.0	1135.0	1213.0	1290.0	1367.9	1445.4	1522.9		
	60000	1076.0	1153.0	1231.0	1308.0	1386.0	1463.0	1540.5			
	80000	1171.0	1248.0	1326.0	1403.0	1481.0	1558.1				
	100000	1266.0	1343.0	1421.0	1498.0	1576.0	1653.1				
	120000	1361.0	1438.0	1516.0	1593.0	1671.0					
	140000	1456.0	1533.0	1611.0	1688.0						
	160000	1551.0	1628.0	1706.0			Z(주거)				
	180000	1646.0	1723.0								
	200000	1741.0	1818.0								
	220000	1836.0									
	225000	1860.0									

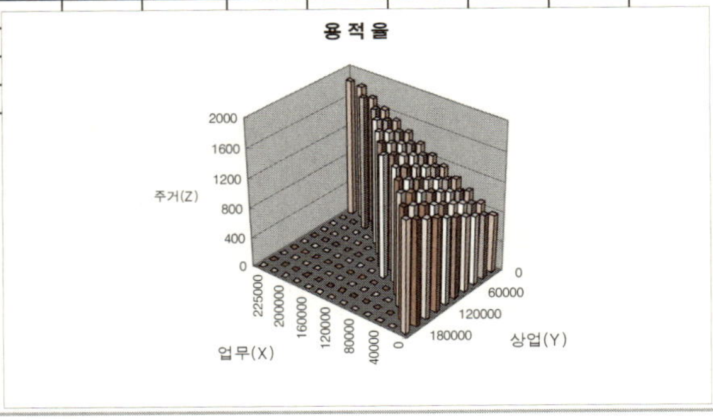

이야깃거리

1. 수요곡선에 있어서 수요량과 수요법칙이란 무엇이며, 수요곡선이 우하향하는 이유는 무엇인가?

2. 공급곡선에 있어서 공급량과 공급법칙이란 무엇이며, 토지시장에서 판매자의 공급량을 결정하는 변수들은 어떤 것들이 있는가?

3. 수요곡선과 공급곡선에서 수요량이란 공급량이 증가하거나 감소하면 곡선은 어느 쪽으로 이동하는지 그림을 그려서 생각해 보자.

4. 수요와 공급의 균형상태란 무엇이며, 시장이 균형상태로 움직이도록 하는 원동력은 무엇인가?

5. 수요량이 증가하거나, 공급량이 감소하면 균형점은 어떻게 변화하는지 그림을 그려서 생각해 보자.

6. 수요의 가격탄력성이란 무엇인지 논하고 예를 들어 설명해 보자.

7. 수요곡선에서 탄력적인 수요와 비탄력적인 수요의 변화를 그림을 그리면서 생각해 보자.

8. 시계열 수요분석 방법이란 무엇이며 어떠한 것들이 있는가?

9. 평균치 산정방법 중 이동평균법과 가중이동평균법의 차이점은 무엇인지 예를 들어 생각해 보자.

10. 장래 사회경제지표를 예측하는 방법에는 어떠한 것들이 있으며 각 방법의 장 · 단점은 무엇인가?

11. 상권분석시 각 시설별 예측절차를 플로어차트를 그려가면서 비교해 보자.

12. 상업시설 수요추정시 고려해야할 주요 지표에는 어떠한 것들이 있는지 생각해 보자.

13. 상권분석에서 Huff의 확률모형의 기본적 개념은 무엇인지 논해 보자.

14. 상권분석의 Reliy의 소매중력모형에서 구매선호도를 구하는 기본가정은 무엇인가?

15. 도시경제 분석이란 무엇이며, 어떠한 방법으로 분석할 수 있는지 생각해 보자.

16. 도시경제성장 분석방법 중 입지상 분석의 개념은 무엇이며, 지역의 입지상을 구하는 방법은 무엇인지 생각해 보자.

17. 도시경제성장 분석방법 중 '투입-산출 모형'은 무엇이며 어떠한 장 · 단점이 있는지 논해 보자.

18. 도시경제성장 분석방법 중 '신고전 성장모형'은 무엇이며, 사용하는데 필요한 기본전제에는 어떠한 것들이 있는가?

19. 도시경제성장 분석방법 중 '변이할당모형'이란 무엇이며, 어떠한 장 · 단점이 있는지 논해 보자.

제 6 부

프로젝트 사례분석

I 국내사례

1. 한국토지공사와 민간사업자 공동프로젝트 파이낸싱 사례[1)]

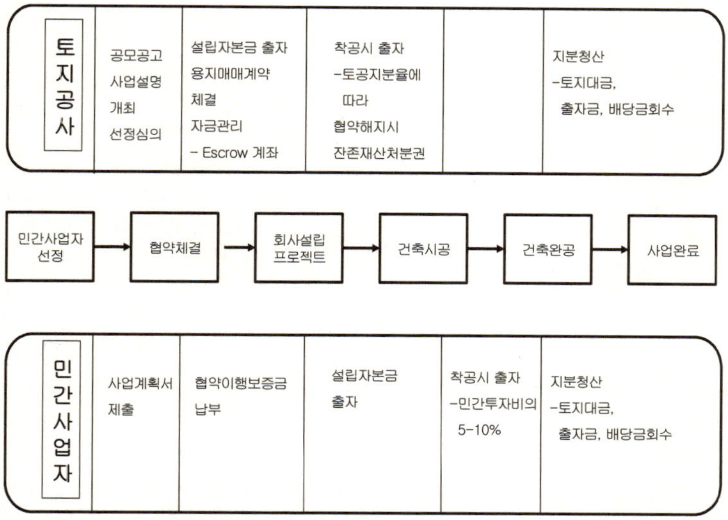

[그림] 공공·민간 합동형 PF절차

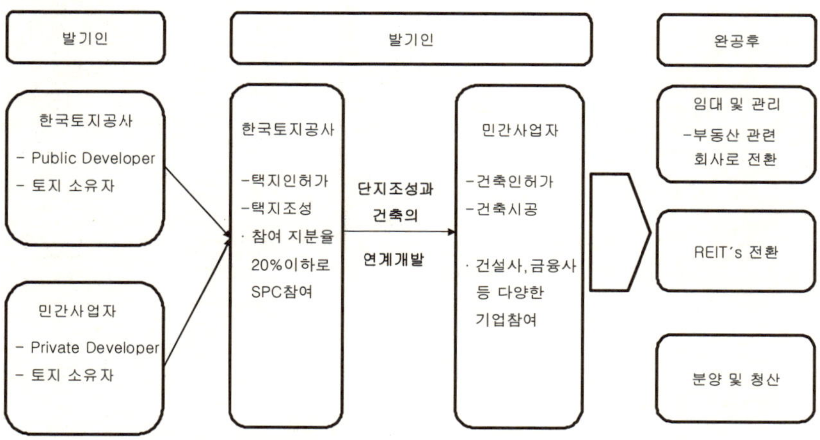

[그림] 공공·민간 합동형 PF사업 기본구조

1) 자료재인용, 강준모(2008), 「시공사의 도시프로젝트 참여방식에 대한 현안과제와 개선방안」, '08 글로벌 도시포럼 세미나.

〈표〉 토지공사의 PF사업 추진사례

사업명	사업지구 전체면적	PF사업 면적	유치시설	사업주체	설립자본금 및 설립시 출자지분구성	토지대 산정	PF사업 참여범위
용인 동백 테마형 쇼핑몰	1,001천평	13,514평	할인점, 문화센터, 영화관, 교육시설 등	토공 (주)쥬네브	설립자본금:30억원 -토공 : 19% -대덕건설 : 66% -한국까르푸 : 10% -포스코건설 : 5%	결정가 (감정가)	토지판매 수준까지
화성 동탄 복합단지 개발	2,734천평	29,040평	주상복합, 할인점, 방송국, 호텔, 벤처센터 등	토공 (주)메타폴리스	설립자본금:40억원 -토공 : 19.9% -포스코건설 : 40.05% -팬퍼시픽:20.03% -신동아건설 : 12.02% -우리은행 : 2.0%	입찰가	토지판매 수준까지

〈표〉 한국토지공사의 PF사업 토지대 산정방식 검토

구분	토지대 산정방식	규모	주요시설	분양시설	민감부담정도
용인 동백	결정가(감정가)	44,675㎡	상업시설	상업시설	보통 (호수공원/미관광장 시설 설치)
화성 동탄	입찰가	96,000㎡	복합시설 (주거/상업/업무)	주거/상업시설	보통 (중앙공원시설설치)

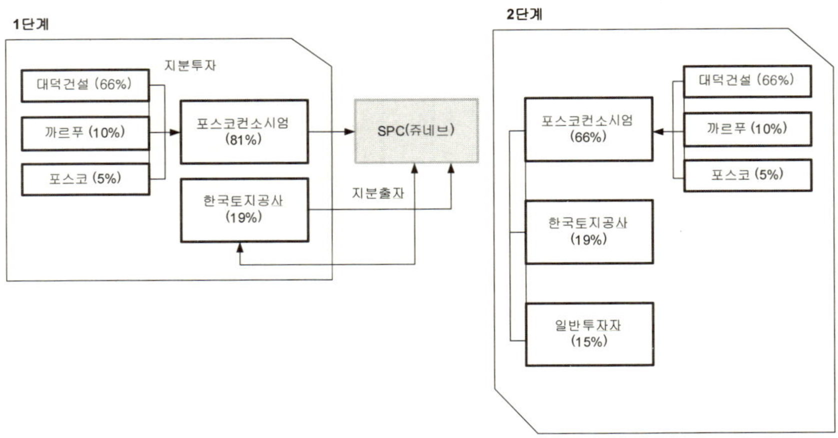

[그림] 용인 동백 PF 사업 구조

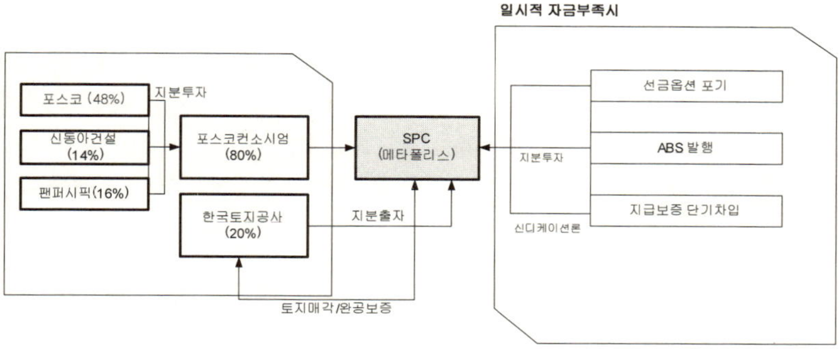

[그림] 화성 동탄 PF 사업 구조

2. 파주운정 복합단지개발 PF사업[2)]

〈표〉 파주운정 복합단지개발 PF사업 사업개요

구 분	내 용
위 치	파주운정 택지개발사업지구 특별계획구역 내 복합단지
개발방식	민관 합동형 PF사업
부지면적	102,111㎡
사 업 비	2.6조
연 면 적	1,050,000㎡
사업기간	07.12 ~ 14.12
발 주 처	대한주택공사

1) 사업시행조건

- 협약이행보증금 : 사업협약 체결을 보증하기 위하여 민간사업비의 2%에 해당하는 금액을 우선협약대상자 선정 통보일로부터 5일(시중은행 영업일 기준) 이내 납부
- 설립기한 : 공사와 민간사업자는 사업협약 체결일로부터 40일 이내
- 자본금 및 지분 : 프로젝트 회사의 설립자본금 및 출자자 지분 등은 사업협약에 따르되, 공사의 출자지분은 20% 미만

2) 자료재인용, 강준모(2008), 「시공사의 도시프로젝트 참여방식에 대한 현안과제와 개선방안」, '08 글로벌 도시포럼 세미나.

- 착공시 출자 : 착공신고일 이전까지 민간사업자의 총 출자금이 사업계획서상 총 사업비의 5% 이상이 되도록 출자 지분율에 따라 프로젝트회사에 현금으로 출자. 단, 착공당시의 총 사업비가 사업계획서 상의 총 사업비보다 많을 경우 착공 당시의 총 사업비를 기준으로 하며, 착공 이후 추가적인 출자가 필요한 경우에는 사업협약에 의한 출자 지분율에 따라 출자

2) 토지공급

- 프로젝트회사 설립과 동시에 대상지를 민간사업자 또는 프로젝트회사에 공급
- 토지매매 대금을 납부하며, 잔금의 납부시기 및 방법은 사업협약에서 정함

3) 협약체결

- 우선협상대상자는 우선협상대상자 선정 통보일로부터 40일 이내에 공모, 지침서와 사업계획서 내용을 기초로 주공과 사업협약을 체결

4) 프로젝트회사의 설립

- 민간사업자는 협약 체결일로부터 60일 이내에 공동으로 프로젝트회사를 설립
- 프로젝트회사의 설립자본금 및 출자자별 지분 등은 사업협약에 따르되, 주공의 출자지분은 20% 미만

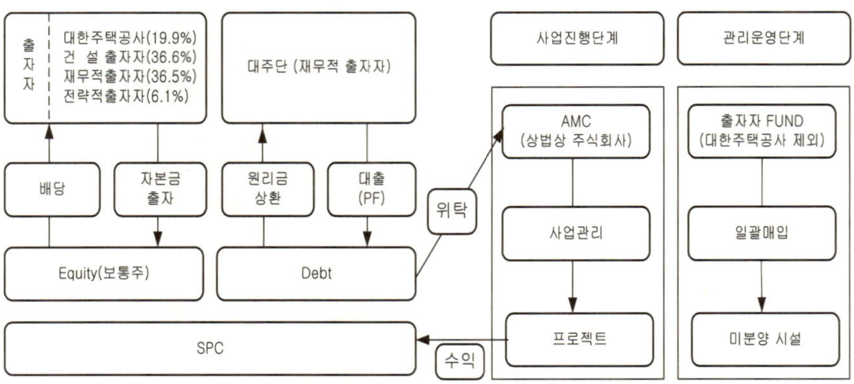

[그림] 파주운정 복합단지개발 PF사업 SPC 설립계획

3. 용산역세권 국제업무지구 개발 PF사업[3)]

〈표〉 용산역세권 국제업무지구 개발 PF사업 개요

구 분	내 용
위 치	서울특별시 용산구 한강로 3가 일대
개발방식	민관 합동형 PF사업
부지면적	566,800㎡
사 업 비	28조
연 면 적	3,170,000㎡
사업기간	2008년 ~ 2018년
발 주 처	한국철도공사

1) 사업내용

- 국제업무시설, 상업시설(숙박시설, 백화점, 쇼핑몰 등), 문화시설, 주거시설 등의 계획 및 건설을 포함하는 개발사업

2) 사업시행조건

- 협약이행보증금 : 사업자는 사업협약의 이행을 보증하기 위하여 사업협약 체결과 동시에 사업신청시 제출한 토지가격의 3%에 해당하는 금액을 협약이행보증금으로 납부
- 설립기한 : 사업자는 사업협약 체결일로부터 15일 이내에 공동으로 프로젝트회사를 설립
- 자본금 및 지분 : 프로젝트회사의 출자지분 구성은 KORAIL 29.9%, 사업자 70.1%로 구성
- 착공시 출자 : 사업자투자비의 5% 이상을 프로젝트회사에 현금·사채·기타 출자금 이외의 자기자본 또는 타인자본(사업자가 자신을 채무자로 하여 타인으로부터 조달하여 프로젝트회사에게 조달하는 자본이나 사업자가 프로젝트회사를 차주로 하여 타인으로부터 조달하는 자본을 포함한다)으로 자금조달

3) 토지공급

- 프로젝트회사는 설립일로부터 90일 이내에 KORAIL과 KORAIL 소유부지 356,492㎡에 관한 토지매매계약을 체결
- 프로젝트회사가 토지매매대금을 지급하는 기준은 토지매매계약 체결 시에 토지 매매대금의 20%를 계약금으로, 개발계획 수립 시에 토지매매대금의 40%를 중도금으로, 실시계획 인가시에 토지가격의 40%를 잔금으로 각각 지급

3) 자료재인용, 강준모(2008), 「시공사의 도시프로젝트 참여방식에 대한 현안과제와 개선방안」, '08 글로벌 도시포럼 세미나

4) 개발이익의 사용계획

- 개발이익 배분계획은 사업자간의 협약을 통하여 조정

5) 협약체결

- 사업후보자는 사업후보자 선정 통보일로부터 15일 이내에 본 지침과 사업계획서 내용을 기초로 사업협약 체결

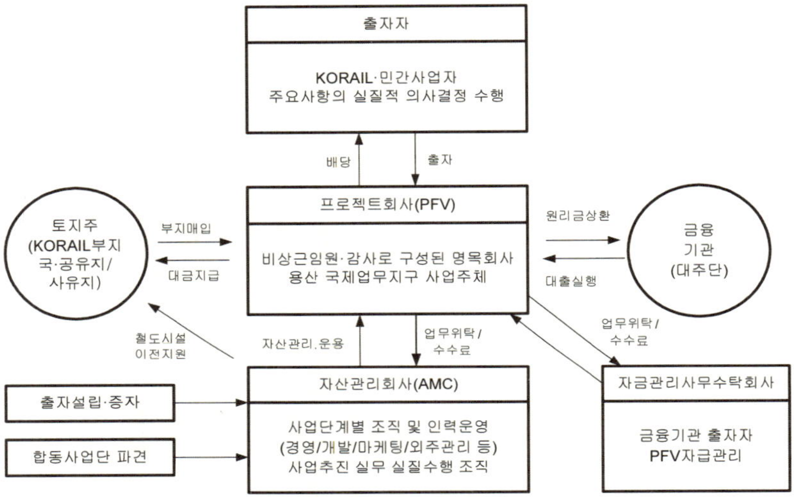

[그림] 용산역세권 국제업무지구 개발 PF사업 SPC 설립계획

4. 인천대 이전 및 도화구역 개발 PF사업[4)]

1) 사업개요

〈표〉 인천대 이전 및 도화구역 개발 PF사업 개요

구 분	도화구역(이전적지)	송도 신캠퍼스
위 치	인천시 남구 도화동	인천시 송도 4구역 내
개발방식	민관 합동형 PF사업	대물상환/토지비 포함
부지면적	266,517평	138,699평
사 업 비	2.8조	3,565억
연 면 적	336,848평	1단계 : 52,386평
사업기간	06.10 ~14.01	06.12 ~ 09.09
발 주 처	인천도시개발공사	

4) 자료재인용, 강준모(2008), 「시공사의 도시프로젝트 참여방식에 대한 현안과제와 개선방안」, '08 글로벌 도시포럼 세미나.

2) 개발방향

- 인천대학교를 송도 신 캠퍼스로 신축·이전하고, 인천전문대 및 인화여중을 일부 재배치하며, 선화여상 및 인천체고를 이전·신축하여 도화구역 내에 주거시설, 상업시설, 업무시설 등을 설치
- 도화구역 및 인근지역 주민들의 생활편익을 증진시키고, 교육환경을 획기적으로 개선하여 교육인프라를 구축함
- 구도심을 재생시키는 선도사업으로서의 역할을 수행토록 하기 위하여 추진

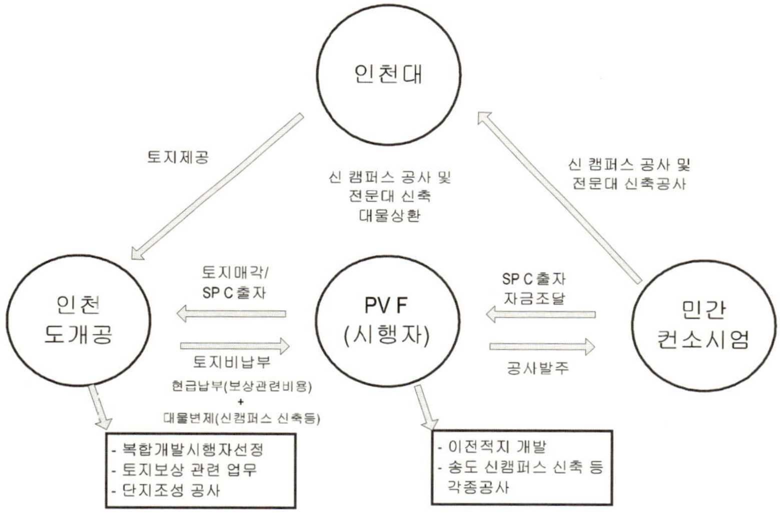

[그림] 인천대 이전 PF사업 사업구도

3) 사업시행조건

- 협약이행보증금 : 민간사업자는 사업협약이행을 보증하기 위하여 민간투자비 5%(민간 투자비의 5%가 토지매매대금의 10% 미만일 경우 토지매매대금의 10%)에 해당하는 금액을 사업협약 체결일로부터 5일 이내(시중은행 영업일 기준) 지급
- 설립기한 : 공사와 민간사업자는 사업협약 체결일로부터 30일 이내
- 자본금 및 지분 : 프로젝트 회사의 설립자본금 및 출자자별 지분 등은 사업협약에 따르되, 공사의 출자지분은 20% 미만
- 착공시 출자 : 착공신고일 이전까지 민간사업자의 총 출자금이 민간투자비의 2%(민간투자비의 2%가 토지매매대금의 5% 미만일 경우에는 토지매매대금의 5%) 이상이 되도록 출자지분율에 따라 프로젝트 회사에 현금으로 출자

4) 토지공급

- 프로젝트회사 설립 이후부터 단지조성공사 완료시점까지 공급 가능한 부분별 사업 대상지를 프로젝트회사에 우선 공급하며, 잔여 사업대상지는 단지조성공사 완료시점에 공급
- 사업기간 종료 시 토지매매대금의 잔금을 회수하고, 민간사업자는 토지매매대금을 도시 개발 사업기간 종료 전에 선납할 수 있으며, 출자금은 주택개발 사업기간 종료 시 현금으로 회수

5) 수익금의 분배

- 공사와 민간사업자는 사업기간 종료시점의 총 수익금에 대하여 출자 지분별로 배분

6) 개발이익의 사용계획

- 사업신청자가 제출하는 사업계획서상의 목표이익을 초과하는 이익이 발생할 경우 해당이익을 환원

7) 협약체결

- 민간사업자 후보자 선정 통보일로부터 30일 이내(시중은행 영업일 기준)에 공사와 사업협약을 체결

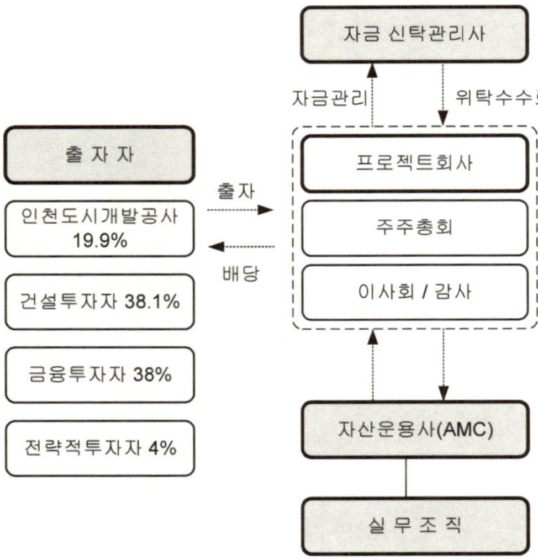

[그림] 인천대 이전 PF사업 SPC 설립계획

Ⅱ 해외사례

1. 뉴욕 배터리 파크 시티(Battery Park City)개발 사례

- 뉴욕 로어 맨하튼 서측의 허드슨강을 따라 형성된 92acre의 매립지 약 1.6만평의 사무실과 14,000여 세대의 주거, 28acre의 공원으로 구성된 개발 프로젝트
- 로어 맨하튼의 업무기능이 주변 미드타운 맨하탄, 코네티컷, 뉴저지 등으로 유출되는 것을 막기 위해 개발 추진
- 국제적인 업무기능과 이를 지원하기 위한 주거기능을 중심으로 개발된 사례

1.1 사업의 내용과 구조

1) 사업 참여자의 범위 확대와 도시 마스터플랜과의 연계

- 뉴욕시 정부뿐만 아니라 미드타운 로어 맨하튼 협회(Downtown Lower Manhattan Association : DLMA)와 같은 기업단체를 포함한 다양한 기관이 개발계획의 수립 과정에 참여
- 뉴욕시는 배터리 파크 시티의 개발이익을 사용하여 저소득 밀집지역의 주거환경 개선을 위한 기금 조성을 요구
- 개발사업의 추진을 위해 배터리 파크 시티개발공사(Battery Park City Authority : BPCA)를 설립(1968년)하였으며 사업지 전체에 대한 개발 기본계획(Master Plan)을 수립
- 배터리 파크 시티개발공사는 초기에는 사업단위의 별도 공사로 출범하였으나 사업의 원활한 추진을 위해서 1979년 뉴욕 도시개발공사에 편입되었고 여기에서 도시개발공사의 역할은 직접적인 사업시행자라기보다는 개발사업 전체를 관할하는 프로젝트 매니저(Project Manager)임

2) 배터리 파크 시티 개발공사의 역할

- 시정부 등 다양한 관련주체의 의견을 취합하여 개발사업 부지의 개발기본계획을 수립
- 세부적인 사업계획을 효과적으로 통제할 수 있는 상세한 도시설계지침을 작성
- 경쟁입찰을 통해 개발사업자를 선정
- 입찰시에는 개발공사가 마련한 상세한 도시설계지침을 사업자에게 제시함으로써 민간의 개발제안이 공공의 계획과 가장 조화를 이룰 수 있도록 유도
- 개발사업의 절차를 단축시키기 위해 민간 개발업자의 계획안을 뉴욕 도시계획의 절차가 아닌 별도의 절차를 통해 단축된 심의 절차를 거칠 수 있는 인센티브를 제공

3) 토지이용과 공간 마케팅

- 전체 개발면적에 주거 42%, 28acre에 달하는 오픈스페이스 30% 조성
  - 매우 획기적인 것으로 장소 판촉(Place Marketing)의 개념과 결부되어 민간기업의 유치를 더욱 촉진
- 배터리 파크 시티 개발공사가 민간 사업자에게 제시한 도시설계지침으로 이루어진 배터리 파크 시티의 오픈 스페이스는 매우 성공적인 효과를 거두어 당초 1만평 정도의 오피스 개발계획이 인근 지역으로 확대되어 1999년에는 총 21만평의 오피스 개발로 이어짐

〈표〉 배터리 파크 시티의 토지이용

토지이용	면적(구성비)	주요시설
주거	38.1acre(42%)	주택(14,000세대)
상업	8.7acre(9%)	사무실(1만 6천평)
오픈스페이스	28.0acre(30%)	공원, 광장, 강변공원 등
도로	17.8acre(19%)	
계	92.6acre(100%)	

1.2 민간의 역할과 사업참여 방식

1) 공공시설의 설치비용 조달과 민간유치 전략

- 배터리 파크 시티 개발의 성공요소
  - 토지의 판매방식과 공공시설의 설치비용 조달
- 개발부지내 조성된 토지를 매각하지 않고 임대하는 방식 선택
- 개발사업 지구의 민간유치를 위한 공공시설 투자에 정부의 예산을 사용하지 않고 개발 사업의 미래 현금흐름(토지임대료 등)을 활용함으로써 특별한 예산 투입 없이 효과적으로 민간투자를 유치
- 토지를 임대함으로써 상대적으로 기업의 부담이 줄어들어 민간투자를 활성화
- 재산세 대납(Payment In Lieu Of Taxes : PILOT)이라는 독특한 제도를 도입
  - 개발사업 인근지역의 재산세 중 개발로 인해 증가된 부분을 뉴욕시(과세 기관)가 아닌 개발공사(BPCA)에 납부하고 개발공사(BPCA)는 이러한 세금 징수분에서 개발사업의 공공시설 및 유지관리 비용을 제외한 나머지를 뉴욕시에 납부

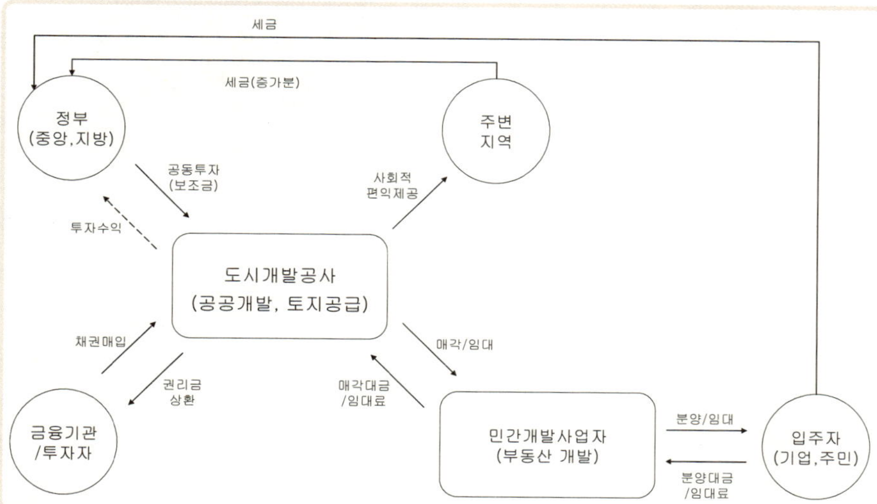

2) 도시설계지침과 개발사업자 선정의 연계

- 개발공사(BPCA)의 중요한 역할 중 하나는 해당 지역의 개발사업에서 공공성을 확보할 수 있고 계획적인 개발을 유도할 수 있는 도시설계지침을 마련
- 이러한 개발지침은 개발사업자 선정과정에 적극 활용
- 민간사업자들은 공공부분이 제시한 설계지침을 최대한 만족시킬 수 있는 혁신적인 설계와 개발기법을 제시함으로써 좀 더 효율성 있는 민간제안 아이디어를 제공

2. 런던 도크랜드(Dockland)개발 사례

- 런던시의 동쪽에 위치한 2,200ha의 부두지역으로 한때 런던의 관문으로 세계에서 가장 큰 항구
- 1982년 : 부두의 기능 완전히 상실

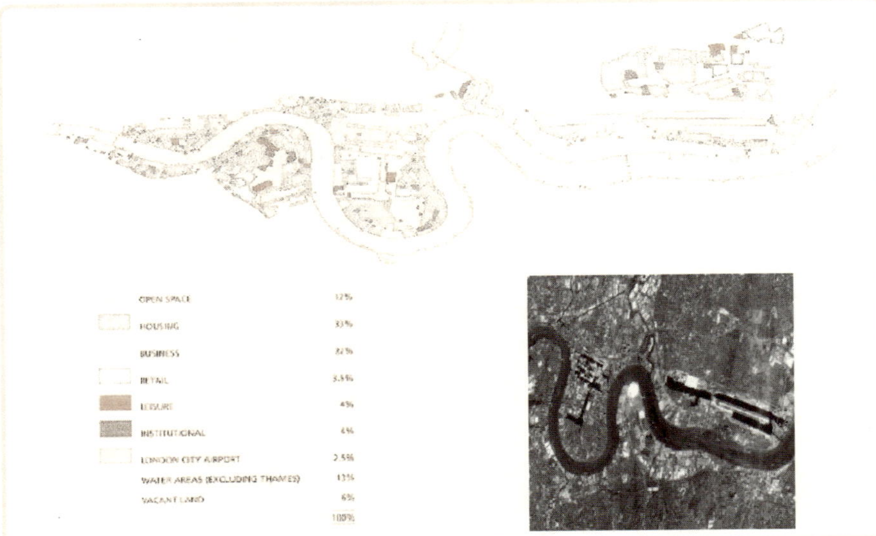

2.1 사업의 내용과 구조

1) 런던 도크랜드 개발공사의 설립과 Property-led 개발방식의 도입

- 도크랜드 개발을 위해 런던 도크랜드 개발공사(London Dockland Development Corporation : LDDC) 설립(1981년)
- 도크랜드 개발공사(LDDC)의 개발전략은 부동산 주도(Property-led)의 도시재생
- 부동산 주도(Property-led) 방식 : 공공이 선투자를 통해 민간의 개발을 유도하고 이렇게 이루어진 민간투자로 다시 공공투자자금을 회수하는 방식

2) 도크랜드 개발의 파급효과- 지역주민의 고용창출

- 도크랜드 개발은 주거기능과 업무기능이 복합된 복합도시를 지향
- 특히 업무기능에 금융, 보험 등을 적극 유치하였는데 결과적으로는 외부의 종사자를 유입하는 데는 성공하였으나 지역주민의 고용개선에는 기여하지 못함

2.2 민간의 역할과 사업 참여 방식

1) 디벨로퍼로서 민간의 역할

- 전형적인 디벨로퍼의 역할
  - 공공부분이 일부 공공시설에 대한 투자로 민간유치를 시행하면 민간개발업자는 토지를 매입하여 개발사업 수행

2) 부동산 경기의 하락과 개발사업의 리스크

- 부동산 경기에 의존하여 수행되던 도크랜드 개발은 경쟁적인 민간유치를 추진함에 따라 집중적인 개발이 이루어짐
- 그러나 대규모 개발로 오피스가 과잉 공급되면서 이로 인한 임대료 하락과 공실률 증가 등의 영향으로 1992년 사업지내 카나리 부두 프로젝트가 파산
- 파산 이후 개발방향을 지역사회의 복지 및 교육, 직업훈련을 강화하는 쪽으로 전환
- 도크랜드 개발공사(LDDC)는 총 39억 파운드의 공공투자를 민간투자로 회수하지 못하였고, 공공투자에 대한 비용부담이 결국 일반시민의 세금부담으로 들어감

3. 동경 록본기 힐즈 개발 사례

- 동경도 미나토구 록본기 6초메 지구를 대상으로 한 제1종 시가지 재개발사업
- 면적은 약 11ha, 연면적은 약 72만 9,000㎡, 총 사업비 약 2,700억 엔으로 민간에 의한 기성시가지 재개발사업으로서는 일본 최대규모
- 문화도심을 컨셉으로 하여 오피스, 주택, 사업시설, 문화시설, 호텔, 극장, 방송센터 등 다양한 기능이 복합된 새로운 도시를 제안하는 재개발 프로젝트

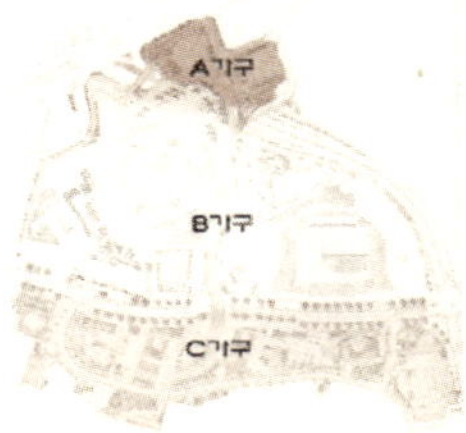

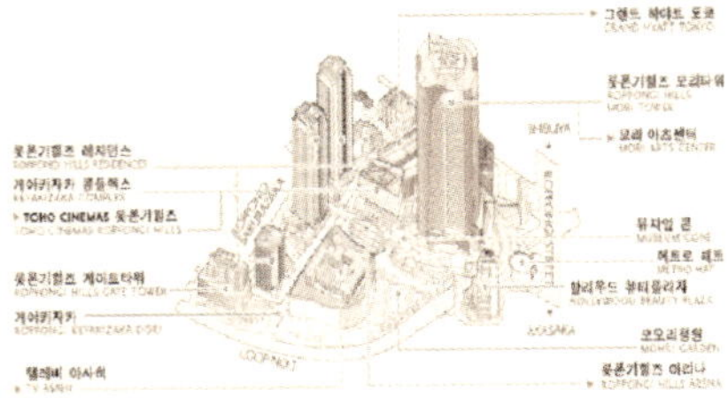

3.1 사업의 내용과 구조

- 1986년 11월 : 동경도에서 「재개발유도지구」의 지정
- 1987년 : 미나토구가 「재개발기본계획」을 수립
- 모리빌딩과㈜과 아사히 텔레비전(전국아사히방송㈜)이 주축이 되어 재개발을 착수
- 「마리츠꾸리 간담회」, 「마리츠꾸리 협의회」, 「재개발 준비조합」이 설립되는 등 다양한 권리관계자와 이해관계자에 의한 조합이 난무
- 1995년 4월 : 제1종 시가지재개발사업으로서 「도시계획」이 결정
- 1998년 : 「재개발조합」이 설립되었고 권리변환계획인가를 거쳐 착공(2000년)

〈표〉 록본기 힐즈 개발사업의 개요

구 분	내 용
위치	동경 미나토구 록본기 6번지
지역지구	준공업지역, 방화지역, 제1종 재개발지역, 고도이용지구, 재개발지구
시행면적	11ha(33,275평)
건축부지 면 적	84,000㎡(25,522평) - A지구 : 6,600㎡(1,997평) - B지구 : 57,,200㎡(17,301평) - C지구 : 21,000㎡(6,353평)
연상면적	729,000㎡(220,522평)
주택호수	840호
종합기획	모리빌딩주식회사
용도	오피스, 주택, 소매점, 극장, 아사히TV

3.2 민간의 역할과 사업 참여 방식

1) 사업수법

- 재개발지구계획에 의해 용적률 등의 제한을 완화하여 민간의 사업 참여를 유도한 순수 민간사업(조합시행방식) : 조합원의 구성이 개인뿐만 아니라 기업(부동산 개발회사)도 포함
- 록본기 힐즈 개발사업은 모리빌딩(주)이 SPC를 설립하여 비소구 금융(Non-Recourse Financing)을 이용한 일본 최대의 대규모 개발형 프로젝트 파이낸싱 사업

2) 도시기반의 정비

- 록본기 개발사업은 도시기반시설을 정비한 모범적인 사례
- 광역간선도로 네트워크 기능을 강화하기 위해 기존의 환상3호선과 방사22호선을 연결하는 측도를 정비하였는데 이로 인해 록본기 지구 교차점의 교통부담이 크게 경감
- A단지지하철 록본기역과 지하를 접속하여 지구의 현관문에 어울리는 역 앞의 프라자를 정비하였는데 이는 프라자 남북의 보행자 동선을 축으로 하여 보행자 네트워크를 정비한 것임
- 기존의 공원을 확충 재배치하여 공공 스페이스를 충분히 확보하였는데 기존의 모리연못과 녹지를 보전하는 것과 함께 역 앞의 프라자, 광장 등을 정비하였으며 건축선 후퇴 등의 기법을 통해 보행자공간을 확보

3) 토지이용

- 업무지역(상업, 근린상업지역) - 약 9%
  주거지역(2종주거, 1종중고층) - 약 91%
- 개발 전 평균 용적률 - 약 327%
  개발 후 평균 용적률 - 약 719%로 약 2배 가량 증가
- 용적률 상승의 요인
  - 각종 공공시설의 정비, 연결도로의 신설, 지구간선도로의 신설, 구획 1~5호의 확폭, 보행자 통로 1~3호, 공공공간으로서의 광장, 보행자 통로, 녹지, 차로 정비를 높이 평가받아 얻게 된 인센티브

Ⅲ 복합단지 프로젝트 과정과 내용

1. 역세권 복합단지 개요

- 역세권 복합단지는 크게 개발계획, 사업계획, 운영계획 3단계로 나누어지는데 이를 아래와 같이 9단계로 구체화할 수 있음

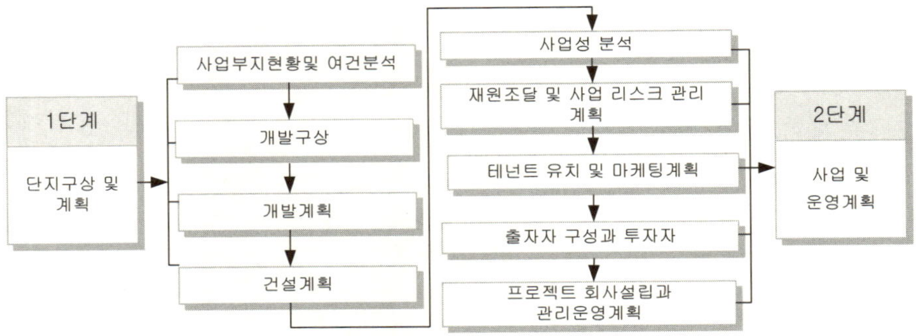

[그림] 역세권 복합단지 프로젝트 프로세스

- 사업부지 분석부터 건설계획까지를 구상 및 계획하는 물리적 계획단계로 봄
- 사업성 분석부터 마지막의 관리, 운영계획까지를 2단계로 보아 여기서는 주로 사업성, 재원조달, 프로젝트 관리의 관점에서 분석하고 대안을 제시

2. 사업 및 운영계획

2.1 사업성 분석

- 사업 및 운영계획단계에서 우선적으로 고려해야 할 사항은 과연 이 프로젝트가 사업성이 있느냐 하는 판단을 하기 위한 사업성 분석임
- 사업성 분석은 주변 환경 분석→ 도입시설구상→수요추정→분양 및 임대계획→사업성 분석의 순서를 거치게 됨
- 사업성 분석 과정

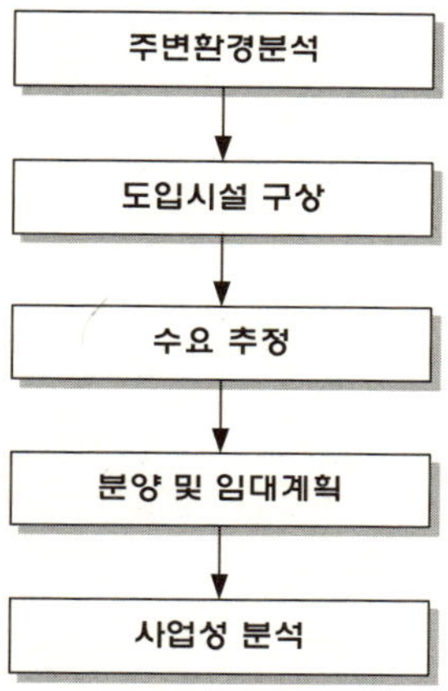

1) 시장 환경 분석

(1) 주거시설 환경 분석

웰빙+유비쿼터스 고품격 주거시설 선호	최근 조망, 자연친화, 첨단설비시스템이 도입된 주거시설 선호

- 주거시설 개발 트랜드

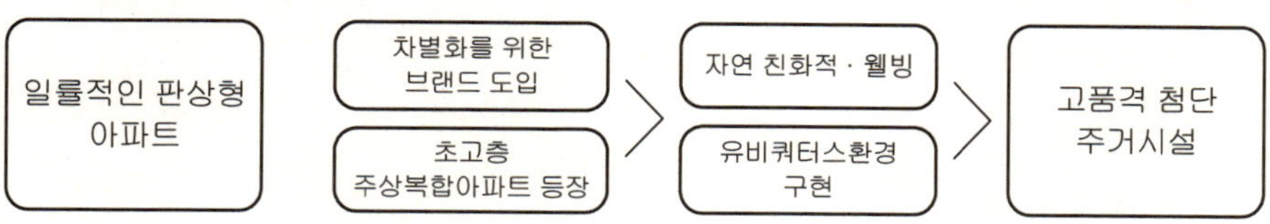

소비자 선호 주거시설

- 우수한 교육환경과 교통여건
- 조망 및 쾌적한 환경
- 높은 브랜드 인지도
- 단지 내 공원 · 연못 등 자연친화적 환경
- 멀티미디어 및 첨단 설비시스템

(2) 상업시설 환경 분석

소비 및 상업시설 개발 트랜드

가족형 복합레저 쇼핑센터 선호	소득과 여가시간 증대로 가족이 함께, 한 공간에서 쇼핑, 위락, 문화를 즐길 수 있는 복합시설의 소비 선호

소비행태 트랜드

· 소득증가/여가시간 확대
· 주 5일 근무로 소비 확대

→

· 건강/가족/문화 등에 대한 소비욕구 증대

→

· 다양한 욕구를 동시에 동일지역에서 충족 선호

상업시설 개발 트랜드

- 단순 쇼핑만을 위한 판매시설에서 쇼핑 및 문화와 위락을 소비하는 U.E.C.(Urban Entertainment Center) 개발 증가

- 도심 활성화 및 업종간의 시너지 효과를 극대화하는 복합형 시설 개발이 추세

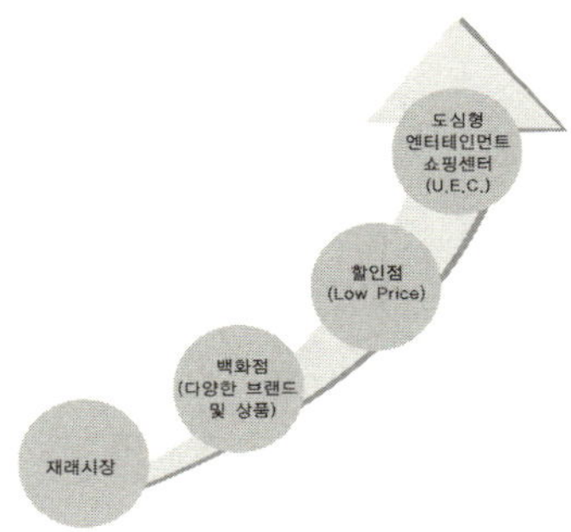

◎ 기능별 상업시설 분류를 통한 체계적 개발

– 상업시설 활성화를 위하여 집객·고객유인·체류연장 등 기능별 시설물 분류를 통한 체계적 개발

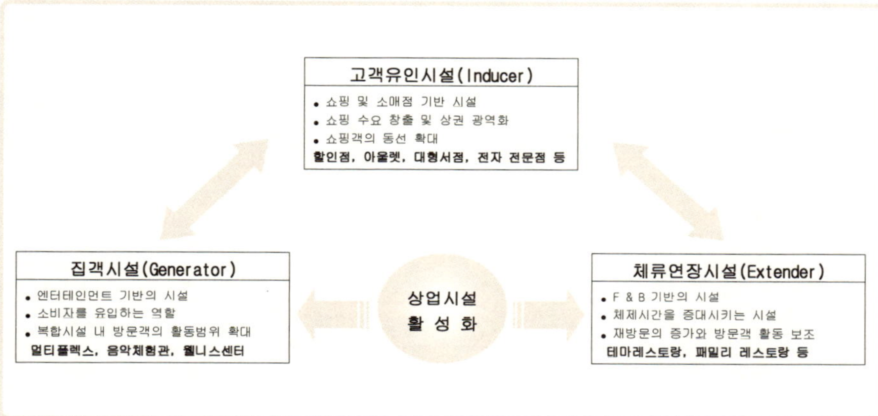

2) 도입시설 선정

(1) 도입시설 선정 Process

◎ 도입시설을 선정하기 위하여 법적 검토, 시장환경분석 및 소비자 설문을 통한 시설별 시사점 도출

◎ 대상지에 최종 도입시설을 선정하기 위하여 각 시설의 입지 및 상호 시너지 효과 등을 평가

◎ 도입시설별 평가를 통한 최종 도입시설 선정

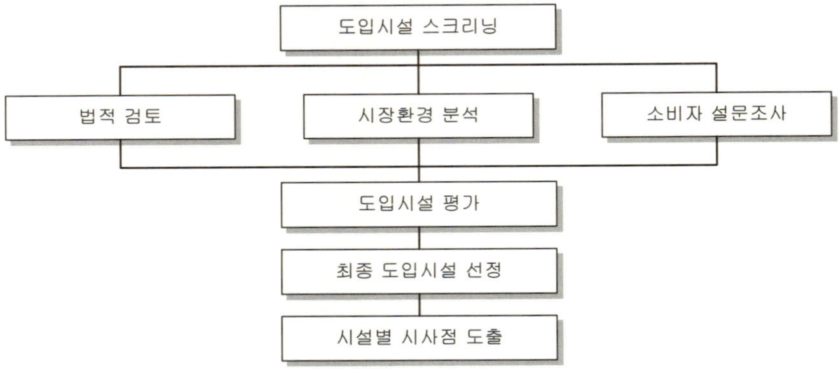

(2) 도입시설 스크리닝

법적 검토

용 도		유치 가능시설
주거시설	공동주택	• 주상복합아파트
업무시설		• 공공업무시설, 일반업무시설
판매 및 영업시설		• 시장, 상점
일반상업지역 내 허용시설	근린생활시설	• 수퍼, 이용원, 의원, 대중음식점, 다방, 금융업소, 당구장 등
	종교시설	• 종교집회장, 수도장
	의료시설	• 병원, 장례식장
	문화 및 집회시설	• 공연장, 관람장, 전시장, 동·식물원
	위락시설	• 주점, 유기장
	숙박시설	• 일반숙박, 관광숙박
	창고시설	• 창고, 하역장

시장 환경 분석

시 설	시장 환경 분석	도입시설
주거시설	• 주상복합 아파트의 수요는 있으나 공급부족상태	주상복합아파트
상업시설	• 쇼핑과 여가문화를 동시에 즐길 수 있는 복합쇼핑센터 수요 증대	UEC도입
업무시설	• 교통여건과 향후 음악단지 건립계획으로 업무수요증대	오피스, 오피스텔
	• 비즈니스 호텔 요구 증대	호텔, 컨벤션 센터

도입시설 적합성 검토

- 검토기준

9개의 평가항목	➡	• 적합성(입지, 사용면적), 공익성, 수익성, 집객성, 장래성, 시너지 효과, 활성화 기여도, 소비자요구
도입시설 선정	➡	• 최우수(5점), 우수(4점), 보통(3점), 미약(2점), 열등(1점) 평가 후 25점 이상

- 도입시설 선정 : 평가 대상시설은 법적 검토를 통해 스크리닝된 시설을 대상으로 함

대분류	시설명	도입 가능시설 선정기준										
		시장 환경 분석					소비자 설문	공익성	시너지 창출	활성화 기여도	합계	도입 여부
		입지 적합성	면적 적합성	수익성	집객성	장래성						
주거시설												
상업시설	백화점											
	할인점											
	패션아울렛											
	홈센터											
	서점											
	카테고리킬러											
	악기 전문점											
	전자 전문점											
	멀티플렉스											
	음악체험관											
	라이브공연장											
	E-Sports 경기장											
	게임센터											
	클리닉센터											
	릴렉세이션											
	스포츠센터											
	스파											
	워터파크											
	어린이시설											
	외식시설											
업무시설												
숙박시설(호텔)												
교육시설												
종교시설												
의료시설												
창고시설												

◎ 도입시설 선정

최종 도입시설			
상업시설			기타시설
고객 유인시설	집객시설	고객체류시설	
할인점, 아울렛, 홈센터, 서점, 카테고리 킬러, 악기/전자전문점	멀티플렉스, 음악체험관, 공연장, E-Sports, 클리닉, 릴렉세이션, 스포츠센터, 스파, 어린이시설	패밀리 레스토랑, 일반 레스토랑 및 F&B	업무시설, 호텔, 교육시설, 주거시설

3) 수요 추정

(1) 주거시설 수요 추정

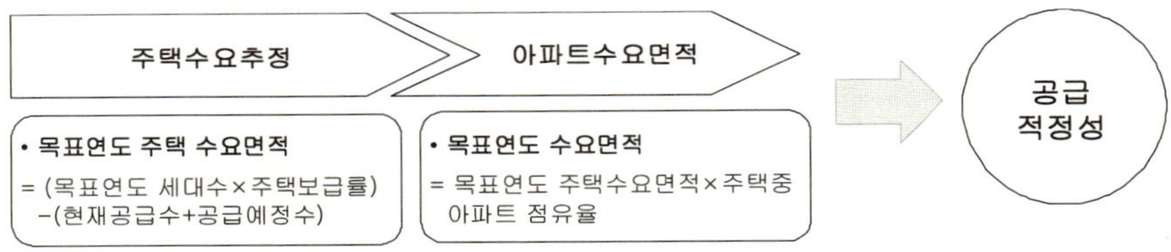

◎ 주택 수요 추정

- 아파트 수요추정을 위하여 목표 연도 세대수를 추정하여 목표 연도 주택 총수요를 산정

[단위: 세대]

구 분	비 고
세대수	목표 연도 추정치
주택 실수요 세대 수 (1)	세대수 × 주택 보급률(95%)
멸실 주택 수 (2)	주택실수요 세대수의 1% 적용
목표 연도 주택 총 수요 (A)	주택실수요 세대수 (1) + 멸실 주택 수 (2)

◎ 주택 공급 추정

- 주택 공급 추정은 현재 지역에 공급된 주택수와 공급예정인 주택수를 고려하여 산정

[단위: 세대]

구 분	비 고
현재 주택수(B)	현재 총 주택수 (통계연보)
공급 예정 주택수(C)	입주예정 주택수 + 택지개발지구A + 택지개발지구B (복합단지제외)

◎ 아파트 수요 추정

- 추가 필요 주택수에 아파트 선호비율을 적용하여 아파트 수요면적을 산출

[단위: 세대]

구 분	비 고
추가 필요 주택수	목표 연도 총 주택수요(A)-현재 주택수(B)-공급 예정주택수(C)
아파트 점유율	주택 중 아파트 점유율 추정
아파트 수요	-

(2) 상업시설 수요 추정

◎ 상업시설 수요추정 프로세스

- 각종 통계자료, 관련 리서치 자료, 대상지의 특성 및 업종 상권별 점유율을 조사하여 상업시설의 적정 면적 추정

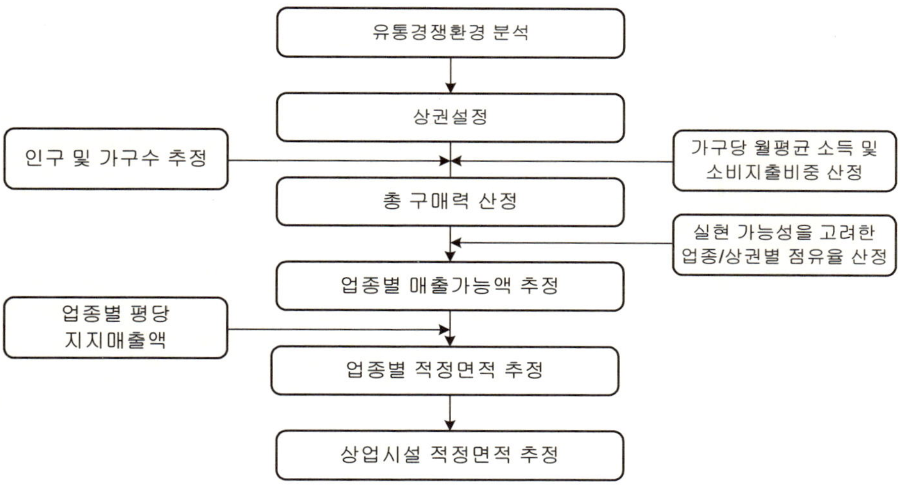

상권설정

<table>
<tr><th>구 분</th><th colspan="2">설정범위(해당지역)</th><th>설 정 기 준</th></tr>
<tr><td>1차상권</td><td colspan="2">역세권 택지개발 지구</td><td>• 상권이용 고객의 60~75%를 포함하는 범위
• 편의품의 경우 반경 500m 이내
• 선매품의 경우 차량으로 15~20분 이내</td></tr>
<tr><td rowspan="3">2차상권</td><td>해당시</td><td>해당시 전지역</td><td rowspan="3">• 상권이용 고객의 15%~25%를 포함하는 범위
• 선매품의 경우 차량으로 20분~40분 이내</td></tr>
<tr><td>주변도시 A</td><td>주변도시A 전지역</td></tr>
<tr><td>주변도시 B</td><td>주변도시B 전지역</td></tr>
<tr><td rowspan="2">3차상권</td><td colspan="2">주변광역시A</td><td rowspan="3">• 1,2차 상권을 제외한 대상지 상권에 유입가능 한 지역</td></tr>
<tr><td colspan="2">주변광역시B</td></tr>
<tr><td>유동상권</td><td colspan="2">역사 이용객</td></tr>
</table>

총 구매력 산정

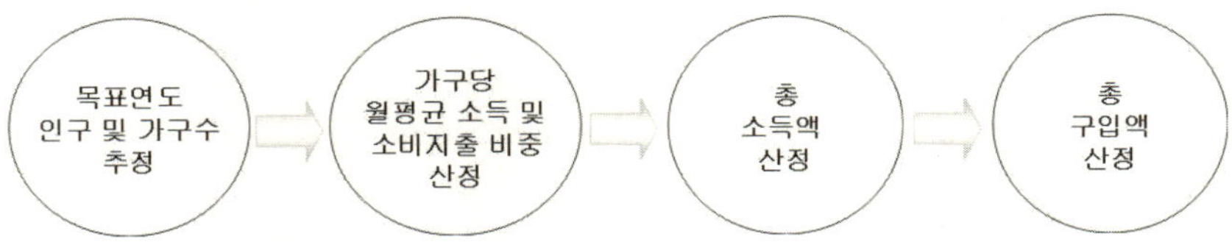

– 목표 연도 인구 및 가구수 산정

인구추정 및 가구수 추정	자연증가율 추정치와 각 도시기본계획상의 계획인구수의 산술평균값으로 추정

- 소비지출비중 산정

• 소비지출비중(도시근로자 소득 중 상업용 시설에 지출되는 소비지출)
  = 적용소비지출 / 소득
• 적용소비지출 = 가계지출-비 소비지출① - 비 소비지출②
  ⇒ 비 소비지출① : 수도광열비+통신+주거비+기타잡비 등
  ⇒ 비 소비지출② : 저축, 보험 등

- 총 구매력 산정

• 총 소득액 = 상권별 가구수 × 가구당 월평균 소득액 × 12개월
• 총 구매력(시장잠재력) 산정 : 총 소득액 × 소비지출비중

◎ 업종별 매출 가능액 추정

• 총 구매력(시장잠재력) × 업종별 지출비중 ×업종별 상권별 흡인율

TIP

• 보고서의 업종별 소비지출 비중을 국내 업종현황에 맞추어 재 산출함
• 상권 흡인율 산정시 고려사항은 업종별 상권과의 거리, 본 사업지의 입지적 요인 등을 감안하여 작성

◎ 업종별 적정 면적 추정

• 업종별 매출 가능액 ÷ 업종별 평당 지지매출액(전용기준)
• 업종별 영업면적(전용기준) ÷ 전용률(65%)

◎ 멀티플렉스

– 멀티플렉스 수요 추정 프로세스

멀티플렉스 수요 추정 프로세스	총 스크린 수요 추정
• **총 멀티플렉스관람 횟수** = 국민1인당 연평균 영화관람 횟수 × 상권 내 인구수 × 점유율	• **총 스크린 수요** = 총 필요 좌석수 / 스크린당 좌석수

– 멀티플렉스 관람 횟수 추정

• 국민1인당 연평균 관람 횟수 × 상권 내 인구수 × 점유율

– 총 스크린 수요 추정

$$\text{총 스크린 수요} = \frac{(\text{총 멀티플렉스 관람횟수}/1\text{개 스크린당 좌석수})}{(\text{연간 영화상영일수} \times \text{스크린당 } 1\text{일 평균 상영횟수} \times \text{좌석가동률})}$$

(3) 업무시설

◎ 업무시설 수요 추정 프로세스

업무시설 수요추정	총 스크린 수요 추정	적정면적추정
• **업무시설 수요(A)** = 목표 연도 순수오피스 종사자 × 종사자1인당 오피스면적	• **공급(B)** = 현재 공급된 오피스 면적 + 추가공급된 면적	• **필요면적** = 수요면적(A) – 공급면적(B)

◎ 업무시설 수요 추정

– A시의 총 종사자수를 추정하고, 그 중 오피스 종사자수를 산정하여 오피스 수요면적 추정

– 총 종사자수 추정은 과거 10년간 종사자수 변화과정을 목표 연도 향후 5년간 증가모형의 평균값으로 산정

구 분	내역		비 고
	㎡	평	
총 종사자수 추정 (목표연도)			•목표연도까지 선형증가모형과 로그증가모형의 평균값으로 산정
오피스 종사자수 추정 (목표연도)			•총 종사자 중 순수 오피스 종사자 수
오피스 종사자 1인당 필요면적			
오피스 수요면적(A) (목표연도)			•순수오피스 종사자×종사자1인당 오피스면적

◎ 업무시설 공급분석

- 업무시설의 공급분석은 현재 지역A에 공급된 오피스빌딩 면적과 인허가 추세를 고려하여 추가 공급될 면적을 산정

구 분	내역		비 고
	㎡	평	
현재 공급된 오피스면적(1)			
목표연도까지 추가 공급될 오피스면적 추정(2)			지난 5~10년간 연평균증가면적으로 향후 증가예정면적 추정
목표연도 지역A 오피스 공급면적(B)			(1)+(2)

◎ 사업지내 오피스 적정면적 추정

구 분	내역		비 고
	㎡	평	
수요면적 (A)			
공급면적 (B)			
필요면적			(A)-(B)

(4) 호텔

호텔 수요 추정 프로세스

객실수요추정	객실수산정	적정면적추정
• 객실수요 = 광역지역호텔이용자수 × 대상지유입률	• 객실수 =(연간숙박객수/365) × 연간객실점유율	• 적정필요면적 = 객실면적 + 부대시설면적

4) 분양 및 임대계획

(1) 사업방식 선정의 기본방향

리스크 최소화

– 분양 리스크가 큰 상업/업무/숙박 부문을 일괄 매각함으로써 분양 리스크를 최소화하여 안정적 사업 추진

사업방식 선정

TIP

• 사업방식 선정 목표 : 분양리스크 최소화 및 복합단지 전체 활성화

구 분	기 준	도입시설	비 고
일괄매각	•통합적인 운영관리가 필요한 시설 •분양리스크가 큰 시설	•오피스 •호텔	준공시점 일괄매각
		•학원·문화시설 •패션아울렛, 할인점 등 상업시설 •공연장	임대운영 후 일괄매각
분양	•초기 사업비 충당을 위해 선분양이 가능한 시설	•주상복합아파트 •근생시설 •오피스텔	

(2) 매출계획

- 분양수입
  - 주거시설, 근생시설, 오피스텔은 사업 초기 분양
- 일괄매각수입
  - 오피스 / 호텔은 준공시점에, 상업시설은 1년간 활성화 후 매각

(3) 분양/매각가 산정

- 가격산정의 개요
  - 분양/매각가 산정전략 및 방식

· 사업의 성공을 위해서 이해 상충관계인 개발자와 투자자, 임차인의 수익구조를 분석

· 이해관계자 모두에게 적절한 이윤이 배분되어 상호간에 Win-Win관계가 형성될 수 있는 전략 구상

· 단일시설별 수익극대화전략이 아닌 전체적인 관점에서 수익극대화가 이루어질 수 있도록 시설별 연계성을 고려하여 분양/매각가 산정

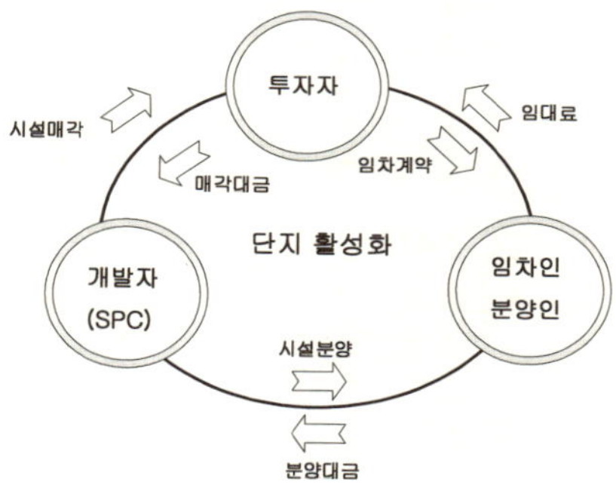

-이해관계자별 수익구조

TIP

• 개발자, 투자자, 임차인 및 실수요자의 시설별 수입구조 및 목표를 정확히 분석 후 임대가 및 분양가, 매각가 책정

시설별	개발자	투자자	임차인/실수요자
분양시설	•분양에 따른 개발이익	-	•경쟁적인 분양가에 높은 품질의 주거환경과 사업환경
일괄매각시설	•분양리스크 최소화 •단지 운영 및 활성화 안정	•적정가격에 매입하여 상권 활성화에 연동된 이익창출 •안정적인 이윤추구 •단지 운영 및 활성화	•적정한 임대료로 매출이익 창출 •단지운영 및 활성화 안정

–산정방식

- 이해관계자별 기대가치를 충족할 수 있는 가격산정을 위해 개발자와 투자자, 실수요자 측면으로 구분하여 산정
- 각 이해관계자 측면에서 시장접근법을 사용하여 비교 분석 후 각 시설별 분양가 및 임대가 산정
- 원가분석법, 수익환원법으로 일괄매각 시설에 대한 매각가치산정

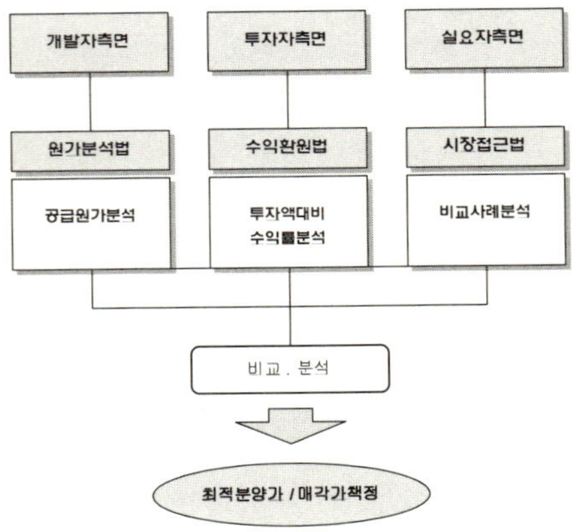

분양가 산정

– 주상복합

대상지 인근 분양가 조사 〉 보정지수A (사업지 특성반영) / 보정지수B (주상복합 특성반영) 가중평균〉 최종 분양가 산출

– 근생시설

대상지 인근지역 유사 분양가 〉 보정지수 산정 〉 추정 분양가 산정 〉 주민편익 제고 〉 최종 분양가 산정

– 오피스텔

보정지수A (사업지 특성반영) 〉 / 보정지수B (주상복합 특성반영) 〉 보정지수 적용 / 주상복합아파트 대 오피스텔 분양가 비율 적용 가중평균〉 최종 분양가 산출

매각가 산정

-일반 상업시설

A시 상업시설 임대기간 현황조사 > 대상지 임대가 산정 > 대상지 운영소득 산출 > 자본 환원율 적용 > 매각가치 산정

대상지 임대가 산정

지 역		보증금	월세
보정지수A (소비자 물가지수 2.8%적용)			
보정지수B	입지여건		
	주변상가시세		
	상권형성도		
	투자가치		
	평균		
최종 보정지수(A×B)			
대상지 임대가 산정(천원/평)			

수익환원법에 의한 매각가 산정

구 분	내용	비고
계약 면적(평)		일반상업시설
월임대료(천원/평)		
보증금 (천원/평)		
보증금 운용수익 (천원/평)		보증금×3.90% (CD 수익률)
연간 운영 소득 (천원/평)		보증금운용수익+(월세×2)
연간 총 운영 소득 (천원/평)		연간운영 소득 × 계약면적
총 매각가 (천원)		자본 환원율 10%
평당 매각가 (천원)		

◎ 앵커테넌트 시설

- 멀티플렉스
  : 연간 매출액(천원) = 관람객수(년) × 관람료(인)
  : 연 임대료(천원) = 연 매출액 × 수수료율(12%)
  : 총 매각가치(천원) = 연간 총 임대료 ÷ 자본 환원율(10%)

◎ 오피스

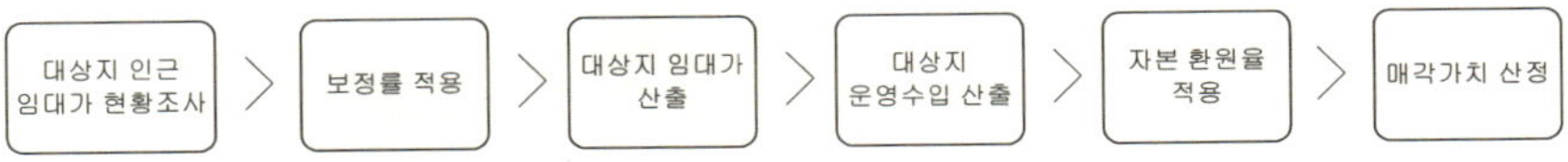

- 대상지 운영수입 산출
  : 연 운영소득 = 보증금 운영소득 + (월세수입 × 12) + (관리비 기타 수입 × 12)

구 분		대상지	비고
보증금(천원/평)			
임대료(천원/평)			
관리비(천원/평)			
연 운영소득	보증금운영수입=보증금×(CD수익률)		
	월세 수입(천원/평)		
	관리비기타수입(천원/평)		관리비이익률
	합 계 (천원/평)		

- 자본 환원율을 적용한 매각가 산정
  : 평당 매각 가치 = 연 운영소득 ÷ 자본 환원율

구 분	대상지	비고
연 운영소득(천원/평)		
임대료 상승지수(5년 후)		소비자 물가지수
자본 환원율		
평당 매각 가치(천원)		

◎ 호텔

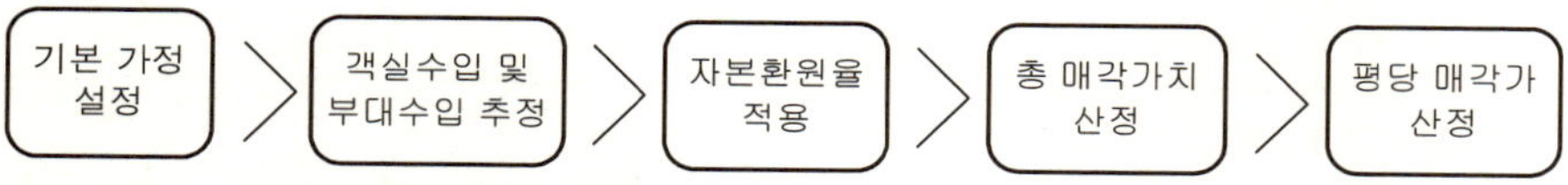

- 자본 환원율에 의한 매각가치 산정

: 총 매각가치 = 영업이익(매출액 × 영업이익률) ÷ 자본 환원율

5) 사업성 분석

(1) 사업성 분석 종합

◎ 사업성 분석의 개요

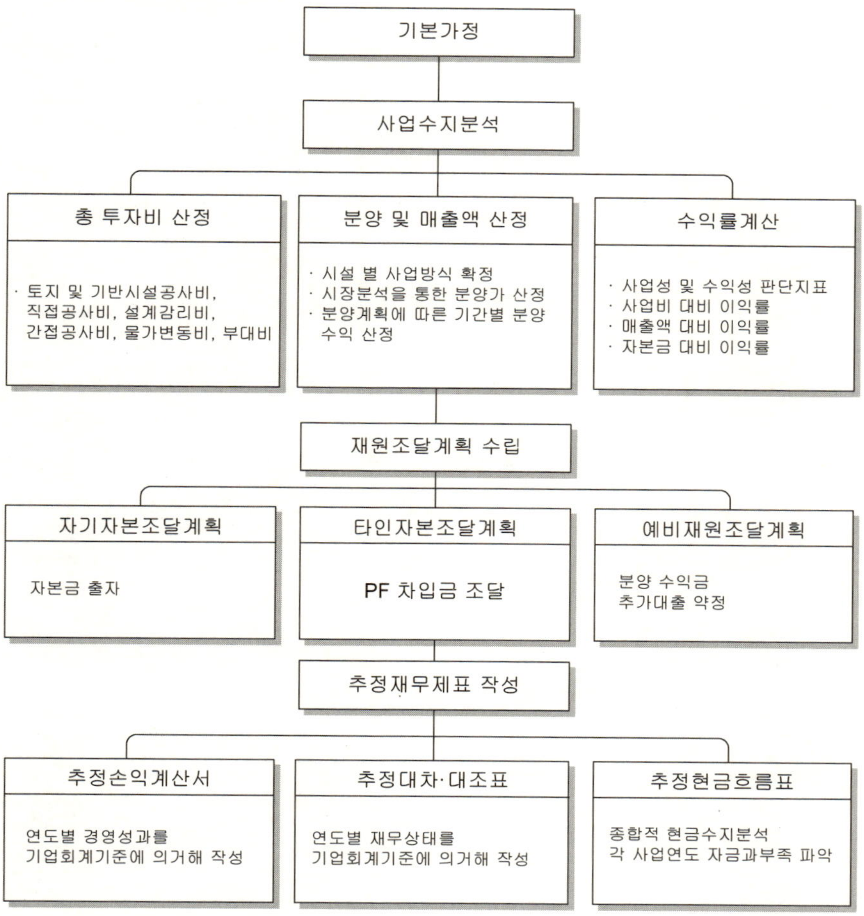

사업성 분석 기본전제

– 기본지표

구 분		항 목	비 고
물가상승률			
사업성 분석기간			
자본 환원율	상업시설		
	업무시설		
이자율			
실질할인율			

– 사업기간

구 분			내 용	개월수
총 사업기간				
SPC 설립				
인허가기간				
공사기간	주거시설			
	상업시설	할인점/근린상가		
		쇼핑몰		
	업무시설			
	숙박시설			
운영기간(할인점)				
운영기간(상업시설)				
분양기간	주거시설			
	상업시설	근린시설		
		쇼핑몰		
	업무시설			
	숙박시설			

사업수지분석 종합

- 사업수지분석

[단위: 백만원, VAT제외]

구 분		합계	1년차	2년차	3년차	4년차	5년차
수입	분양수익						
	매각수익						
	임대수익						
	이자수익						
	수입총계						
지출	토지관련비용						
	직접공사비						
	간접공사비						
	판매관련비용						
	제세금및부담금						
	금융관련비용						
	지출총계						
수지차							
누계							

-사업수익률분석

[단위: 백만원, VAT제외]

구 분	내 용
사업종료시 총 잔여현금(자기자본회수 전)	
사업종료시 총 잔여현금(자기자본회수 후)	
NPV	
IRR	
평균투자기간	
사업대비이익률	
수입액대비이익률	
자본금대비이익률	

(2) 총 투자비 산정

[단위 : 백만원]

항 목		합 계	1년차	2년차	3년차	4년차	5년차
토지관련 비 용	토지매매대금						
	토지할부이자						
	토지관련제세						
	소 계						
직 접 공사비	건 축						
	토 목						
	조 경						
	전 기						
	설 비						
	소 계						
간 접 공사비	설 계 비						
	감 리 비						
	인입공사비						
	미술품설치비						
	기타용역비						
	하자보수비						
	물가변동비						
	채권매입비						
	학교용지부담금						
	감리비보증수수료						
	보존등기비						
	일반관리비						
	소 계						
부대비	분양/매각경비						
	광고홍보비						
	분양대행수수료						
	분양보증수수료						
	입주관리비						
	예비비 및 운영비						
	소 계						
제세금 및 부담금	법인세비용						
	소 계						
금융관련 비 용	이자비용						
	소 계						
사업비 계							

(3) 추정 재무제표

◎ 추정 손익계산서

[단위 : 백만원]

구 분	합계	1년차	2년차	3년차	4년차	5년차
매 출 액						
매출원가						
매출총이익						
판매비와관리비						
영업이익						
영업외수익						
영업외비용						
경상이익						
특별이익						
특별손실						
법인세차감전이익						
법인세비용						
당기순이익						

추정 대차대조표

항 목	합 계	1년차	2년차	3년차	4년차	5년차
자산						
(유동자산)						
현금및현금등가물						
분양미수금						
재고자산						
(고정자산)						
장기선급비용						
임차보증금						
자산총계						
(유동부채)						
유동성 장기미지급금						
분양선수금						
유동성 장기차입금						
단기차입금						
미지급법인세						
(고정부채)						
장기미지급금						
장기차입금						
부채계						
자본						
자본금						
자본잉여금						
이익잉여금						
– 이익준비금						
– 처분전이익잉여금						
(당기순이익)						
자본조정						
자본계						
부채및자본통계						

2.2 재원조달계획 및 사업리스크 관리계획

1) 재원조달계획

(1) 재원조달계획의 우수성

◎ 재원조달의 개요

– 재원조달전략

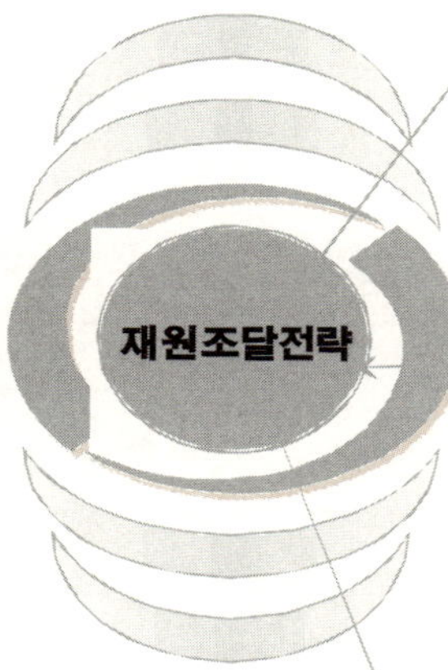

다수의 대형금융기관참여

-국내외 시장에서 다수의 금융 주선 실적을 보유하고 있는 검증된 금융기관이 본 사업 금융주주로 참여

최적의 자금흐름 유지

-사업기간 동안 최적의 자금흐름 유지를 위한 재원조달 방안 수립
-프로젝트 현금 흐름에 부합하는 재원조달 및 차입금 상환계획 수립
-일시적인 사업비 초과 등 한도 설정 등 예비 재원 확보

재원조달의 안정성 확보

-재무능력을 보유한 출자자들로부터 자기 자본 조달
-재무적 투자자 중심으로 대주단(Syndication)을 구성하여 타인자본 조달
-대규모 자금 조달을 위한 다양한 재원조달 원천 접촉

– 재원조달을 위한 금융 컨소시엄 구성

P/F Loan	ABS/ABCP	부동산 투자회사(REIT's)
• 상업/업무시설 공사비 등 (사업기간 중)	• 상업/업무시설 매입대금(준공 후) • 주거시설 분양대금을 기초자산으로 추가재원조달 필요시 매출채권 유동화 검토	

- 복합금융구조 도입

  : 대형 복합개발사업의 안정적인 재원조달을 위해 복합금융구조 도입
  [P/F Loan + REITs + 유동화(ABS/ABCP 등)]

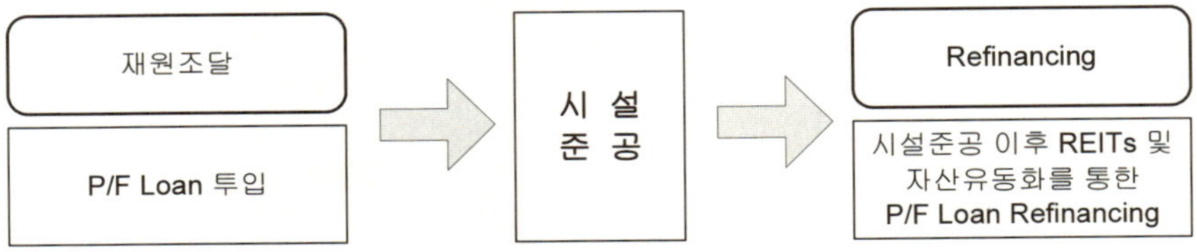

(2) 재원조달계획

[단위 : 백만원]

항 목	합계	1년차	2년차	3년차	4년차	5년차
토지관련비용						
직접공사비						
간접공사비						
판매관련비용						
제세금및부담금						
금융관련비용						
총 투자비						

-연도별 총 수입 (분양 및 매각수익 등)

[단위 : 백만원]

항 목	합계	1년차	2년차	3년차	4년차	5년차
분양수익						
매각수익						
임대수익						
이자수익						
계						

- 연도별 재원조달 계획

[단위 : 백만원]

항 목		합계	1년차	2년차	3년차	4년차	5년차
총 소요자금							
재원 조달	자본금						
	분양 및 매각수익 등						
	타인자본						
총 조달금액							
잔여현금							
누적잔여현금							

◎ 자기자본 조달방안

- 자기자본 조달계획

[출자자의 연도별 자기자본 계획]

[단위 : 백만원]

항 목	지분율	합계	1년차	2년차	3년차	4년차	5년차
A사							
B사							
C사							
D사							
E사							
F사							

출자자별 자금조달 방안

재원조달 수 단	특 징
내 부 유보자금	•조달을 위한 별도의 절차가 필요 없음 •회사의 여유자금은 효율적으로 활용가능하며 추가적인 이자비용의 부담이 없음 •영업활동으로 인한 위험부담이 있음 •영업현금흐름이 열악한 회사의 경우 조달이 불가능함
증 자	•추가적인 이자비용의 부담이 없음 •이자율변동이나 영업활동의 변동으로 인한 위험이 없음 •조달절차가 복잡하며, 관련 부대비용이 발생함 •비상장회사 및 기존주주의 재무능력이 취약할 경우 조달 가능성이 떨어짐
자산매각	•추가적인 이자비용의 부담이 없음 •이자율변동이나 영업활동의 변동으로 인한 위험이 없음 •재원의 적시조달에 다소의 불확실성이 있을 수 있음 •자산의 급매로 인하여 처분가치 하락가능성 존재 •매각과 관련한 부대비용이 발생할 수 있음
회 사 채	•장기차입이 가능함 •자금에 대한 요구 수익률이 상대적으로 낮음 •이자비용 및 사채발행비용이 발생함 •신용등급이 낮은 회사의 경우 회사채 발행이 다소 어려움
차 입	•상기의 방법으로 조달이 어려운 경우 적용 •신용등급 및 담보제공능력이 열악한 경우 재원조달이 다소 어려움 •이자율 변동에 따른 위험을 부담하게 됨

출자자별 내부 유보자금 조성능력 검토

- 내부유보자금을 통한 출자 가능성을 검토하기 위해 각 출자자별 최근 3개년간 당기순이익에 감가상각비(무형자산상각비) 등을 가산하여 내부유보자금의 가중평균치를 산출
- 가중평균 금액의 50%를 연도별 출자가능 내부유보자금으로 가정

◎ 유상증자 가능 금액 검토

- 최근 결산일 현재 납입자본금 = 자본금 + 주식발행초과금 - 주식할인발행차금
- 유상증자를 통한 조달가능금액은 타사업의 투자가능성을 고려하여 납입자본금의 50%로 산정

(3) 타인자본 조달방안

◎ 타인자본 조달수단

- 국내 금융시장 환경 및 은행/연기금 등으로 구성된 본사업 재무적 투자자의 참여 등을 감안시 국내 다수의 금융기관 및 연기금을 통한 원화 신디케이티드론(Syndicated Loan)이 본사업 타인자본 조달수단으로 가장 적합함

◎ 타인자본 조달 추진 구조

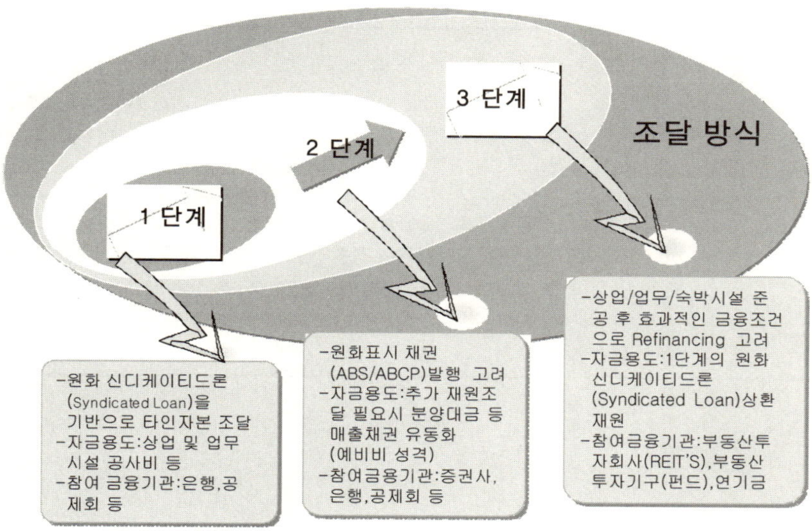

◎ 타인자본 조달 관련 주요 금융조건 검토

구 분	내 용
예상차입금	
예상차입기간	
예상금리	
상환방식	
대출참여기관	

(4) 예비재원 조달계획

◎ 예비재원 조달의 목적

구 분	목 적
건설기간	•예상한 소요재원의 초과로 인해 추가적인 재원이 필요한 최악의 상황하에서도 본 사업의 적기 준공 등 시공 중 리스크를 회피하고자 함
운영기간	•예상 운영수입이 당초 예상에 미달하거나 예상 금융비용 및 운영비용이 당초 예상을 초과하는 상황에서도 법인 파산 방지 등 운영 중 리스크를 회피하고자 함

◎ 일반 예비재원 소요자금의 추정

구 분	목 적
경상적 예비비	•사업기간 중 예상 물가변동비는 연2.8%를 적용하여 산정하였으며, 총 소요재원에 포함
우발적 예비비	•건설기간 중 우발적으로 발생할 수 있는 비용의 증가를 충당하기 위한 비용으로 총사업비를 구성하는 각종 변수들의 변동요인에 의해 그 소요가 발생함 •운영기간 중 예상치 못한 상황에 대비하기 위한 재원으로서 사업의 원활한 운영을 도모하고자 함

(5) 시설별 재원 조달 구조

업무시설(오피스빌딩) 및 호텔

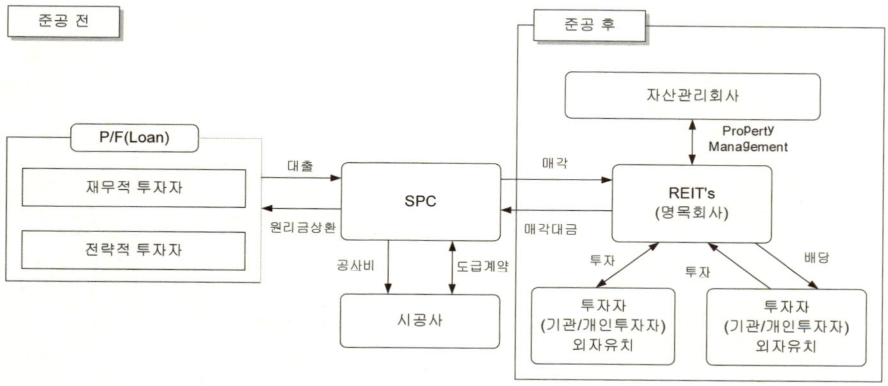

상업시설

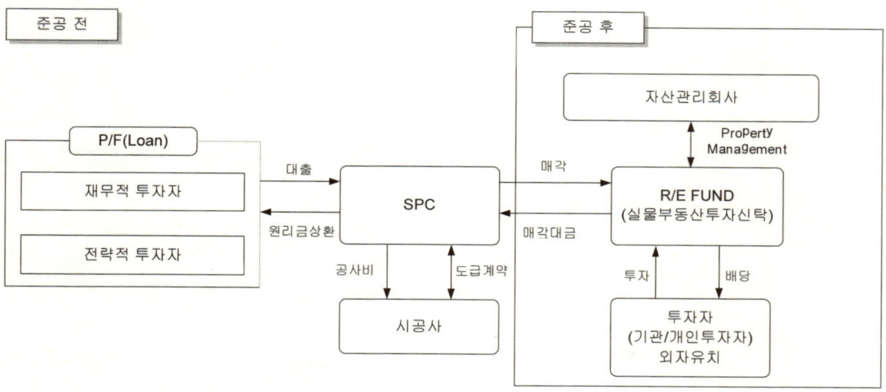

2) 사업리스크 관리계획

(1) 사업리스크 관리전략

- 리스크 관리를 통한 성공적 개발과 운영
  - 프로젝트 환경을 둘러싸고 있는 불확실한 요인을 과학적으로 분석하고 리스크를 예측 대비함으로써 프로젝트의 성공적 개발과 운영

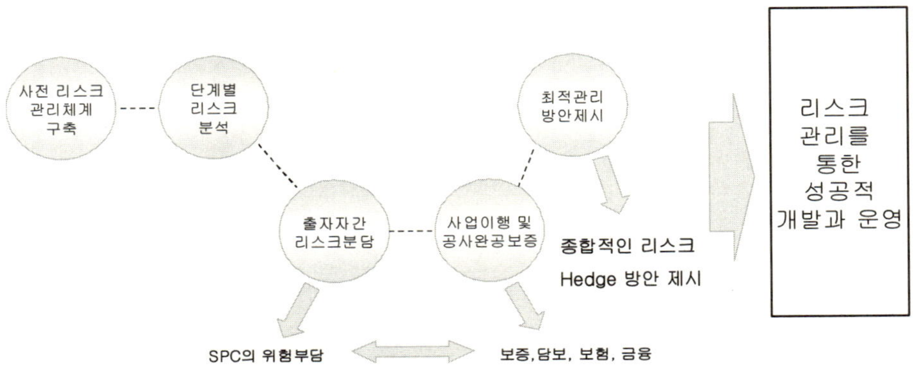

[그림] 리스크 관리체계

- 리스크 관리계획 수립절차
  - 리스크 관리를 철저히 하기 위하여 리스크를 계획화, 세분화하고 계약서 및 협약서를 통한 리스크 분담

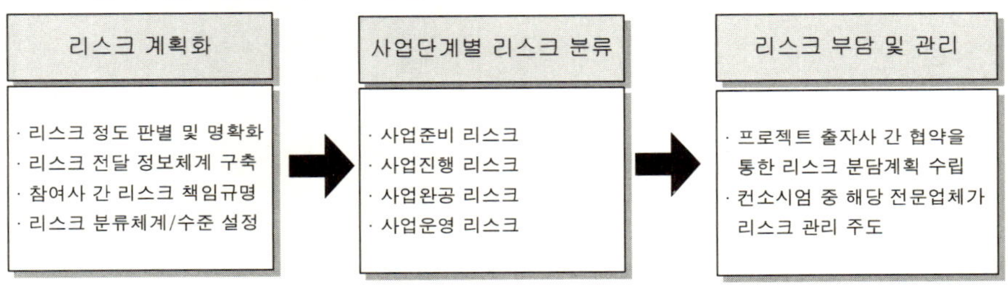

(2) 사업리스크 관리계획

<table>
<tr><th>구분</th><th colspan="2">리스크</th><th>구체적인 리스크</th></tr>
<tr><td rowspan="2">사업 준비 리스크</td><td colspan="2">사업계획 변동 및 인허가 리스크</td><td>•사업계획 변동(일괄매각이 아닌 부분매각/일반분양)에 따른 리스크
•택지개발, 건축관련 인허가 리스크</td></tr>
<tr><td colspan="2">사업협약 및 이행 리스크</td><td>•사업 협약 장기화에 따른 리스크</td></tr>
<tr><td rowspan="4">사업 진행 리스크</td><td>시공 리스크</td><td>공사 완공 리스크</td><td>•시공사의 부도 및 하도급 업체의 부도 리스크
•시공관련 출자자의 중도 이탈 리스크
•사업주와 설계자 및 시공자의 기술수준/경험 부족 리스크
•건축법 및 부동산 관련 법규 개정으로 인한 리스크</td></tr>
<tr><td rowspan="2">금융 리스크</td><td>자금 조달 리스크</td><td>•출자자의 이탈 및 협약 불이행에 따른 자금조달 리스크
•분양 및 매각 부진에 따른 자금조달 리스크</td></tr>
<tr><td>비용 증가 및 완공 지연 리스크</td><td>•사업계획서상의 추정원가, 추정 판매관리비 등의 차이로 인한 사업비 증액 리스크
•물가상승 및 향후 발생 가능한 금융구조 변화 등에 의한 사업비 상승 리스크
•불완전한 설계 및 설비기자재, 인력수급 차질 리스크
•자연적 재해로 인한 공사기간 지연 리스크</td></tr>
<tr><td colspan="2">분양 및 임대 리스크</td><td>•미분양/부분임대 발생에 따른 리스크</td></tr>
<tr><td rowspan="2">사업 완공 리스크</td><td colspan="2">소유권 이전 리스크</td><td>•법률적 권리 관계에 따른 문제점 발생 리스크</td></tr>
<tr><td colspan="2">시설물 결함 리스크</td><td>•완공 후 시설물에서 발생되는 각종 결함에 대한 리스크</td></tr>
<tr><td rowspan="3">사업 운영 리스크</td><td colspan="2">비활성화 리스크</td><td>•활성화 실패에 따른 투자자/임차인 수익 저하 리스크</td></tr>
<tr><td colspan="2">매각 리스크</td><td>•상업/업무/숙박시설 매각 부진에 따른 현금 유동화 리스크</td></tr>
<tr><td colspan="2">금리변동 리스크</td><td>•금리변동에 따른 재무적 위험 발생 리스크</td></tr>
</table>

2.3 테넌트 유치 및 마케팅 계획

1) 테넌트 유치 계획

(1) 테넌트 유치의 기본방향

- 장기적 관점에서 경쟁력 및 수익 창출력, 쇼핑몰 활성화 기능 보유 업체
- 업계선두의 앵커 테넌트 유치 및 소형점 영업 활성화를 위한 최적의 배치
- 테넌트 유치 목표

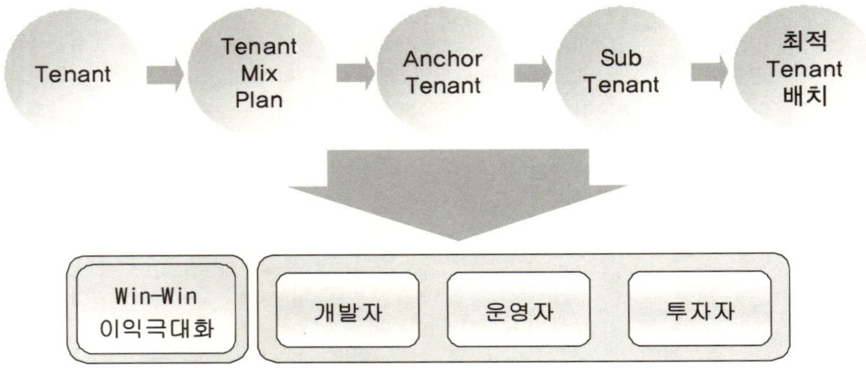

- 앵커 테넌트 선정 기준

구 분	주요항목	세부내역
쇼핑몰 활성화 기여도	•복합단지 집객효과의 기여도 •쇼핑몰 MD 구성의 적극적 협조체계 •쇼핑 활성화 프로그램 유무	•소형매장에 대한 배려도 •입점 테넌트의 업태 •다양한 이벤트 프로그램 판매계획 등 프로그램 보유업체
영업능력 보 유 도	•영업실적 및 경험 •영업계획의 적정성 •사업계획 및 조직인력 운영체계의 적정성	•최근 영업실적 주요 오픈 현황 매장운영 현황 등 •투자 및 재원조달 계획의 적당성 •투자 손익계획 및 매출계획의 적정성
사 업 수익성	•분양 및 임대조건의 적당성 •타 입주업체와의 연관성 •브랜드 인지도 및 선호도	•분양가 임대가 지불조건 지불시기 계약기간 등 •고객선호도 및 인지도 우수업체
기타요인	•복합단지 이미지 기여도 •소비자 선호도	•동종업계 국내의 브랜드 인지도 및 선호도

(2) 우수테넌트 유치

- 테넌트 유치- 목표테넌트 유치의 우수성
  - 다양하고 우수한 테넌트 유치로 복합단지 실현 : 국내외 동종 업종내 최고 업체를 유치하여 성공적인 사업수행

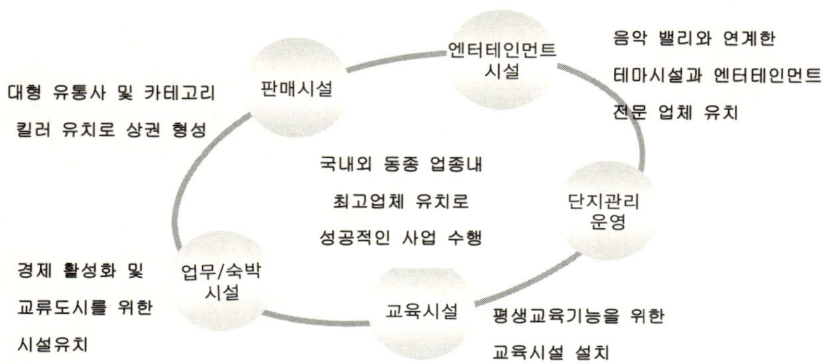

◎ 테넌트 유치

<table>
<tr><th colspan="3">구 분</th><th>테넌트</th><th>유치 연면적(평)</th></tr>
<tr><td rowspan="12">일반
상업시설</td><td rowspan="2">Anchor Tenants</td><td>패션 아웃렛</td><td></td><td></td></tr>
<tr><td>할인점</td><td></td><td></td></tr>
<tr><td rowspan="5">Sub Anchor Tenants</td><td>서점</td><td></td><td></td></tr>
<tr><td>영화관</td><td></td><td></td></tr>
<tr><td>게임센터</td><td></td><td></td></tr>
<tr><td>홈센터</td><td></td><td></td></tr>
<tr><td>스포츠센터</td><td></td><td></td></tr>
<tr><td rowspan="3">F&B</td><td>패밀리레스토랑</td><td></td><td></td></tr>
<tr><td>패스트푸드</td><td></td><td></td></tr>
<tr><td>커피</td><td></td><td></td></tr>
<tr><td rowspan="2">엔터테인먼트</td><td>음악 체험관</td><td></td><td></td></tr>
<tr><td>편의점</td><td></td><td></td></tr>
<tr><td rowspan="3">근린상업시설</td><td colspan="2">편의점</td><td></td><td></td></tr>
<tr><td colspan="2">클리닉</td><td></td><td></td></tr>
<tr><td colspan="2">기타 근생시설</td><td></td><td></td></tr>
<tr><td>업무시설</td><td colspan="2">오피스</td><td></td><td></td></tr>
<tr><td>숙박시설</td><td colspan="2">호텔</td><td></td><td></td></tr>
<tr><td rowspan="2">교육시설</td><td colspan="2">어학학원</td><td></td><td></td></tr>
<tr><td colspan="2">어린이교육</td><td></td><td></td></tr>
<tr><td colspan="3">합 계</td><td></td><td></td></tr>
</table>

2) 테넌트 구성 및 배치계획

(1) 복합단지 배치계획

◎ 주민 편의성 제고와 복합단지 활성화 극대화

- 주거, 업무, 숙박기능이 복합된 지속적인 Town Center로 개발
- 쾌적한 주거환경과 편의성 제공을 위한 주거시설 배치
- 역세권의 접근성을 고려한 상호 시너지효과를 위한 업무시설과 호텔 연계배치
- 상권 활성화를 위한 대형 판매시설과 쇼핑센터를 연계배치

(2) 테넌트 배치(Merchandising)전략

- Life Style을 반영한 MD
  - 소비자 편익을 위해 Life Style에 따른 구매품별 Zonning

- 티켓 및 영업시간대별 배치와 집객시설 분산배치
  - 영업시간대에 따른 배치로 심야 시간대 고급주거시설의 주거안정성 확보 필요
  - 할인점과 패션아울렛, 쇼핑센터의 트라이 앵글 배치로 시너지효과 극대화

- 집객시설을 활용한 층간이동 활성화
  - 집객력이 강한 앵커테넌트를 지하 또는 지상 상층부에 배치하여 건물 내 샤워효과 및 분수효과의 극대화 유도

(3) 동선 및 층별배치 계획 전략

- 동선계획

Street Zone	다양한 동선을 테마화하여 흥미부여 및 거리 활성화

- 층별배치계획
  - 지하층 구성계획
  - 1,2,3,4층 구성계획

3) 마케팅전략

(1) 마케팅전략

- 마케팅 핵심요소(Core Value)
  - –고품격 / 차별성 / 신뢰성
    : 고급 초고층 주상복합아파트와 가족형 쇼핑센터 개발
  - 브랜드 아이덴티티
    : 복합단지의 쇼핑센터 브랜드 부여
  - 전략적 사업추진
    : 상업시설을 분양이 아닌 일괄매각방식으로 사업추진

STP 분석(Segmentation-Targeting- Positioning)

- 시장세분화

시설	세부시장
주상복합아파트	•인근지역 거주자 •서울보다 쾌적한 환경 및 조망권을 선호하는 서울지역 거주자 •직장 및 교육환경을 고려한 수요자 •투자목적의 수요자
상업시설	•쇼핑센터에서 여가생활을 함께 즐기는 소비자 •문화 및 엔터테인먼트를 즐기는 소비자 •가족과 함께 쇼핑하는 소비자
오피스	•비싼 임대료를 줄이고자 하는 이전 수요자 •인지도 있는 랜드마크적 입지를 원하는 수요자 •신규 창업 수요자
호텔	•상용목적 관광객 •순수관광객 •회의 및 컨벤션 참가자
학원	•입시준비를 위한 중/고생 수요자 •평생교육관련 중/장년 수요자 •여가 및 취미 관련 수요자 •조기교육 수요자

[시설별 타겟팅 전략]

시설	타 겟 팅	
	메인타겟	서브타겟
주상복합 아파트	•개인프라이버시를 중시하는 상류층	•쾌적한 환경 및 조망권을 선호하는 중산층
상업시설	•문화 및 엔터테인먼트를 즐기는 가족중심의 소비자	•놀이문화를 즐기는 젊은 층
오피스	•콜센터 및 대기업의 백오피스 •음반 유통업체 및 제작/기획사	•홈쇼핑 및 케이블TV 방송국 등 •공연 기획사
호텔	•회의 및 컨벤션 참가자	•해외 관광객
학원	•평생교육관련 중/장년 수요자	•전문음악학원 도입

◎ 포지셔닝 전략(Positioning)

- 포지셔닝 전략수립은 마케팅전략 및 홍보의 근원이 되는 중요한 전략으로서, 본 사업지의 목표와 비전을 포함
- 본 사업지의 개발컨셉과 비전은 역세권이 갖는 랜드마크 기능과 고품격의 복합단지 개발

시 설	포지셔닝
상업시설	• 선진국형 쇼핑몰(분양이 아닌 임대형쇼핑몰, 가족중심형 쇼핑몰) • 단일 운영자가 전문적으로 관리하는 쇼핑몰
오피스	• 오피스 수요를 고려하여 적정규모의 랜드마크 성격의 빌딩 • 효율적 업무지원 시스템 구축
호텔	• 음악벨리와의 연계성을 고려한 비즈니스 호텔 • 역세권을 이용하는 관광객을 타겟으로 하는 비즈니스 호텔
주상복합아파트	• 중대형 평형과 쾌적한 주거에 대한 수요를 충족시키는 고급 주상복합아파트 • 브랜드, 유비쿼터스, 자연친화적 요소가 조화된 아파트 개발
학원	• 주변의 음악(문화) 요소와의 시너지 효과를 극대화한 전문음악학원 • 문화센터와 연계한 복합문화공간

2.4 프로젝트회사 설립 및 관리운영 계획

1) 프로젝트회사 설립 및 운영계획

(1) 프로젝트회사 설립목적

- 프로젝트회사 설립을 통해 출자자의 책임과 권한을 명확히 하여 사업을 안정적으로 추진

설립방향	운영방향
사업의 성공적 수행을 위해 출자자간 협조체제 구축	• SPC의 주관하에 개발기획, 시공, 금융, 완공, 분양/매각, 운영/활성화에 대한 각 출자자의 유기적 협조체제 구축으로 성공적 사업시행
분야별 전문핵심역량의 집중	• 시공사들의 우수한 시공과 철저한 품질관리로 복합단지 시설물 완공 보장 • 재무적 투자자들의 안정적, 균형적인 금융지원과 출자

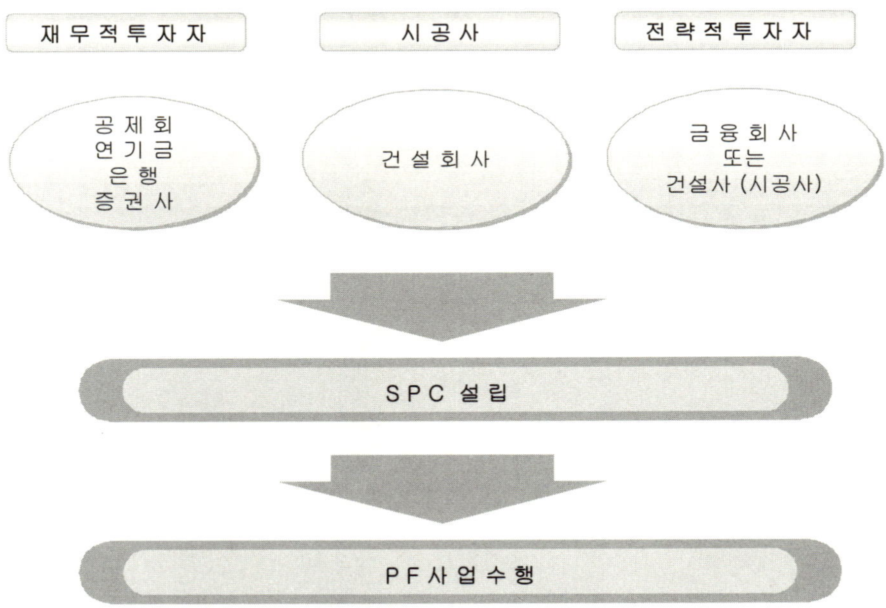

(2) 프로젝트회사 설립계획

- 다양한 출자자로 SPC 구성
  - 다양한 출자자 구성을 통한 사업의 안정성 제고

- 자산관리사(AMC) 설립/운영
  - 법인세법 51조 2항에 의한 법인세 감면을 위하여 1단계로 SPC를 설립한 후 실제 운영 프로젝트 회사인 AMC를 설립

- 프로젝트회사 설립개요
  - 법인세 이중과세 제외요건인 금융기관 5% 이상 지분출자 및 성격, 설립, 운영 기타요건을 만족하는 특수목적(SPC) 설립

구 분	내 용
성격요건	•회사의 자산을 설비투자, 자원개발 등 상당한 기간과 자금이 소요되는 특정사업에 운용할 것(대단위 복합단지 개발), 수익을 주주에게 배분
설립요건	•한시적으로 설립된 회사로서 존립기간이 2년 이상 •주식회사 발기설립의 방법으로 설립하여, 자본금이 50억 이상일 것
발기인/감사/이사 등 요건	•발기인/이사/감사가 금고 이상의 실형, 금융관리법 위반으로 해임되지 아니할 것 •금융기관이 1인 이상으로 5% 이상 출자
운용요건	•본점 외의 영업소가 없고 직원과 상근임원을 두지 말 것 (서류상 회사설립) •자산관리/운용/처분업무는 주주가 출자한 법인에 위탁할 것 (AMC 설립 후 위탁) •자산관리 업무는 신탁영업에 의한 신탁업을 영위하는 금융기관에 위탁
기타요건	•설립등기일로부터 2개월 이내에 관할 세무서장에게 정관의 목적사업, 이사 및 감사의 성명 등과 자산관리회사 및 자금관리 수탁회사의 명칭 신고

(3) 프로젝트회사

- 자산관리회사(AMC) 중심의 조직 운영
  - 프로젝트를 SPC 주주가 출자한 자산관리회사(AMC)에 위탁, 운영, 관리하여 SPC는 의결기관으로 주요사항에 대한 의사결정
  - SPC는 상근직원 없는 회사로 운영하며, 제반업무는 AMC에서 담당

- 사업단계별 적합한 조직 운영
  - 사업준비, 건설, 관리운영, 법인청산단계에 따라 각 단계의 주요 업무를 중심으로 한 유연한 조직 편성 및 인력 수급

- SPC 운영구조
  - 사업진행에 소요되는 투자비는 SPC를 통해 투자
  - SPC가 본 프로젝트에 투자하여 창출된 수익은 모두 주주에게 배당함을 원칙으로 하며, SPC의 자산관리 및 운용, 처분은 AMC에 위탁하여 진행

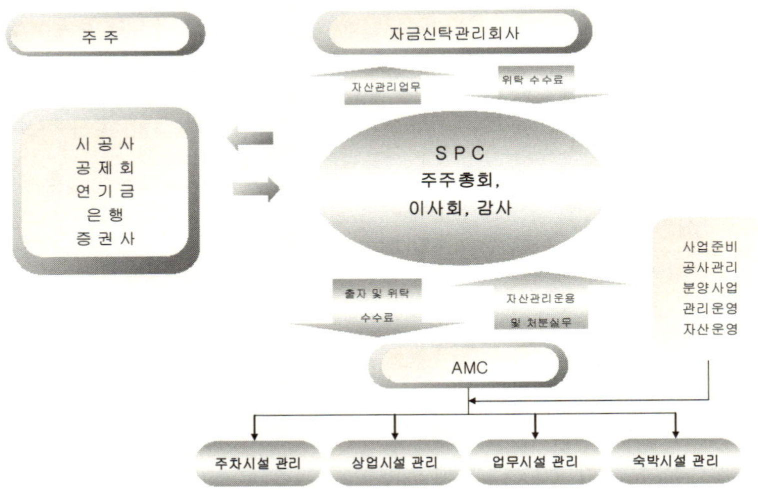

- 사업특성별 조직편성계획

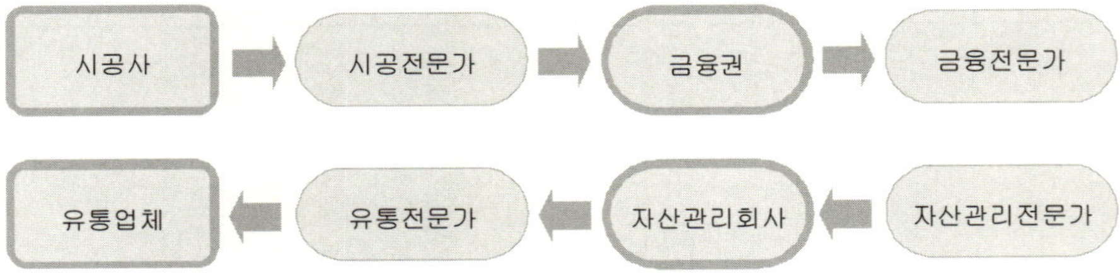

2) 단지 및 공공시설물 관리운영계획

(1) 복합단지 관리운영계획

◎ 관리운영 목표

- 관리운영계획의 수립 및 운영의 목표는 자산가치 증대

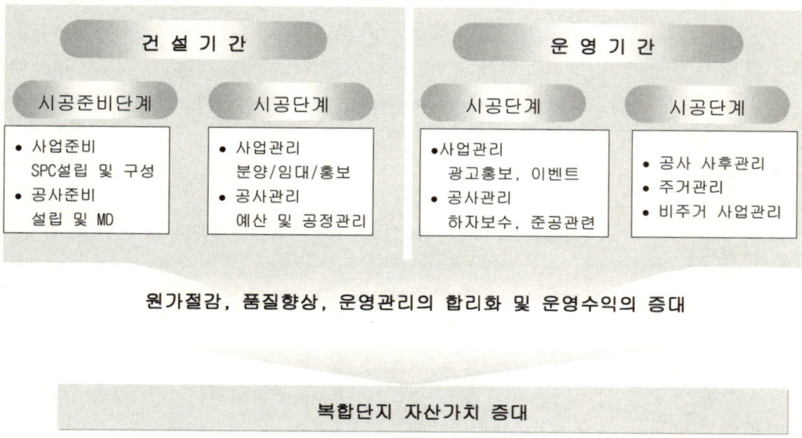

시설운영체계 및 관리운영조직
- 관리운영 업무

<table>
<tr><th colspan="3">구 분</th><th colspan="3">업 무</th></tr>
<tr><td rowspan="4">건설
기관</td><td rowspan="2">준비
단계</td><td>사업준비</td><td colspan="3">•SPC 설립 및 조직구성 사업추진 계획수립, 상품기획, MD 계획, 분양임대계획, 앵커테넌트 유치, 광고홍보계획, 자금조달</td></tr>
<tr><td>공사준비</td><td colspan="3">•설계, 인허가, MD 배치계획, 아파트 UNIT 설계, 공사예산, CM선정, 공사도급 계약, 시공계획 검토, 원가절감 방안, 공정관리시스템 구축</td></tr>
<tr><td rowspan="2">시공
단계</td><td>사업관리</td><td colspan="3">•분양/임대 마케팅사 선정 및 관리, 분양임대계약서 작성, 앵커테넌트 조건 협의 및 계약, 브랜드 유치, 자금관리</td></tr>
<tr><td>공사관리</td><td colspan="3">•예산관리, 설계변경관리, 공사비관리, 기술관리, 리스크관리, 민원관리</td></tr>
<tr><td rowspan="6">운영
기관</td><td rowspan="2">준비
단계</td><td>오픈준비</td><td colspan="3">•오픈·광고홍보·이벤트 계획, 테넌트교육, 상가운영 지침서 작성, 건물관리 용역사 선정</td></tr>
<tr><td>오픈주공</td><td colspan="3">•하자점검, 보완대책, 장비 시운전, 준공관련 서류 준비</td></tr>
<tr><td rowspan="4">운영
단계</td><td>공사
사후관리</td><td colspan="3">•하자보수 계약서 점검 및 보증기간 이후 유지관리계획 수립
•주요 자재 시방서 및 취급설명서 작성
•시설물 점검으로 안전유지 관리</td></tr>
<tr><td>주거관리</td><td colspan="3">•관리회사선정, 시설관리, 입주자관리
•정기관리보고서, 세무회계관리</td></tr>
<tr><td rowspan="2">사업관리
(비주거)</td><td>자산관리</td><td>부동산관리</td><td>시설관리</td></tr>
<tr><td>•자산운영전략수립
•임대전략
•개보수전략
•경쟁력 제고 방안
•활성화 계획
•MD Renewal 전략</td><td>•관리계획
•세무, 회계관리
•정기관리보고서
•입주자 관리</td><td>•시설/설비유지관리
•청소
•보안
•조경
•위생</td></tr>
</table>

(2) 공공시설물 관리운영계획

◎ 시설별 세부운영, 활성화 전략

시 설	세부운영 및 활성화 방안
보행자 전용도로 (문화의 거리)	•거리공연 관람을 위한 동선확보 및 문화의 거리에 적합한 상가시설 입점 고려 •다양한 문화공연 및 이벤트 개최가 가능한 열린 문화공간화 •무대, 음향, 조명 등의 지원으로 공연 홍보 적극 지원 •방송국 야외공개방송 등 지역민과 함께할 수 있는 공연, 콘서트 지속 유지
중앙 이벤트 광장 (Muse Plaza)	•음악분수대, 레이저쇼 등을 계획하여 단지 내 입주민과 방문객의 집객력 극대화 •쇼핑몰과 연계된 이벤트, 공연 등 가족단위 커뮤니티공간 구성 •입점업체의 전시 및 판촉 공간
선큰가든 (Entry Plaza)	•오피스 입주민 및 역세권 이용객의 쉼터로 활용 •벤치/파라솔 등의 설치로 복합단지 내 직장인들의 쉼터로 특화 •불빛 분수, 야간조명을 활용한 water screen 등을 계획하여 야간활성화, 인지성 증대
쌈지공원	•보행자 전용도로, 조깅로 등과 연계, 운동시설을 통한 도심 속 종합휴식웰빙 공간 •생태학습장, 자연체험장 등으로 꾸며 도심속 쉼터로 제공 •야외웨딩 이벤트 공간 : 잔디광장과 이벤트 무대를 활용
인라인트랙	•단지내 동선을 고려, 인라인트랙으로 재구성 •젊은층 집객유도와 놀이공간 제공

이야깃거리

1. 민관합동 프로젝트 파이낸싱의 절차에 대하여 논해 보자.

2. 국내의 민관합동 프로젝트 파이낸싱 사업의 사례들 중 1곳을 선택하여 사업의 특징 및 문제점에 대하여 생각해 보자.

3. 뉴욕 베터리파크시티 개발의 경우 공공이 어떻게 민간의 사업 참여를 유도하였는가?

4. 뉴욕 베터리파크시티 개발의 경우 「베터리파크시티 개발공사(BPCA)」의 역할은 무엇이었는가?

5. 런던 도크랜드 개발에서 경쟁적 민간유치를 추진함에 따른 부작용에는 어떠한 것들이 있는지 생각해 보자.

6. 일본의 록본기 힐즈 개발 사업은 어떠한 방법으로 민간의 사업 참여를 유도하였는가?

7. 역세권 복합단지 개발의 과정은 크게 개발계획, 사업계획, 운영계획으로 나눌 수 있다. 이를 더욱 구체화시키면 어떠한 과정으로 나눌 수 있는지 생각해 보자.

8. 복합단지 프로젝트에서 사업성 분석과정을 플로어 차트를 그리면서 생각해 보자.

9. 주거시설의 수요추정 과정에 대하여 논해 보자.

10. 상업시설의 수요추정 과정에 대하여 논해 보자.

11. 업무시설의 수요추정 과정에 대하여 논해 보자.

12. 사업의 분양 및 임대계획에서 분양가를 상정하는 방법을 시설별로 논해 보자.

13. 프로젝트 파이낸싱 사업시 사업수지를 분석할 때 계산해야 하는 항목에는 어떠한 것들이 있는가?

14. 프로젝트 파이낸싱 사업시 사업 단계별로 고려해야 할 위험요인(Risk)에는 어떠한 것들이 있는가?

저자 약력

한양공대 토목공학과 졸업
미국 UCLA대학원(도시공학 석사)
미국 MIT대학원(도시공학 박사)
KAIST 교통계획 실장
서울시정개발연구원 도시교통연구부장
서울시립대학교 도시공학과 교수
대한국토도시계획학회 회장
현 한양대학교 도시대학원 원장 및 교수

저 서

마음으로 읽는 도시, 삶의 공간을 가꾸는 도시계획(조경, 2008)
도시시설론(보성각, 2003)
도시정책론(박영사, 2000)
알기쉬운 도시교통(박영사, 2002)
도시교통론(박영사, 1999)
교통공학(공저, 박영사, 1999)

프로젝트 계획 · 투자 · 파이낸싱 – 도시 · 부동산 · 건설

2008年 8月 20日 初版印刷
2008年 8月 30日 初版發行

著 者 원 제 무
發行人 安 鍾 萬
發行處 (株) 博 英 社
서울 特別市 鍾路區 平洞 13-31番地
電話 (733)6771 FAX (736)4818
登錄 1959. 3. 11. 제300-1959-1호(倫)

저자와 협의하에 인지를 생략함

www.pakyoungsa.co.kr e-mail: pys@pakyoungsa.co.kr

定 價 28,000원 ISBN 978-89-7189-851-2